"麻辣说三国"系列

赵玉平 著

刘备的谋略

电子工业出版社
Publishing House of Electronics Industry
北京·BEIJING

未经许可，不得以任何方式复制或抄袭本书的部分或全部内容。
版权所有，侵权必究。

图书在版编目（CIP）数据

刘备的谋略 / 赵玉平著 . -- 北京：电子工业出版社，2025. 5. --（麻辣说三国）. -- ISBN 978-7-121-49564-9

Ⅰ . K827=362

中国国家版本馆 CIP 数据核字第 2025DY5886 号

出版说明：本书以作者在 CCTV-10《百家讲坛》所作同名讲座为基础整理润色而成，并保留了作者在讲座中的口语化风格。

责任编辑：张　冉
特约编辑：王小丹
印　　刷：三河市鑫金马印装有限公司
装　　订：三河市鑫金马印装有限公司
出版发行：电子工业出版社
　　　　　北京市海淀区万寿路 173 信箱　邮编：100036
开　　本：720×1000　1/16　印张：17　字数：297 千字
版　　次：2025 年 5 月第 1 版
印　　次：2025 年 5 月第 1 次印刷
定　　价：79.00 元

凡所购买电子工业出版社图书有缺损问题，请向购买书店调换。若书店售缺，请与本社发行部联系，联系及邮购电话：(010) 88254888，88258888。
质量投诉请发邮件至 zlts@phei.com.cn，盗版侵权举报请发邮件至 dbqq@phei.com.cn。
本书咨询联系方式：(010) 88254439，zhangran@phei.com.cn，微信：yingxianglibook。

目 录

十周年纪念版序言　　　　　　　　　　iv

第一讲　草根男孩成长路　　　　　　　001
第二讲　临危不乱有良策　　　　　　　018
第三讲　寻求支持有办法　　　　　　　034
第四讲　能屈能伸有姿态　　　　　　　053
第五讲　摆脱控制谋发展　　　　　　　070
第六讲　以退为进有出路　　　　　　　086
第七讲　成功来自调心态　　　　　　　100
第八讲　制造回合藏玄机　　　　　　　117
第九讲　信念引导获支持　　　　　　　133
第十讲　变换角度掌大局　　　　　　　150
第十一讲　笼络人心善造势　　　　　　167
第十二讲　顺风顺水抓大局　　　　　　185
第十三讲　转变思维能成事　　　　　　202
第十四讲　逃离情绪远陷阱　　　　　　218
第十五讲　树立权威讲策略　　　　　　233
第十六讲　防范风险托后事　　　　　　249

十周年纪念版序言

英雄不问出处，但问心向何方

在中国历史的漫漫长河中，英雄豪杰如繁星般璀璨，刘备这个名字无疑是其中格外值得我们关注的一个。他出身寒微，幼年丧父，与母亲相依为命，以织席贩履维持生计，甚至一度被人轻蔑地称作"织席小儿"。然而，正是这样一位出身平凡的草根人物，在那个群雄逐鹿、战火纷飞的乱世之中成功崛起，与曹操、孙权形成三足鼎立之势，开创了蜀汉霸业，书写了一段波澜壮阔的历史传奇。

当我们翻开《三国演义》，会注意到第一章题目是"宴桃园豪杰三结义，斩黄巾英雄立首功"；而在《水浒传》里，梁山好汉智劫生辰纲的章节则是"赤发鬼醉卧灵官殿，晁天王认义东溪村"。细心观察不难发现，三国讲"结义"，水浒讲"认义"，西游记讲"收徒"，红楼梦讲"认亲"。这四部经典名著，看似讲述着截然不同的故事，实则都在传达一个共同的主题：创业的首要任务是解决好"和谁在一起"的问题。生活的幸福，不在于个人的独善其身，而在于与志同道合之人携手同行；成功的道路，也并非孤身一人地跋涉，而是与优秀的伙伴并肩奋进。一言以蔽之，解决好与谁同行的问题，是关乎成败的关键所在。翻开《毛泽东选集》第一卷，开篇第一句话便是："谁是我们的敌人？谁是我们的朋友？这个问题是革命的首要问题。"这句话同样强调了选择伙伴的重要性。这不仅考验着我们的智慧，更是一个不容小觑的战略问题。"三国""水浒""西游""红楼"这四大名著所展现的做事方式，可概括为"结义模式"。正所谓"人心齐，泰山移；人心散，没法干"，先有人，而后才能成事。深入剖析，"结义模式"可分为四个关键步骤：

第一步，搭建一个强大的核心班子，解决少数关键人物的问题；

第二步，满足众人需求，激发团队士气，组建一支强大的队伍，解决多数人的问题；

第三步，精心谋划战略，设定一个宏伟远大的目标，解决方向的问题；

第四步，合理调配人、财、物、信息、时间等各类资源，让它们实现高效组合，解决方式方法的问题。

简而言之，就是搭班子、带队伍、定目标、配资源。

唐僧西天取经，刘备乱世创业，皆遵循这一模式，并且在前行的过程中始终坚守"以人为本"的理念。《三国演义》中"刘玄德携民渡江，赵子龙单骑救主"的情节令人印象深刻：曹操大军压境，刘备被迫全军撤退，即便在如此危急的情况下，他依然带着十几万百姓同行。队伍行进缓慢，形势岌岌可危，有人劝他放弃百姓，轻装快速撤退。但刘备却坚定地说："夫济大事必以人为本，今人归吾，吾何忍弃去！"这番话充分展现了刘备在困境中所保持的清醒头脑和以人为本的高尚情怀。

无论在哪个领域创业，人的问题始终是核心。必须高度重视人力、人员和人才的问题，学会围绕人心、人性、人际关系以及人的需求做文章。就像"企"字，上面是"人"，下面是"止"，寓意"有人则企，无人则止"。古往今来的无数经验都表明，只有解决好人的问题，才能成就辉煌的事业，拥有光明的前途。

刘备的一生，堪称一部气势磅礴的逆袭史诗。他的故事之所以能历经岁月的洗礼而经久不衰，不仅在于他最终取得的成功，更在于他所经历的种种失败。刘备的前半生是这样的：

——他曾七次投奔他人，先后依附于卢植、公孙瓒、陶谦、吕布、曹操、袁绍、刘表等诸侯，每一次都寄人篱下，却总能凭借着非凡的智慧和顽强的毅力全身而退。

——他曾有过十三次逃亡经历，从鞭打督邮后的流亡，到当阳长坂坡的抛妻弃子，再到夷陵之战的惨败，每一次都与死神擦肩而过，却从未被打垮。

——他曾四次无奈抛弃妻子，在那个动荡不安的乱世，他不得不做出这些残酷的抉择，即便妻儿被俘，也未能动摇他的远大志向。

然而，就在这些常人难以承受的挫折与失败背后，隐藏着刘备独特的处世哲学和成事智慧。

1. 低谷期的"蛰伏蓄能智慧"。在强者如林的乱世，刘备能做到"三低"：以低姿态广结人脉，低头向强者学习，低谷时稳住心态，厚积薄发。比如，刘备在徐州被吕布偷袭后，选择暂居小沛，暗中联络曹操，最终借助曹操的力量反攻，重新夺回主动权。在投奔曹操后，看到自身力量不足，他选择低调行事，隐忍不发，以"种菜养晦"之计自保，暗中等待时机，最终成功脱身，东山再起。

2. 情绪管理的"冷处理法则"。在徐州，他好意收留吕布，结果引狼入室，面对吕布的背叛，他没有被愤怒冲昏头脑，而是选择暂时合作，以冷静和理智为自己争取翻盘的机会。赤壁大战之前，刘备屡战屡败，但他总能迅速调整心态，将每一次的挫败转化为反思和成长的契机。

3. 人脉积累的"滚雪球效应"。真正的刘备，绝非世人所误解的"只会哭"的伪君子。陈寿在《三国志》中评价他："弘毅宽厚，知人待士，盖有高祖之风，英雄之器焉。"后世史学家也普遍认为，刘备的成功绝非偶然，刘备在四十七岁之前屡战屡败，很大程度上是因为执着于"补短板"；而四十七岁之后，他三顾茅庐请出诸葛亮，借助诸葛亮的智慧和才能，以"人事手段补短板"，最终成就了一番霸业。从贩马商人张世平、苏双的资助，到糜竺倾家荡产的全力支持，再到三顾茅庐请出诸葛亮，刘备深刻懂得"得人心者得天下"的道理。他的仁德，并非虚伪而是一种深谋远虑的战略选择。在那个乱世，唯有以德服人，才能赢得人才的衷心追随，获得百姓的真心拥护。他的"示弱"不是懦弱的表现，而是一种柔韧生存的智慧；他的"仁义"不是伪装的表象，而是一种广阔的成事格局。

4. 资源整合的"厚势效应"。刘备做到了用帮人的方式求人，以付出的方式进步。他一生秉持仁德之心，北海救孔融，徐州帮陶谦，荆州助刘表，每一次的仗义相助都为他赢得了良好的声誉和广泛的人脉。在携民渡江时，他宁可放慢行军速度，也不愿抛弃百姓，这种仁义之举与曹操的"宁教我负天下人，休教天下人负我"形成了鲜明的对比。正是这种始终坚守的仁德，让刘备最终赢得了民心，为日后入川发展奠定了坚实的群众基础。

刘备的一生，是一部充满传奇色彩的奋斗史。他用自己的亲身经历证明了：英雄的起点，或许只是一个小小的草鞋摊；但英雄的终点，完全由自己定义。无论出身多么卑微，无论遭遇多少挫折，只要心怀梦想，坚守信念，永不放弃，就一定能够创造出属于自己的辉煌。愿每一位读者都能从刘备的故事中获得启迪。我们或许并非天生的强者，但我们绝不能做生活的逃兵；我们的人生或许不会一帆风顺，但只要坚持不懈，就一定能够抵达成功的彼岸。英雄不远，你我皆有可能！

光阴如白驹过隙，一晃十多年过去了。整理旧物翻出当年准备《刘备的谋略》时的工作日志和提纲，那些纸页已经泛黄，边角微微卷起，上面还沾着褐色的咖啡渍，还有熬夜时掉的些许头发。当初我准备"百家讲坛"的节目内容，使用的是"数豆法"，讲一遍就数一颗黄豆放到罐子里，如今黄豆已经没有了，只有这个罐子，沾了些灰尘，静静地立在书架的角落里，守望着这十年间的变化。这十年间发生了许多事，在"百家讲坛"，我讲完"刘备的谋略"，成了最受欢迎主讲人之一；又陆续讲了曹操、孙权，后来还讲了四部《水浒智慧》；工作地点也从北邮变成了中国传媒大学，课程也从管理学概论变成了"传统文化中的人生智慧"；三年前开始做短视频传播，在抖音也有了六百多万粉丝……这些都是十年前完全想不到的。

翻看十多年前"百家讲坛"的现场照片，有很多感慨，当年自己意气风发，连续熬两个通宵，晚上写稿子不影响白天正常去宏福校区给本科生讲课；而现在刚刚写了两个小时就已经生出倦意。当年那个精神抖擞、闻鸡起舞的状态已经失落在时间的长河里，就像那罐黄豆再也装不满当年的分量。十年间，境遇、心态、环境、思路，还有工作单位和讲课主题，很多东西都发生了变化，但是有一点没有变，就是对这些内容的那份发自内心的热爱——在深夜里看着十多年前写的草稿，还有更早一些的，如二十多年前写的读书笔记，依然会心潮澎湃、热血沸腾，那一刻，我感觉有一股青春的力量在身体里又被唤醒了……

时光荏苒，岁月沧桑，讲故事的人都会老去，但故事永远年轻，并且会在每一个崭新的清晨，等待着被重新讲述。

赵玉平

2025 年谷雨于北京九思书院

第一讲

草根男孩成长路

东汉末年，在涿州楼桑村东的一座小院里，诞生了一位名满天下的英雄——刘备。刘备自幼父亡，家道中落，与母亲贩履织席度日。虽然生活贫寒，他的家学渊源却没断。刘备的少年时期是怎样度过的？有何异于常人之处？对他影响特别大的都有哪些人？他的经历对年轻人的职业规划和现代教育事业又有哪些启示？

东汉末年，涿州往南走十五里，有一个小村庄，名叫楼桑村。村子不大不小，有百十户人家，村东头有一家独门独户的小院，收拾得干净整齐，扎着结实的篱笆。东南角的篱笆旁长着一株大桑树。这棵树长得出奇，高五丈有余，枝繁叶茂，浓荫蔽日，远远看去，就像一个小亭子一样，用《三国志》上的原话说，"遥望见童童如小车盖，往来者皆怪此树非凡"。周围十里八乡一提到楼桑村，没有不知道这棵大桑树的，楼桑村的名字就因此而来。就在这个普普通通的小院子里，诞生了一位名满天下、家喻户晓的大英雄——刘备刘玄德[1]。

刘备自幼父亲早亡，家道衰落，和母亲相依为命，艰难度日。《三国志》上说他"与母贩履织席为业"，用现在的话说，就是在过街天桥上摆小摊卖凉席和拖鞋，挣一点微薄的收入。

刘备身世

楼桑村住着不少姓刘的人家，大家世代居住在此，已经有近三百年了。这段历史要从西汉景帝大封诸侯王的时候说起。汉景帝有十四个儿子，除刘彻当上皇帝以外，其余十三个都封了诸侯王，其中老八叫刘胜。公元前154年（汉景帝三年），十二岁的刘胜被封为中山王。

中山国大致在今河北省中西部的易水以南、滹沱河以北地区。辖区含北平县（今满城县北）、唐县（今唐县东北）、深泽（今深泽县）、苦陉（今无极县东北）、安国（今安国市东南）、曲逆（今顺平县东南）、望都（今唐县东北）、新市（今正定县东北）、安险（今正定县东南）、卢奴（今定州市）等十四县，以卢奴为都城。境内地貌有平原、丘陵，源自太行山的漕河、唐河、大沙河、磁河流经沃野，是农耕富庶之地。在当时汉初封国中，所领县数居第三位，人口数居第二位。

刘胜这个中山王当得很滋润，《汉书》卷五十三《景十三王传》记

---

[1] 刘备（公元161—223年），字玄德，东汉末年幽州涿郡涿县（今河北省涿州市）人，三国时期蜀汉开国皇帝，谥号昭烈皇帝，史家又称之为"先主"。

载"胜为人乐酒好内，有子百二十余人"，简直能组成一个加强连。这一百二十多个儿子中，有二十个得宠的被封了侯，其中有一个叫刘贞。刘贞后来就定居在涿州附近，楼桑村这些刘姓人家包括刘备，都是刘贞的后人，按现在的话说，都属于皇帝的远亲。不过，确实有点远，时间上隔了将近三百年，谱系上隔着十三代。

少年异禀

《三国志·先主传》记载：先主祖雄，父弘，世仕州郡。雄举孝廉，官至东郡范令。刘备属于皇族远亲，虽不是大富大贵，但也是书香门第，刘备的祖父刘雄举过孝廉，官做到东郡范县的县太爷。

这里要给大家介绍一下"举孝廉"这个词。"举孝廉"是汉朝的一种自下而上推选人才为官的制度，汉武帝元光元年初，令郡国举孝廉各一人，即举孝、举廉各一人。到了东汉时，孝廉便"合为一科"，成为察举中最受重视的常科。由于各郡区域大小不等，人口多寡不一，东汉实行按地域、人口比例分配贡举名额的办法，人口满二十万每年举孝廉一人，满四十万每年举孝廉两人。刘备的祖父能够被举为孝廉，那也是二十万人里考了第一名，相当于当地的高考状元，不简单。

不过，刘备的父亲刘弘英年早逝，没做过什么官，也没留下什么产业。刘备少年时家境贫寒，只能和母亲织席贩履维持生计。贫寒归贫寒，但是刘备的家学渊源没有断。这一点，我们可以从刘备的名字上得到印证。

名字体现的是父母长辈对孩子的期待。刘备名备，什么是"备"呢？一是指谨慎有准备，《大戴礼记》云"事戒不虞曰知备"；二是指全面完备，《易经·系辞》云"易之为书也，广大悉备"。

特别是刘备的字，很有分量。刘备字玄德，"玄德"二字，老子《道德经》有专门的解释：生而不有，为而不恃，长而不宰，是谓玄德。

简单解释一下，玄德有三种状态：一是生而不有。苹果是我种的，但是我不占有它，我们大家共享；道理是我发现的，我不占有它，我们大家共用。二是为而不恃。这事情是我做的，这个贡献是我做的，但是我不卖弄、不自得，谦虚低调。三是长而不宰。"宰"是"主宰"的"宰"，"长"是"长辈"的"长"，身处权威尊贵的位置，但是不强加于人，懂得放权和授权。

《尚书·舜典》记载：玄德升闻，乃命以位。用现在的话解释，就是道德修养被广泛认可，就可以主宰天下、坐大领导的位置了。从名字上可以看出，刘备的长辈对他寄予了厚望，希望他具备玄德，图以大事。

刘备没有辜负这个期望，小小年纪就表现出了一些与众不同的地方。前边提到，刘备家院子东南角长了一棵高大的桑树，刘备和同村的小伙伴在树下玩耍，看着这棵树，刘备说了一句很惊人的话。根据《三国志·先主传》记载：先主少时，与宗中诸小儿于树下戏，言："吾必当乘此羽葆盖车。"因为桑树的树冠呈现出一个"伞"字形，很像车上的伞盖，所以刘备这句话的字面意思是："将来我一定会坐一辆豪华的马车，车盖就像这棵树一样威风。"

但大家注意"羽葆盖车"这四个字，这种规格档次的车，是天子坐的车，所以，这句话不是说自己要坐豪华马车，刘备的意思是将来他一定要当天子。在涿州农村，一个卖凉席的七八岁的孩子能说出这样的话，确实很惊人。

一个涿州城南农村里的七八岁卖凉席和拖鞋的小孩，一张嘴就说他将来会做天子，这可不是一般人能想到的。这确实说明了刘备的成长环境、家庭的熏陶、人际关系的示范，给了他一种特殊的动机和价值观。那么这种动机和价值观主要来自谁呢？应该来自刘备的母亲。这位伟大的母亲，虽然没有在历史上留下姓名，但是她的行为让我们钦佩。

刘备的母亲含辛茹苦，艰难度日，一个人撑起整个家庭的重担。一方面起早贪黑，带着刘备织席贩履，风里来雨里去，做点小买卖贴补家用；另一方面，教刘备读书识字，给他讲做人做事的道理，特别是向刘备讲述家族的光荣、父辈的希望，她起到了文化传承的作用。"好妈妈胜过好老师"啊，在这种家庭的熏陶之下，刘备的个性、心智都变得成熟，他的性格里边那些最优秀的部分得到了最充分的展示。刘备的母亲没有拔苗助长，没有急于求成，而是按部就班、安安稳稳地让刘备度过了童年和少年这些重要的成长阶段，然后在刘备十五岁的时候，才送他去拜师学习。

回过头来看我们现在的家庭教育，有一个非常不好的现象，就是总想超前，总想急于求成，一不小心就跨越了孩子的成长阶段。貌似只要我们可以把事做得早一点，超前发展，就能占领先机，但其实可能起到了拔苗助长的反作用。

在我们的教育当中，还有一个很有趣的现象：幼儿园学小学的课程，小学学中学的课程，中学学大学的课程，到了大学可能又回过头要补幼儿园的课程。我们在大学里边教书，会看到很多能力很强、成绩很棒、表现很好的学生，但他们在一些最基本的常识方面却存在这样那样的问题。我们这些大学老师，经常要给他们传播基本的价值观——要懂得分享，要注意排队，要轮流，要情绪稳定，要经得住挫折。这些理念实际上在幼儿园时就应该帮助孩子树立起来。所以当"速成"成为大家的梦想，"浮躁"就会成为每个人的问题。我们的很多教育模式，基本上都是先超前后补课，超前超得扭曲，补课补得惨淡，这不光是家庭的问题，也是我们的学校和我们的教育模式本身需要反思的一个问题。

管理智慧箴言

心理学有个概念叫"关键期"，即个体发展过程中环境影响能起到最大作用的时期。在一个孩子的关键期，我们应该有一个关键期的主题和课程设置的考虑。

刘备就这样度过了自己的关键期，在他的人格成长过程中，埋下了很多对未来至关重要的种子。

年轻人的职业生涯规划

刘备放话了——等我当了皇帝，你们都跟着我一起过好日子！这话把长辈吓了一跳，同宗的叔父刘子敬告诫刘备道："汝勿妄语，灭吾门也！"（《三国志·先主传》）

人和人心性不同，志趣各异，一个干事业的人常遇到周围的人说三道四，还会有一些人善意地劝解。就在刘备"小小少年很少烦恼"，意气风发、胸怀大志的时候，也有人劝他找一份稳定的工作，五险一金，有车补房补，娶个媳妇，生个孩子，"三十亩地一头牛，老婆孩子热炕头"，鸡毛蒜皮、小桥流水，平平淡淡才是真。

但刘备心里想的却是"王侯本无种，男儿当自强"。凭什么我就要平平淡淡终了一生？我就是要做一番大事业，方不虚此生，不做英雄汉，不是好男儿。

这让我想起了小马过河的故事。小马要过一条河，老牛告诉他，河很浅，你随便过；小松鼠告诉他，河太深了，有同伴淹死，你千万别过。请问小马过还是不过？所以我想告诉大家，人生就是一条河，过还是不过，不取决于河是什么样的，而取决于你是谁。你要是小马，你就勇敢地过，你适合；如果你是小松鼠，你就别过，你不适合。小马不能因为小松鼠的建议，就不考虑过河，小松鼠也不能因为小马过去了，自己也要过去，这叫"因人而异"。

人生就是一条河，各有各的过法，各有各的方向。小马过河之前要是听信了松鼠的建议，那一辈子也过不了河。年轻人就应该有朝气，勇于探索，勇于尝试，不要动不动就给自己先设一个框框在那里。猪往前拱，鸡往后刨，各有各的活法，各有各的方向，要倾听他人意见，但是更要实现自我。

用管理学的观点来看，规划未来的时候，有人属于常规型，喜欢平和安稳，有人属于突破型，喜欢做冒尖和挑战的事，出现这种情况的根本原因是成就动机不同。

为了生存而从事的叫职业，为了发展和自我实现而做的叫事业。要有职业，才能安身立命、活下去；但是要有事业，才能活得精彩、无愧此生。干职业要尽责，干事业要尽兴。如果你是小马，就不要在乎小松鼠的劝解，应该勇敢地过河去！当然，如果你是小松鼠，就应该留在大森林里快乐地生活，不要太介意过不过河的事。正所谓各从其欲、皆得所愿！

管理智慧箴言

为了生存而从事的叫职业，为了发展和自我实现而做的叫事业。要有职业，才能安身立命、活下去；但是要有事业，才能活得精彩、无愧此生。

刘备就是少有大志，心怀天下，成就动机比较强烈，渴望做一番大事业，而不是平平常常过小日子的人。青少年时代是人生道路的开始，刘备年轻时有三件事情足以影响他的一生。

事件一　拜师学习换平台

刘备十五岁时才开始系统地学习，但这个时候他请的老师可是一个了不起的人物，他的名字叫卢植。[1]

卢植，身长八尺二寸，音声如钟。少与郑玄俱事马融，能通古今学，好研精而不守章句。(《后汉书·吴延史卢赵列传》) 卢植是东汉末年经学家、著名将领，官至北中郎将、尚书。他性格刚毅，师从大儒马融，为大儒郑玄的同门师弟，曾两次平定九江叛乱。黄巾起义时为

---

[1] 卢植（公元139—192年），字子干，涿郡涿县（今河北省涿州市）人。东汉末年的政治家、军事家、经学家，著有《尚书章句》《三礼解诂》等，今皆佚。

北中郎将，后因得罪董卓被免官。隐居在上谷军都山，被袁绍[1]请为军师，公元192年（初平三年）去世。

关于卢植，我想给大家讲两个故事。

聚精会神定力超群

卢植辗转千里奔向陕西扶风，投在大儒马融门下。卢植的言谈举止给马融留下了良好印象，不久马融便将侍讲的位子给了卢植。马融本人相貌堂堂，非俗儒世士，"为人美辞貌，有俊才""善鼓琴，好吹笛，达生任性，不拘儒者之节"（《后汉书·马融列传》），且是外戚豪家，有显赫的家庭背景。"居宇器服，多存侈饰"，他的住房和服饰非常考究。他讲课的方法也很特别，"常坐高堂，施绛纱帐"，绛纱帐前面是众多听课的学生，后面则"多列女倡歌舞"，老师在前边讲，后边站着一排国色天香的美女在唱歌跳舞。也不知道到底会是美女影响学生听老师讲课，还是老师影响学生看美女，这样的场面对学生的定力确实是一个巨大的考验。马融发现作为学生的卢植侍讲积年，对老师有意布陈安排的花花世界"未尝转眄"，能做到无动于衷，这份定力实在难得。

做事情离不开"专注"二字。有人问大师什么是修行，大师说，吃饭睡觉。别人说，我们每天都吃饭睡觉啊。大师说，普通人吃饭时不专心吃饭，千般计较，哪有一分心思在吃饭上；睡觉时不好好睡觉，万种牵挂，哪有一份心思在睡觉上。

大家想想，确实是这样。我们平时的思维是散乱的，吃饭时想着睡觉，睡觉时想着吃饭。人在电视机前坐着，心早不知道飞到哪里去了。

知、止、定、静、安、虑、得。《大学》里边讲七证的功夫，"知

---

[1] 袁绍（？—公元202年），字本初，汝南汝阳（今河南商水）人。为东汉末年割据势力之一，最盛时控有幽、并、冀、青等河北四州，成为东汉末年最强盛的割据势力，但在官渡之战中惨败于曹操后元气大伤，不久便因官渡之战大败受到重挫与打击，悲愤而亡。

止"是起点,"定"是基础,先有"定",才能谈到后边的"静、安、虑、得"。所谓"定",就是拥有专注的力量,咬定青山不放松,拥有强大的意志力,做事情抗干扰能力特别强,心神都能专注到要做的事情上。卢植就拥有这种力量。

抗辩董卓不畏强暴

何进为了掌控朝局,决定引西凉董卓入朝。卢植很有先见之明,数次劝告何进说董卓是个危险人物,何进不听。董卓来到之后,果然独揽大权,于朝堂上准备废掉皇帝,当时的情况是群僚无敢言,植独抗议不同。卓怒罢会,将诛植(《三国志·董卓传》)。后来在蔡邕等人的劝说下,董卓没有下杀手,但罢免了卢植的官位。卢植告老还乡,隐于上谷,得以善终。

《后汉书》评论卢植道:风霜以别草木之性,危乱而见贞良之节,则卢公之心可知矣……君子之于忠义,造次必于是,颠沛必于是也。

卢植是一位文武兼备、有胆有识的大学问家。《后汉书》上记载,卢植"性刚毅有大节,常怀济世志,不好辞赋,能饮酒一石""能通古今学,好研精而不守章句"。卢植的做人态度、学习方式深深地影响了刘备。

管理智慧箴言

人在青春年少的时候,能遇到一位好老师,是非常幸运的。老师的价值不仅仅在于传授知识,更重要的是给学生示范一种生活方式和人生态度。

师范师范,学为人师,行为世范。老师除了传授知识,还有一个更为重要的责任,就是引导学生学会如何做人。好老师能起到一个"范"的作用,引导学生走上光明大道。

今天，我们的社会要发展，文明要延续，文化要繁荣，也特别需要一批像卢植这样"有范儿"的老师。刘备追随卢植一年多的时间，可以说是受益匪浅、影响终身。

事件二　结交强者获支持

刘备家境贫寒，资源有限，但是刘备从来不缺少支持。在他的一生中，每当遇到困难的时候，总是有人站出来向他提供帮助。

支持少年刘备的赞助商主要有三个。

一是本家叔叔刘元起。（刘备）年十五，母使行学，与同宗刘德然、辽西公孙瓒俱事故九江太守同郡卢植。德然父元起常资给先主，与德然等。元起妻曰："各自一家，何能常尔邪！"起曰："吾宗中有此儿，非常人也。"（《三国志·先主传》）这段话是说刘元起一直出钱资助刘备求学，并且认为刘备将来必成大事。

二是地方豪强公孙瓒。瓒深与先主相友。瓒年长，先主以兄事之。（《三国志·先主传》）与公孙瓒结为兄弟为刘备日后的发展奠定了良好的基础。关于公孙瓒，《后汉书·公孙瓒传》有详细的记载：

公孙瓒字伯珪，辽西令支人也。家世二千石。瓒以母贱，遂为郡小吏。为人美姿貌，大音声，言事辩慧。太守奇其才，以女妻之。后从涿郡卢植学于缑氏山中，略见书传。举上计吏。太守刘君坐事槛车征，官法不听吏下亲近，瓒乃改容服，诈称侍卒，身执徒养，御车到洛阳。太守当徙日南，瓒具豚酒于北芒上，祭辞先人，酹觞祝曰："昔为人子，今为人臣，当诣日南。日南多瘴气，恐或不还，便当长辞坟茔。"慷慨悲泣，再拜而去，观者莫不叹息。既行，于道得赦。

瓒还郡，举孝廉，除辽东属国长史。尝从数十骑出行塞下，卒逢鲜卑数百骑。瓒乃退入空亭，约其从者曰："今不奔之，则死尽矣。"乃自持两刃矛，驰出冲贼，杀伤数十人，瓒左右亦亡其半，遂得免。

公孙瓒不仅长得帅气，为人还有义气、胆气，很快就成为割据河北的一方诸侯。刘备的第一份政府官员的任命，就是公孙瓒举荐的；

最开始事业发展的机会，也是公孙瓒提供的。

三是富商张世平、苏双。中山大商张世平、苏双等赀累千金，贩马周旋于涿郡，见而异之，乃多与之金财。先主由是得用合徒众。（《三国志·先主传》）也就是说，刘备拉队伍起家的资金，都是由张、苏二人赞助的。张、苏二人是贩卖马匹的，中原地区不产良马，边境贸易的主要商品就是优良的马匹。茶马古道这条商贸走廊就方便了这样的贸易往来，用中原茶叶换边地良马。马当然不是用来种地的，什么人会买马？政府、地方割据势力和豪门大族。这些人可都不是一般人。张、苏二人周旋在这些人当中，见多识广，对天下形势有一番了解，对天下英雄也有一番见识。他们能如此不惜重金支持刘备，说明他们确实很看重刘备的发展潜力，在刘备身上进行了大规模的战略投资和押宝。

那么我们不禁要问：为什么有这么多人愿意帮助刘备？

关于刘备的特点，《三国志·先主传》记载：先主不甚乐读书，喜狗马、音乐、美衣服。身长七尺五寸，垂手下膝，顾自见其耳。

大家注意，刘备师从大儒卢植读书，但是并不乐于读书、做学问，而是喜欢犬马、音乐、华美的衣服，这些都是他结交朋友的渠道。

更主要的是，刘备身上有一些与众不同的禀赋。《三国志》记载，他为人处世的特点是"少语言，善下人，喜怒不形于色。好交结豪侠，年少争附之"。

我们给他总结八个字：深沉内敛，低调温和。

刘备作为一个成就大业的人，在年轻的时候，他的特别之处就显现出来了。

一是"善下人"，这三个字非常有刘备的特色。什么是"善下人"？《论语》中有一句很经典的话："敏而好学，不耻下问。"这个"下"是指学问修养不如自己的人。"善下人"的这个"下"，与"不耻下问"的"下"，有异曲同工之妙。意思就是，刘备善于和身份、影响力都不如自己的人打成一片，用我们现在的话说，就是群众工作做得好，善于走群众路线，因此口碑好、影响力大。

二是"喜怒不形于色"。这是指情绪管理做得非常好，从来不会在人前情绪失控，什么大起大落、大喜大悲、拍桌子瞪眼睛、顿足捶胸、眉飞色舞、得意忘形，这些他都没有，从来都是温和中正、和颜悦色。人能做到这一点非常不容易。什么是贵族？大家看"贵"字怎么写，上边一个"中和"的"中"，下边一个"宝贝"的"贝"，以"中和"为宝贝，这就是"贵"。为人处世一旦失去了"中和"二字，言语走了极端，情绪大起大落，那就够不上一个领军人物的标准了。

刘备从小就有这份深沉大气的风范。这也是他能获得众人支持和追随的一个非常重要的原因。他身上确实有一种王者气象。

你看，水禽里边有天鹅、有鸭子，都在水里游，但是风范气象就完全不一样：天鹅在前边游，别的水鸟就在后边追随着；可鸭子在前边游，后边就没有追随的。大家看看天鹅的身材，就是一个大大的数字"2"，但是人家就算"二"，也"二"得优雅，"二"得高贵，所以就有追随者。刘备就是这样，做什么事情都深沉大气，有一种风范在那里摆着，于是各路"赞助商"争相出现。

这里我们分析一下，人和人之间的感情有三个衡量维度：喜欢不喜欢、信任不信任、需要不需要。有的人我们很喜欢，但是不信任，比如穆念慈喜欢杨康，非常喜欢，但是不信任；有的人我们很信任，但是不喜欢，比如李世民对魏征，一边骂着"必杀此田舍翁"，一边给奖励；有的人我们很需要，但是不喜欢，比如吕布[1]抢了刘备的根据地，刘备很需要曹操[2]帮自己打败吕布，但是刘备从来都不喜欢曹操。

当年在涿州，刘备则是这三条都占全了：性格好、情商高、招人

---

[1] 吕布（？—公元199年），字奉先，并州五原郡九原（今内蒙古包头九原区）人，东汉末年著名武将、军阀。

[2] 曹操（公元155—220年），字孟德，小字阿瞒，汉族，沛国谯（今安徽省亳州市）人。东汉末年著名的军事家、政治家和诗人，三国时代魏国的奠基人和主要缔造者，后为魏王。其子曹丕称帝后，追尊他为魏武帝。

喜欢；讲信用、重承诺，让人信服；有队伍、有影响力、有号召力，令人需要。由于有了这三条，所以很多人都支持刘备，包括很多乡里少年都来投奔刘备。这就引出了一段著名的故事——桃园三结义！

事件三　桃园结义搭班底

说到"桃园三结义"，我想先跟大家聊聊什么是朋友。各位注意，"朋"和"友"是两个概念。"朋友"这个词在汉语中早就有了。《易经》上就有"君子以朋友讲习"的说法；《论语》里也有"与朋友交而不信乎"这样的名言。但是，古人说的"朋友"和我们现在说的"朋友"不大一样。我们现在说的"朋友"，"朋"和"友"这两个字是一个概念，是指互相有交情、互相友好的人。而在《易经》和《论语》诞生的那个时代，一般的名词是很少用两个字来表达的。"朋""友"这两个字，是两个概念。"朋"是会意字，两个"月"字代表两串贝壳钱币，"同利者为朋"，利益一致、一起做事的人是"朋"。"友"也是会意字，表示两只手相互配合一起做事，"同志者为友"，志趣相投、心意相合的人是"友"。

管理智慧箴言

同利者为朋，利益一致、一起做事的人是"朋"；同志者为友，志趣相投、心意相合的人是"友"。

张世平、苏双这些人，只能算是刘备的"朋"。他们给予刘备支持和帮助，和刘备一起做眼前的事情，但是他们不是刘备的"友"，与刘备没有共同的志趣。

人要有"朋"，更要有"友"。

孔子有四友，即他的四个学生颜渊、子贡、子张、子路。孔子曰："吾有四友焉。自吾得回（颜渊）也，门人加亲，是非胥附乎？自吾得赐（子贡）也，远方之士日至，是非奔辏乎？自吾得师（子张）

也，前有光，后有辉，是非先后乎？自吾得仲由（子路）也，恶言不至于门，是非御侮乎？"（《孔丛子》）

现代人也是一样。一个人不光要有办公室的同事、大学的同学，更重要的是，还要有可以交心、可以聊得来、志趣相投，即使很长时间不见面心也离得很近的人。有了这样的人，生活才不寂寞。

有学生跟我说："老师，我心情不好，我暑假一个人在学校，有点孤单和寂寞。"我提醒他："孤单和寂寞是两回事，孤单是孤单，寂寞是寂寞。"身边没有人，那叫孤单；心里没有人，那叫寂寞。前者是缺"朋"，后者是缺"友"。所以，孤单时需要一个人，寂寞时需要一颗心。有的时候，周围的人越多，你的心越感觉到寂寞的凉意，那就是因为缺少一个心意相通、志趣相投的人。人海茫茫，知音难觅，说的就是这样的感受。

刘备有了赞助商，他不孤单，他有"朋"了，但是他更需要志趣相投、心意相通的"友"，否则他依旧是寂寞英雄。这个时候历史给了他机会，刘备遇到了对他的一生至关重要的两个人——关羽[1]和张飞[2]。

关于刘关张三个人相遇的故事，每一位对三国感兴趣的读者都耳熟能详。《三国演义》第一回就叫"宴桃源豪杰三结义　斩黄巾英雄首立功"。书中写道：次日，于桃园中，备下乌牛白马祭礼等项，三人焚香再拜而说誓曰："念刘备、关羽、张飞，虽然异姓，既结为兄弟，则同心协力，救困扶危；上报国家，下安黎庶。不求同年同月同日生，只愿同年同月同日死。皇天后土，实鉴此心，背义忘恩，天人共戮！"

"桃园三结义"这个故事在史书上是没有记载的，它是小说家罗贯中神来之笔的创造。但这个故事传递的信息却是可靠的，刘备在事业的起步阶段，结交了两个最可靠的帮手——关羽和张飞。三个人之间

---

[1] 关羽（？—公元220年），字云长，本字长生，司隶河东解县（今山西临猗西南）人，约生于东汉桓帝延熹年间，东汉末年三国时期刘备一方的重要将领。

[2] 张飞（？—公元221年），字益德（小说《三国演义》作"翼德"），幽州涿郡（今河北省保定市涿州市）人，三国时期蜀汉名将，人称"万人敌"。官至车骑将军、领司隶校尉，封西乡侯，后遇刺身亡，追谥"桓侯"。

建立的信任与忠诚，帮助刘备度过了最艰难的时刻。时间的发展和历史的进程一次又一次地证明，朋友对于一个人是多么重要。

关于刘关张三个人的相遇相知，《三国志·关羽传》当中有一段文字是这样记载的：先主于乡里合徒众，而羽与张飞为之御侮。

"御侮"是什么？孔子说过一句话，是评价子路的："自吾得仲由也，恶言不至于门，是非御侮乎？"意思是自从有了子路，恶言恶语的人就不敢上门来捣乱了。御侮，抵御外来的欺侮，相当于现在的贴身保镖做的事。关张二人负责保护刘备的安全。

先主为平原相，以羽、飞为别部司马，分统部曲。先主与二人寝则同床，恩若兄弟。而稠人广坐，侍立终日，随先主周旋，不避艰险。(《三国志·关张马黄赵传》)

从上面这一小段文字中，我们可以看到三个字：一个是"亲"字，"先主与二人寝则同床，恩若兄弟"；一个是"敬"字，"而稠人广坐，侍立终日"；一个是"忠"字，"随先主周旋，不避艰险"。

一个人能获得身边人的敬重是很难的。只有重情义、讲信义、言行一致、表里相符的人才能做到。刘备就做到了，关张二人成了刘备相伴一生的挚友。

管理智慧箴言

跟着猎户敢上山，跟着渔夫敢下河，跟着龙王能到大海，跟着三藏能见真佛，一个人的成就到什么程度，往往要看身边人都是谁。财富不是最好的朋友，但是朋友是最好的财富！

借着"桃园三结义"的故事，还需要分析一个基本规律——友谊长久的规律。维持友谊的行为因素有三个：一是相似，即志同道合，志趣一致；二是互补，即资源互补，性格互补；三是互惠，即懂得与别人分享，理解关心他人的感受。这里能想到的一些为人处世的基本经验包括：大事聪明、小事糊涂，放下自我、成全别人，高调做事、低调做人，赞人所长、帮人所短、大处立志、小处做事，等等。

大家注意，刘关张三人的誓词是："不求同年同月同日生，只愿同年同月同日死。皇天后土，实鉴此心，背义忘恩，天人共戮！"（《三国演义》）

这样的誓词，让我想起了一个关键词，叫作"对待方式"。当你拿别人当生死之交来对待的时候，对方就会表现出生死之交的行为。

刘备一开始就有了卢植班里那一帮同学，有了刘元起、公孙瓒、张世平、苏双这些赞助商，他的"朋"是很充分的，但他没有"友"，所以总觉得一个人孤零零的。到后来他有了关羽和张飞这样的"友"，这下就齐全了。所以中国古人说，天时不如地利，地利不如人和，刘备一个年轻轻的小伙子，他就占了个"人和"。

管理智慧箴言

心理学有个规律，叫作"照镜子原理"：一个人在照镜子的时候，你对镜子里面那个人做什么动作，那个人一定对你做什么动作。

"照镜子原理"运用在人际关系上，就是指你要想让别人对你怎么样，请你先对别人那样做。你要想让别人对你真诚，请你先对别人真诚；你要想让别人对你热情，请你先对别人热情；你要想让别人对你慷慨大方，请你先对别人慷慨大方。将心比心，以心换心，这叫"挖树挖根，交人交心"，你得先表现出自己的姿态。中国老百姓说："舍得舍得，先舍后得。"你用真诚美好的方式去对待别人，就能获得别人同样对待你的方式作为回报。

什么样的对待方式会产生什么样的结果。一个老师如果先入为主，用后进生的对待方式对待一个学生，这个学生就会表现得很差；一个管理者如果先入为主，用落后分子的对待方式对待一个员工，这个员工就会表现得很差。同理，我们如果用不好的对待方式对待我们自己，我们也会表现得越来越差。很多人日子过不好，都是因为太不懂得珍惜、没有好好对待自己。一句话，请好好对待他人、对待自己。

"桃园三结义"的故事给我们展示了朋友之间真正的对待方式。刘关张三人上演了一出真正的历史大片——"中国合伙人"。我们常说"天时不如地利，地利不如人和"，稳定而可靠的人际关系成为刘备事业成功最重要的基础。

管理智慧箴言

幸福的生活不是你怎么过，而是你和谁一起过；成功的道路不是你怎么走，而是你和谁一起走。解决好和谁在一起的问题，是一个成功者的重大问题。

年轻的刘备很好地解决了这个问题，为自己的未来打下了坚实的基础。在不久的将来，一段更加波澜壮阔、惊心动魄的故事正在等着他。那么这段精彩故事是什么呢，请看下一讲。

第二讲

临危不乱有良策

人生在世,难免遇到各种难关。刘备在初涉江湖之时,便遇到了生死考验。他能否虎口脱险,死里逃生?为了事业,他结交了什么人,又做了哪些准备工作?对于同样处在事业起步阶段的人们来说,刘备的经历有哪些值得借鉴的地方?

"爱吃年糕有一烫，爱吃芥末有一呛"，干什么事都要经受考验。一个人一旦经历过一些大的考验，具备了更多的承受能力，对眼前的磕磕绊绊就不在意了。所以真正上过奥运赛场的人，绝不会被一个小城市里的体育比赛给吓得哆哆嗦嗦。

管理智慧箴言

大考验有大成就，小考验有小成就，不考验就没有成就，宝刀都是磨刀石磨出来的，第一名都是第二名造就的。所以每个人在成长过程当中，都离不开"考验"这个好老师、好朋友。

刘备通过树形象、造声势，获得了支持，拉起了一支自己的队伍。恰逢黄巾起义，天下大乱，二十多岁的刘备刘玄德决定加入军队，开创一番事业。就在他雄心勃勃之际，考验接踵而来。年轻的刘备能不能经得住这些考验呢？我们要讲一个刘备死里逃生的故事。

诈死逃生

"苍天已死，黄天当立，岁在甲子，天下大吉"，汉灵帝中平元年（公元184年），朝政腐败，宦官外戚争斗不止，边疆战事不断，国势日趋疲弱，又因全国大旱，庄稼颗粒不收而赋税不减，走投无路的贫苦农民在巨鹿人张角的号令下，纷纷揭竿而起。

黄巾起义后，全国各地割据势力和义军并起，大汉王朝很快陷入混乱之中。中平四年（公元187年），渔阳（今北京密云西南）人张纯与其同乡张举起兵反汉。史料记载，张纯等与辽西郡乌桓大人丘力居结盟，抄掠蓟县（今北京西南），杀汉护乌桓校尉公綦稠、右北平郡（今河北省丰润东南）太守刘政、辽东郡（在今辽宁省境内）太守阳终等。众至十余万，屯肥如（今河北省卢龙北）。举称"天子"，纯称"弥天将军安定王"，移书州郡，云举当代汉，告天子避位，敕公卿奉

迎。(《后汉书·刘虞公孙瓒陶谦列传》)

校尉邹靖率领青州兵紧急开赴前线讨伐张纯。刘备带领手下百十号人,参加了邹靖的讨伐大军。这是刘备人生中无数次行军打仗的第一次,感觉十分兴奋。刘备骑在马上,看着浩浩荡荡的队伍宛如一条长蛇在行进,前边看不到头,后边看不到尾,旌旗招展、人欢马叫,心里不由得升起一股豪情:终于有机会干一番大事业了。所有这一切都要感谢平原刘子平先生的推荐。一笔写不出两个"刘",自家人向着自家人。等这一仗打完,一定要好好谢谢这位刘先生。多亏了他的推荐,否则怎么能有机会去建功立业呢?就在刘备飘飘然畅想未来的时候,不远处突然响起了惊天动地的喊杀声。

埋伏在半路的黄巾军从四面八方冲了上来,官军猝不及防,一下被截成了好几段,陷入了混战之中。刘备身边这百十号人,仿佛土坷垃遇到沸水一样,一下子就被吞没了。刘备被三个骑兵丁字形围在当中,他拔剑在手、咬牙迎战,没几下就受了伤,而对面的敌人不但没减少,反而增加了。情急之下,刘备急中生智,佯装伤重不支,大叫一声,翻身落马,几个敌兵都以为刘备已死,拨转马头加入了别的战团。刘备本来就受了伤,再加上这一摔,感觉浑身剧痛无比,但是咬牙忍着、纹丝不动,一直坚持到天擦黑,喊杀声逐渐远去,战场上恢复了宁静,只剩下遍地的尸体,还有几匹无主的战马在那里哀鸣。

又不知过了多久,刘备听到有人在喊自己,声音由远及近,仔细辨认一下,原来是手下人。刘备终于长出了一口气,总算脱险了。一次幸福之旅就这样变成了一次恐怖之旅。刚才所有的豪情,现在都变成了后怕。初战遇险让刘备真实地感受到了战争的残酷,此后再参加战斗他变得小心谨慎多了。

《典略》曰:平原刘子平知备有武勇,时张纯反叛,青州被诏,遣从事将兵讨纯,过平原,子平荐备于从事,遂与相随,遇贼于野,备中创阳死,贼去后,故人以车载之,得免。(裴松之注《三国志·先主传》)

刘备遇险这件事一方面让我们看到了刘备的武勇，但更多的是看到了刘备的急中生智和临危不惧。想想看，若刘备只是一介莽夫，在战场上和敌人力战而死，那就不会有日后的三分天下了。

在事业起步阶段，遭受一点挫折和打击不是坏事情。在小沟里摔过跟头的人不会掉到悬崖下边去。遭受了打击、被泼了冷水之后，刘备才清醒过来，开始冷静地判断形势。前进的道路充满艰险，急于求成只能导致速败。而且他清楚地认识到，以自己积累的这点资源和人脉，想要在短时间内取得突破式的发展基本是不可能的，必须稳扎稳打，一步一个脚印慢慢来。

每个人做事情都可能会遇到突发意外的考验。我给大家介绍一个理论——优势放大理论。一个人在紧急情况下，会采取什么行动呢？他会按照自己平时占据优势的那个反应去行动。比如，一篇文章我只读了一遍，马上就上台讲，此刻在熟悉和不熟悉两个反应之间，我的优势反应是不熟悉，一旦上台我就会前言不搭后语，表现得比平时还要差。如果我认认真真训练上十遍，我的优势反应变成了熟练，那么紧急上台的时候我就会表现得比平时还要好。

也就是说，紧急情况像一个放大镜，放大了我们的优点，也会放大我们的缺点。所以，一些风险预案我们一定要提前做，一些重要的减灾防灾的演习，我们要定期练习、反复练习，一直到熟练，这样，当紧急情况真的发生的时候，我们才能应对自如。学习也是这样，课下练习从难从严，反复进行了，考试的时候才会应对自如。什么是超水平发挥？其实就是在紧急情况下，优势被放大了。

我们来看刘备，他之所以第一次上战场就能在紧急情况下脱离险境，肯定是平时对战场突发的情况早有预料、早有准备。正所谓想在前边成在后边，想得早做得好。

在邹靖的军队中，刘备屡立战功，不久就被提拔为安喜尉，走上了他人生中的第一个管理岗位。事业算是起步了，但是考验也一个接一个出现了。

鞭打督邮露豪气

看《三国演义》，大家都知道张飞"鞭打督邮"的故事。实际上，按照史书《三国志》的记载，打督邮的并非张飞张翼德，而是刘备刘玄德。一向温和内敛的刘备为什么要鞭打督邮呢？

我们要先从"督邮"这个词说起。"督邮"是官名，始置于西汉中期，郡守属吏，掌监属官。魏、晋起地位似不如前代，后设置渐少。北齐只设于清都郡。隋初废郡，督邮亦被废。

《汉书·文帝纪》记载：二千石（指郡太守）遣都吏循行，不称者督之。颜师古注《汉书》时引用如淳的注解补充道：律说，都吏，今督邮是也。《后汉书·卓茂传》记载：平帝时，天下大蝗……独不入密县界。督邮言之，太守不信，出自案行，见乃服焉。李贤注《后汉书》引用《续汉志》补充道：郡监县有五部，部有督邮掾，以察诸县也。

关于"督邮"，大诗人陶渊明还有一段因不愿向巡察督邮折腰而辞职的故事。

故事

陶渊明四十一岁时（公元405年），最后一次出仕，做了八十五天的彭泽令。萧统的《陶渊明传》及《宋书·隐逸传》《晋书·隐逸传》《南史·隐逸传》均有记载，年底，郡督邮来县巡察，县吏告诉他，应该穿戴得整整齐齐地去恭迎郡督邮。陶渊明叹息说："我岂能为五斗米折腰向乡里小儿！"即日解绶去职。后来，他写了《归去来辞》这篇传世之作。诗人在序文里交代了写作原因。他十分坦诚地讲，就任县令，是为生计所迫；之所以辞职，是因为"质性自然，非矫厉所得，饥冻虽切，违己交病"。就是说，宁可饿肚子，也不愿违心地逢迎上司而混迹官场。辞中叙述了他辞官的决心和心情："归去来兮，田园将芜胡不归！既自以心为形役，奚惆怅而独悲？悟已往之不谏，知来者之可追。实迷途其未远，觉今是而昨非。"讨厌的督邮成全了一篇千古佳作。

刘备因为参加讨伐黄巾起义军有战功，被任命为安喜尉，也就是主管治安的副县长。刚上任不久，刘备也像陶渊明一样，遇到检查工作的督邮大人了。《三国志·先主传》记载：先主率其属从校尉邹靖讨黄巾贼有功，除安喜尉。督邮以公事到县，先主求谒，不通，直入缚督邮，杖二百，解绶系其颈着马柳，弃官亡命。

当时督邮以公事到县，什么公事呢？大概情况是，当时镇压了黄巾起义之后，相当一批有功人员得到提拔，成为地方官，但是人员素质良莠不齐，朝廷决定进行甄别淘汰，具体的执行任务就落到了各级督察官督邮的身上。上级的初衷本来是好的，正所谓经是好经，都让歪脖儿和尚念歪了，这项甄别淘汰工作很快就演变成了督邮的吃拿卡要、假公济私。刘备听到了风声，因为没有根底靠山，有可能在淘汰之列，所以想特意提前和督邮沟通一下。"先主求谒"，"谒"就是拜见的意思，很低姿态的一个词，说明刘备是准备好折腰的，为了事业低一下头也未尝不可。没有想到，这个督邮派头大了，根本就不见刘备，把他拒之门外。这下可把刘备惹恼了。

搞歪风邪气还这样趾高气扬，这还了得？刘备也没客气，直接冲进督邮住的酒店，把他捆在树上狠狠抽了二百鞭子，然后把官印往督邮脖子上一挂，弃官而去。这次鞭打督邮应该算是刘备职业生涯当中特别潇洒、特别豪情的一次壮举——我忍，我忍，我忍无可忍了！

按照正常逻辑，刘备这么温和、这么能忍，他不应该意气用事啊！我们分析其中的原因，有三个：第一，督邮确实不给机会，刘备的职位估计是保不住了；第二，刘备看透了这条官场之路的腐化和黑暗，他决定不同流合污；第三，刘备已经给自己找好了其他的出路。

正是由于这三个原因，他才毅然决然挂印而去。

"鞭打督邮"这件事情是刘备在职业生涯初期遇到的一次价值观和领导风格的挑战。其实，道路只有两条，要么就是去，要么就是留。刘备从小小的督邮身上，看到了汉末官场的黑暗，他认识到单凭能力和业绩，即使这次保住了安喜尉的官职，下次或者下下次，还是要丢官罢职，还是要身败名裂，倒不如干脆放弃，另起炉灶。

　　那么，刘备另起的炉灶是什么呢？就是投奔老同学公孙瓒，靠自己积累起来的人脉另谋发展。

管理智慧箴言

要想不被狼欺负，就得站到大象的背上去。

感化刺客讲义气

　　刘备带着自己的手下人来投奔公孙瓒。公孙瓒真的够赞，刘备一来就给他安排职务了。为什么公孙瓒这么快就能给刘备安排职务呢？因为公孙瓒也面临问题，遇到了人生的挑战——公孙瓒跟袁绍开战，争夺河北，正是用人之际。所以请大家记住，你要想让别人帮你，你先得去帮助别人。如果你能为别人付出，别人就会为你付出。这就是刘备这一辈子的基本逻辑，叫作"用帮人的方式去求人"。当有求于你时，我先不提要求，而是先帮你干事，干多了干好了干漂亮了，有人问："老刘，你有什么事，我帮你办吧？"刘备还得说："不，领导你那么忙，我不给你添麻烦，就这么着吧。"最后急得公孙瓒说："老弟，求求你，让我帮帮你得了。"你看，这不是水到渠成吗？你不挖渠哪儿来活水啊？所以叫"用帮人的方式去求人"，当你想让一个人帮自己的时候，你先想想人家有什么需求，你能帮人家干点什么，成全别人其实就是成全自己。所以刘备来帮公孙瓒打袁绍，于是就获得了新的平台和机遇。

公孙瓒让刘备当上了别部司马，这是一个独立的统兵官。而刘备投奔公孙瓒的时候，正是公孙瓒和袁绍之间战斗最为紧张激烈的时刻，双方之间爆发了著名的"界桥战役"。

《三国志》裴松之注引用《英雄记》记载：瓒步兵三万余人为方陈，骑为两翼，左右各五千余匹，白马义从为中坚，亦分作两校，左射右，右射左，旌旗铠甲，光照天地。绍令麴义以八百兵为先登，强弩千张夹承之，绍自以步兵数万结陈于后。义久在凉州，晓习羌斗，兵皆骁锐。瓒见其兵少，便放骑欲陵蹑之。义兵皆伏楯下不动，未至数十步，乃同时俱起，扬尘大叫，直前冲突，强弩雷发，所中必倒，临陈斩瓒所署冀州刺史严纲甲首千余级。瓒军败绩，步骑奔走，不复还营。义追至界桥；瓒殿兵还战桥上，义复破之，遂到瓒营，拔其牙门，营中余众皆复散走。绍在后，未到桥十数里，下马发鞍，见瓒已破，不为设备，惟帐下强弩数十张，大戟士百余人自随。瓒部逆骑二千余匹卒至，便围绍数重，弓矢雨下。别驾从事田丰扶绍欲却入空垣，绍以兜鍪扑地曰："大丈夫当前斗死，而入墙间，岂可得活乎？"强弩乃乱发，多所杀伤。瓒骑不知是绍，亦稍引却；会麴义来迎，乃散去。

刘备有了拉队伍的平台和资本，他也投桃报李，积极地加入了公孙瓒和袁绍争地盘的战斗中，并且屡立战功，担任了平原令，终于有了自己的根据地。

《三国志》的原文是"试守平原令"，大家注意这个"试"字，说明公孙瓒对刘备担任地方官的治理能力是存在一些担心的。不过刘备用行动证明了自己治理地方的能力。裴松之注《三国志》引用《魏书》曰："是时人民饥馑，屯聚钞暴。备外御寇难，内丰财施，士下者，必与同席而坐，同簋而食，无所简择。众多归焉。"

在平原令的任上，刘备做了三件事：一是"外御寇难"，保境安民，抵御来自外部的抢掠，维护一方的平安；二是"内丰财施"，搞好地方经济的发展，改善老百姓的生活；三是聚拢人才，"士下者，必与同席而坐,同簋而食,无所简择",从来不摆地方官的官架子,礼贤下士,尊重知识,尊重人才。

刘备这样做的效果如何呢?《三国志》用了四个字来形容——"众多归焉",也就是众人都来投奔刘备。不过,还不光是形式上的归附和投奔。

"归"字本意是指女子找到如意郎君,出嫁了。《诗经》有"桃之夭夭灼灼其华,之子于归宜其室家",说的就是这个"归"。这种"归"的心情,想必大家是可以理解的,一个女孩子三十岁了,找不到一个如意郎君,不光自己心里边不自在,全家人都跟着着急。大龄剩女的基本心情就是四个字——"思归心切"。

所以,"众人归焉"还包含着找到归宿的那种喜悦和舒展感。

不过这样的局面,有人高兴,就有人不高兴。刘备终于在中原地区拥有了自己的第一块根据地,护佑县民,笼络人心,以图日后大计。实际上,刘备已经通过"安喜门"(即"鞭打督邮")事件总结经验教训,在到任平原相后,大肆宴请宾客、豪杰。一时之间,名声沸腾,有识之士都来投靠他。一天,有人前来刘备府上赴宴,刘备按照惯例"待客甚厚",此客见刘备仁义至此,遂娓娓道出一个天大的机密,然后从容离去。到底此客告知刘备什么天大的秘密,竟让刘备日后与关羽、张飞等人"寝则同席、食则同桌"呢?

原来,这就是刘备生平遇到的第一次针对他的刺杀事件,而此人正是一名刺客,本欲刺杀刘备于府中,可刘备的言谈举止让刺客为之动容,终于决定将郡民刘平的阴谋揭露出来,而刘备也能幸运地死里逃生,估计其中与刘备忠厚的长相也是有几分关系的。刘备任平原相时,地主、富豪囤积居奇,导致货币贬值,民众饿死者不乏其众。刘备对外打击盗贼、土匪,对内施行良政,无论民众、士子、商人都能与他同席相坐、同桌吃饭,不分三六九等。民心归附在当时也属罕见。刘平作为平原县民众的一分子,本应该结交刘备,可他或许看不惯刘备平易近人的作风,更可能是他疑心刘备当面吃粗粮、背后开小灶，于是花钱聘请刺客刺杀刘备。从这一举动，可见刘平定是平原大户，所以他才有此能力和胆量刺杀朝廷命官。如前所述，最后刘平的行刺阴谋宣告破产。但是刺客刘平却没有受到处罚，这又是为什么呢？

刘备作为外来的父母官，在这一事件中显示出宽宏大量之德行。刺客告诉他真相之后竟能从容而去。可见，刘备对阴谋的预测早已胸有成竹。从古至今，成大事者有时不能避免敌对之人的刺杀、污蔑，但是能似刘备这般从容者，世间罕有。《三国志·先主传》曾这样动情地形容刘备——"其得人心如此"。

《三国志》记载：郡民刘平素轻先主，耻为之下，使客刺之。客不忍刺，语之而去。其得人心如此。对此，《魏书》则记载：刘平结客刺备，备不知而待客甚厚，客以状语之而去。

刘备的这种领导风格，另外还感召了一个大英雄加入自己的团队，这就是常山赵云[1]赵子龙。《三国志·赵云传》记载：赵云字子龙，常山真定人也。本属公孙瓒，瓒遣先主为田楷拒袁绍，云遂随从，为先主主骑。裴松之注本引用《云别传》曰：云身长八尺，姿颜雄伟，为本郡所举，将义从吏兵诣公孙瓒。时袁绍称冀州牧，瓒深忧州人之从绍也，善云来附，嘲云曰："闻贵州人皆愿袁氏，君何独回心，迷而能反乎？"云答曰："天下讻讻，未知孰是，民有倒县之厄，鄙州论议，从仁政所在，不为忽袁公私明将军也。"遂与瓒征讨。时先主亦依托瓒，每接纳云，云得深自结托。云以兄丧，辞瓒暂归，先主知其不反，捉手而别，云辞曰："终不背德也。"

治理平原和接纳赵云，代表着刘备经受住了团队管理的考验。他已经基本形成了自己独特的以仁义和情感为核心的领导风格和工作方法。

---

[1] 赵云（？—229年），字子龙，常山真定（今河北省正定）人。三国时期蜀汉的将领，曾一人冲进百万军中救刘禅，深得刘备信任。陈寿著《三国志》，将赵云与关羽、张飞、马超、黄忠合为一传（《三国志·蜀书·关张马黄赵传》），五人合称"五虎将"。

解围孔融涨名气

某日，刘备正在府中和孙乾、简雍等人议事。忽然下人来报，有北海郡下书人求见。刘备很纳闷，自己和北海郡（在今山东昌乐县）素无往来，怎么忽然就来了一个下书人呢？

听得堂外腾腾的脚步声，走进来一员大将，二十多岁的年纪，身高七尺七寸，生得蜂腰猿臂，一双虎目炯炯有神，看脸上，汗流满面；看身上，征袍带血，显然是经过一番苦战的样子。这位英雄，名叫太史慈[1]，熟悉三国故事的朋友都知道，后来他和小霸王孙策还有一段故事，《三国演义》中叫"太史慈酣斗小霸王，孙伯符大战严白虎"。此时，太史慈还没有去江东，为报知遇之恩，在北海太守孔融[2]帐前效力。当时黄巾军管亥所部几万人横扫北海郡，将孔融团团围住，形势万分危急，太史慈奉了孔融之命，特来向刘备求救。

太史慈突出重围的方法非常有智慧：他挑选两个骑兵，让他们各自做了一个箭靶举着，天一亮，就背鞬提弓上马，打开城门，带着两个骑兵，一直冲出。城外黄巾军见状，以为太史慈要突围，非常惊骇，兵马出动，严加戒备。太史慈不慌不忙，拨马到城下护城壕内，叫骑兵把靶子树立起来，然后用箭射靶子，射完，返回城去。第二天早晨，又照样做。围城的兵士见此就有些懈怠，有的懒洋洋地站起来，有的睡卧着一动也不动。太史慈射完靶子，又返回城去。第三天早晨，太史慈出城，依旧照此行动。黄巾营中人已经习以为常，连一个起来看的人都没有了。这时，太史慈突然策马，风驰电掣，破围而出。等到围兵发觉，为时已晚。有几个追赶的，也被太史慈连发数箭，皆应弦而倒，无人敢再追。

---

[1] 太史慈（公元166—206年），字子义，东莱黄县（今山东龙口）人，东汉末年先后任孔融、刘繇帐下将领，后投靠孙策。于赤壁之战前病逝，终年四十一岁。

[2] 孔融（公元153—208年），鲁国曲阜人，字文举，东汉末文学家，建安七子之一，孔子二十代孙，孔宙之子。由于曾任北海相，亦称"孔北海"，后因得罪相国曹操，遭处死，夷灭全家。

刘备看罢书信，听太史慈讲明来意，不禁说了一句特别耐人寻味的话——"孔北海乃复知天下有刘备邪？"（《后汉书·孔融传》）意思是，刘备很惊喜："孔融居然还知道我刘备刘玄德啊。"

为什么刘备会说出这样的话呢？主要是因为孔融的名气太大了。"孔融，字文举，鲁国人，孔子二十世孙也。七世祖霸，为元帝师，位至侍中。父宙，太山都尉。"（《后汉书·孔融传》）孔融年纪轻轻即名满天下，聪颖早慧，才华过人，"孔融让梨"的故事尽人皆知，并在《三字经》中被后人反复传诵："融四岁，能让梨；弟于长，宜先知。"

故事

孔融小时候聪明好学，才思敏捷，巧言妙答，大家都夸他是奇童。四岁时，他已能背诵许多诗赋，并且懂得礼节，父母亲非常喜爱他。

一日，父亲买了一些梨子，特地拣了一个最大的梨给孔融，孔融摇摇头，却另拣了一个最小的梨说："我年纪最小，应该吃小的梨，你那个梨就给哥哥吧。"父亲听后十分惊喜。"孔融让梨"的故事很快传遍了曲阜，并且一直流传下来，成了许多父母教育子女的好例子。

孔融小时候不仅学习勤奋，而且善于思考。父亲外出拜客总是带着他去。十岁那年，他随父亲来到洛阳。一次他去洛阳太守李膺的府内拜访。守门人将他拦住问道："你是哪家小孩，到一边玩去！"孔融严肃地回答说："请你们进去通报，山东孔融来访。"守门人见他一本正经，也不知是什么来头，笑着问："小公子，可有红帖？"孔融说："我家和你家主人世代交往，又有师生之谊，无须红帖，只管通报。"守门人怕慢待贵客，只好进去通报。这时李膺正和许多文人雅士交谈，听了通报，一时想不起这位孔融和自己家是什么关系，只好哈哈笑着说："请进！"小孔融兴冲冲地走进大厅,一边向主人问候,一边拱手招呼各位来宾,态度不亢不卑。李膺一边让座,一边打量着这位俊才少年,心里好生奇怪:这小孩从未见过面,而他为何自称通家[1]呢?于是,李膺问道:"小公子,你说我们两家世代交情,我怎么想不起来啊?"孔融微笑着说:"五百年前孔子曾经问礼于老子,孔子姓孔,老子姓李,说明孔李两家五百年前就有师生之谊。今你姓李,我姓孔,也是师生关系,我们两家不是累世通家吗?"

孔融语出惊人,在座客人无不暗暗称奇。太守李膺不禁哈哈大笑起来:"小公子真神童也。"唯有太中大夫陈韪不以为然,冷冷地说:"小时候聪明的人,长大后未必有作为。"面对挑战,孔融笑着说:"这样说来,先生小时候一定很聪明。"这一巧妙对答,弄得陈韪面红耳赤、无言回对,引得众人哈哈大笑。

少年孔融名满天下,年长之后入朝为官,先后担任议郎尚书等职务。董卓掌权之后,凶残暴虐,企图废掉皇帝,孔融不畏权贵,仗义执言,得罪了董卓,董卓用了一个借刀杀人的计策,把孔融安排到最危险的北海郡做地方官。《后汉书·孔融传》记载:"会董卓废立,融每因对答,辄有匡正之言。以忤卓旨,转为议郎。时黄巾寇数州,而北海最为贼冲,卓乃讽三府同举融为北海相。"

孔融这个人的特点可以用八个字概括——"长于文章,短于治战"。《后汉书·孔融传》中评价道:"融负有高气,志在靖难,而才疏意广,迄无成功。"在治理地方的过程当中,外不能抵御强敌,内不能赏罚分明。而在天下大乱的形势下,作为一方诸侯,这两点必不可少,而这两点却恰恰都是孔融的短板。《后汉书》记载:"融到郡,收合士民,起兵讲武,驰檄飞翰,引谋州郡。贼张饶等群辈二十万众从冀州还,融逆击,为饶所败,乃收散兵保朱虚县。稍复鸠集吏民为黄

---

[1] 指世代交谊深厚、如同一家。

巾所误者男女四万余人，更置城邑，立学校，表显儒术，荐举贤良。"

孔融虽然在军事上毫无建树，但是在发展文化教育方面还是很有一套的。然而在那个混乱的年代，文化和善良是没有发言权的。好景不长，不久孔融再次陷入危机。《后汉书·孔融传》记载："黄巾复来侵暴，融乃出屯都昌，为贼管亥所围。融逼急，乃遣东莱太史慈求救于平原相刘备。"

刘备根本没有想到名气这么大的孔融会向自己求救。这种心情，我们用两个"出乎意料"来解释：一是刘备没有想到自己的名气已经大到这个程度了（能引起孔融的关注），有点出乎意料；二是天下英雄那么多，孔融专门来请自己，信任之专让他出乎意料，可见刘备的知名度和美誉度都已响彻云霄。

这两个"出乎意料"，代表着刘备有一个心理门槛还没有跨过——他的内心深处还缺乏足够的自信和自我肯定。

这里我给大家介绍一个小案例。

案例

驯象师养了一头小象，因为担心这头小象总是跑，所以把它的腿结结实实地拴在一个木桩子之上。小象每跑一次，都被木桩子上边的绳子给绊倒，跑了很多次之后，小象绝望了，它发现这个木桩子永远不可能被自己拔起来，这个粗绳子永远不可能被自己扯断。只要自己跑，结局就是被拽倒，因此小象就不跑了，很乖。

随着岁月的流逝，小象长成大象，它的腿比树都还粗了，它的力量都已经能举起成吨的汽车了。但是每次把它拴到木桩子之上，它依然乖乖地在那儿站着，依然相信自己跑不了，依然认为自己会被绊倒。

为什么会出现这种情况呢？因为小象虽然长成大象了，但在它内心深处，面对这个木桩子，依然认为自己是头小象。过去的失败，阻挡了它现在能力的发挥。这个现象在心理学中叫作"习得性无助"。简单解释一下，就是过去的、连续的失败，让一个人失去了自信，失去了心理能量。

管理智慧箴言

失败对人最大的伤害，不是一两次没实现目标，而是在反复没实现目标之后，失去了自信，发自内心地认为自己不行。

此时的刘备就像一头小象，他遇到了很多挑战，处理得也不是很理想。随着岁月的流逝、年龄的增长、资源的增加，他已经长大了，可以做大事业了。但是在他的内心深处，他还是那头小象，他的自信还是不足的，处于自我怀疑状态。每一个人在事业成长过程中，都得迈过这道门槛，这叫"自信门槛"。怎么迈呢？

不管表现怎么样，首先要关注成长和进步，而不是关注结果。比如这次自己表现得很猪头，丢人吗？不丢人。为什么呢？因为上次表现得还很狗血呢，这次表现得很猪头已经算是进步了。这叫作"关注成长"，要发现和肯定自己的成长，每发现一次，自信就会多一分。

现在有很多家长，每次孩子考完试都问他："你考多少啊？"孩子说："考了85分"。家长会接着说："你们班最高100分，你怎么差那么多？"每次总让他跟最高分比，越比他越觉得自己不行，最后"习得性无助"发生了，自信崩溃了，他就会一直觉得自己不行。但是换一种方法，如果你告诉他，虽然有差距，但是上次70分，现在85分，你成长了！每次让他关注自己的成长，他的自信心就会越来越多。另外还有第二个更简单直接的方法，就是来自权威的鼓励，叫作"贵人相助，仙人指路"。外在的权威的肯定能够极大地增加一个不太自信的人的心理能量。刘备就属于这种人，本来不太自信，心理能量也不太足，一个二十多岁的小小县令，到底能不能纵横天下，跟割据一方的黄巾军对战呢？在这种情况下，大名人、大专家、大权威专门给自己写了一封信，而且口口声声叫"玄德兄""玄德公"，说"你文武兼备，一定能帮我解围"，刘备的自信心自然极大地增长了。

还有一种增强自信的有效方法——形象预演方法。"形象预演"是指我们用想象力在脑海中按照自己的意图，事先勾勒出一幅某种目标进行中以及实现后的情景或画面。首先，置身于一个舒适的地方，躺着或坐着，使身体完全放松。然后开始想象每一件事都像自己所希望的那样发生，还可以想象人们在说什么，或其他使这件事显得更真实的细节。把以上形象或念头保持在自己的头脑中，在内心对自己做一些十分积极的、肯定的陈述："我设定的目标一定会实现，我一定可以，我会努力的。"这些都是很棒的自信训练。

刘备和很多年轻人一样，虽然热血沸腾、豪情万丈，但是还缺乏强大的自信，内心还装满了怀疑，特别是过去一些失败的阴影常常挥之不去，就像那只被木桩拴住的大象一样，虽然脚下有力，但是寸步难行。心理能量不足、自信心缺乏是刘备创业最大的问题。

孔融出现的最大价值，就是给刘备带来了一种强大的外部激励作用，一下子召唤出了刘备内心的力量，所以他才会兴奋地说："原来大名人孔融也知道我刘备刘玄德啊！"

在关羽、张飞的帮助下，刘备立刻组织人马来救孔融。管亥听闻有救兵到达，没有恋战，收拾人马解围而去。按照《三国志》的记载，双方没有交兵，刘备兵不血刃，解了孔融的北海之围。这次解围行动让刘备的人气指数迅速飙升。提起刘备，人们交口称赞。刘备北海救孔融，一方面，刘备帮助了孔融；另一方面，孔融也成全了刘备。

二十七岁的刘备，身为朝廷食邑二千石的官员，坐镇一方，名满天下，要兵有兵，要将有将，可谓踌躇满志。最重要的是，他拥有了从来都没有过的自信。不过俗话说得好，人怕出名猪怕壮，刘备的名气大了，新的挑战也就来了。公元194年（兴平元年）春，从徐州传来了一个惊心动魄的消息，这个消息让事业刚刚起步的刘备坐卧不宁。是什么事让刘备这样牵挂呢？请看下一讲。

第三讲

寻求支持有办法

刘备不是一个"小富即安"的人,虽然有了平原县这个根据地,但他还在期待更多的机会,百尺竿头,更进一步,实现自己的抱负。这样的机会还真被他等来了。是什么人为他带来了实现理想的契机?他能否一举成功?在这个过程中,刘备采取了哪些寻求援助的巧妙方法?

如果各位喜欢看历史，肯定会注意到一个问题：任何一支部队如果想发展壮大，就一定离不开根据地。有了根据地，那真是"高山养猛虎，深水出蛟龙"；没了根据地，那就是"龙困沙滩遭虾戏，虎落平阳被犬欺"。

刘备在事业起步的阶段，靠着关羽、张飞等人的鼎力支持，以及老同学公孙瓒的帮助，终于有了一块小小的根据地——平原县（今山东省平原县）。他在这里一边招兵买马、壮大队伍，一边提升治理地方的执政能力。其实在一般人看来，带着一支队伍，和一班兄弟过着滋润的日子，做一方行政长官，这生活挺好的。那叫"喝着小酒，唱着小曲，过着小日子，炒俩小菜，睡睡小觉"，挺好。但刘备不同，他属于胸怀大志的人，所以古人讲，志大者心苦也。意思就是一个胸怀大志的人，在过平凡日子的时候，他心里没有甜，只有苦。他苦恼啊，苦恼什么呢？这么点大的一个平台，我怎么发展啊？我得找一个更大的平台。所以我们做一个总结，刘备在平原县这段安乐的日子，属于海中龙过着池中虾的日子，他当然不甘心。他一直在寻找机会，寻找更大的发展平台。就在这个关键时刻，徐州牧陶谦[1]向刘备发出了邀请，请刘备协助他守卫徐州，一起对抗曹操的大军。历史的车轮滚滚向前，命运再次给了刘备机会，把他推上了新的高度。这个时候的徐州，可不是一个安乐窝，它是一个龙潭虎穴，政治势力错综复杂，军事斗争你死我活。不过要想成大事，就得冒风险。大家如果懂金融理财，就一定知道一个规律——"风险越大，收益越大"。刘备觉得这个风险值得冒，所以就带着关羽和张飞，整顿了军马，前往徐州。

那么，在政治斗争错综复杂、军事对抗你死我活的徐州，刘备能不能站稳脚跟？他又是怎样凭借一己之力，在很短的时间里，获得了更多的支持呢？下面我们就来看看刘备的策略和方法。

---

[1] 陶谦（公元132—194年），字恭祖，东汉末年群雄之一，扬州丹阳（今安徽当涂东北）人。

陶谦托孤

公元194年（兴平元年）十二月，六十三岁的徐州牧陶谦病情严重，生命垂危，临终前他派人紧急召见徐州别驾糜竺，所谓"别驾"，也就是徐州牧的副手。糜竺接到消息，连衣服都没来得及换就赶来了。病榻上的陶谦眼窝深陷，气息微弱，他拉着糜竺的手，攒了半天气力，才吐出一句话："我死之后，曹孟德必来攻打，徐州危矣。"

糜竺和陶谦一起出生入死，打过恶仗，他想起了上一次曹操血洗徐州的惨剧，曹军所到之处，鸡犬不留，光老百姓就死了数十万，河道里全是尸体，泗水为之不流，很惨烈。糜竺不禁倒吸了一口冷气，他问陶谦："陶使君，那该如何是好？"

此刻面对陶谦，糜竺有三个绝望：

第一个绝望，老领导、主心骨，他要走了；

第二个绝望，杀人魔王曹操，他要来了；

第三个绝望，自己不知道怎么办。

陶谦眼睛里闪过一点微光，他用尽生命最后一丝气力，一字一顿地说道："非刘备不能安此州也。"

糜竺终于明白了，陶谦紧急把自己招来，是要把迎刘备入主徐州这件大事托付给自己。糜竺紧握着陶谦的手，摇了一下说："使君放心，糜竺粉身碎骨定不负重托。"

陶谦勉强点点头，随后头一歪，长吸了一口气，便撒手离开了人世。

此时此刻，刘备正在驻地小沛（今江苏省沛县）日夜练兵，对陶谦病逝的消息仍旧一无所知。在上一讲我们说过，刘备在公孙瓒的帮助下，拉起了一支队伍，并且有了自己的地盘平原县。放着平原县令不当，他怎么又到了徐州小沛呢？

这里边的来龙去脉，要从曹操当上兖州牧说起。

曹操占据了兖州，自领兖州牧之后，要把在泰山郡避乱的父亲曹嵩及全家人都接到兖州来，结果曹嵩这一大家子人在半路上被人给截杀了，杀了个鸡犬不留，财产也被洗劫一空。截杀曹嵩的人，是陶谦手下的将军张凯。曹操得到消息后眼睛都红了，起大兵来讨伐陶谦，号称要血洗徐州，为父报仇。

《三国志·武帝纪》（裴松之注本）记载：初，太祖父嵩，去官后还谯，董卓之乱，避难琅邪，为陶谦所害，故太祖志在复仇东伐。《世语》曰：嵩在泰山华县。太祖令泰山太守应劭送家诣兖州，劭兵未至，陶谦密遣数千骑掩捕。嵩家以为劭迎，不设备。谦兵至，杀太祖弟德于门中。嵩惧，穿后垣，先出其妾，妾肥，不时得出；嵩逃于厕，与妾俱被害，阖门皆死。劭惧，弃官赴袁绍。后太祖定冀州，劭时已死。韦曜《吴书》曰：太祖迎嵩，辎重百余两。陶谦遣都尉张闿将骑二百卫送，闿于泰山华、费间杀嵩，取财物，因奔淮南。太祖归咎于陶谦，故伐之。

双方在初平四年（公元193年）的秋天发生了激战。曹操引兵连克十余座城池，在彭城（今江苏省徐州市）打败陶谦，陶谦退保郯城（今山东省郯城县），曹操军队一路烧杀，坑杀男女数十万口于泗水，水为不流。操攻郯不能克，乃去，攻取应、睢陵、夏丘，皆屠之，鸡犬亦尽，墟邑无复行人（《资治通鉴·汉纪》）。

双方在郯城僵持了一段时间，曹操粮草耗尽，引兵退去。但是第二年夏天又卷土重来。这一次兵精粮足，志在必得。陶谦向青州刺史田楷求救，田楷便联合刘备整顿精兵来救援陶谦。刘备就是这样从平原县来到了徐州。陶谦在人员和粮草上都给了刘备很大的支持。刘备的实力进一步壮大。《三国志·先主传》记载：时先主自有兵千余人及幽州乌丸杂胡骑，又略得饥民数千人。既到，谦以丹杨兵四千益先主，先主遂去楷归谦。谦表先主为豫州刺史，屯小沛。"略得"二字，一方面说明刘备心情急迫，急于壮大实力；另一方面也说明刘备的部队构成复杂，临时拼凑，战斗力比较弱。

不过刘备的原则很明显，没有能力有态度，没有实力有场面。

你求我来帮你，我来了，而且带了很多人，轰轰烈烈，热热闹闹。

陶谦很高兴，立刻行使了人事推荐权，推荐刘备做豫州刺史，确实没有亏待刘备。刺史的职位是当时天下英雄都趋之若鹜的，因为一旦有了这个头衔，就能名正言顺地占领一块根据地，发展自己的实力了。刘备感激之余也没有辜负陶谦。在徐州对曹操的作战当中，刘备是非常努力的。

《三国志·武帝纪》记载了当时的战斗情况："夏，使荀彧、程昱守鄄城，复征陶谦，拔五城，遂略地至东海。还过郯，谦将曹豹与刘备屯郯东，要太祖。太祖击破之，遂攻拔襄贲，所过多所残戮。"

二次攻打徐州，曹操志在必得，一路风卷残云一般，连下五城，一直打到海边。当时刘备和陶谦的大将曹豹驻军在郯城以东，他们和曹军发生了激战。

大家注意，史书的记载是"谦将曹豹与刘备屯郯东，要太祖。太祖击破之"。什么叫"要太祖"？就是在曹操必经的路上，主动拦击，与曹操开战。

以当时的战局和实力对比来讲，一般人躲避还来不及，刘备带着一万人左右的杂牌军，就敢主动拦截曹操的大部队主力，这种战斗的勇气和决心是十分让人佩服的。

我们联系实际，看看帮人的方式。常见的帮助别人的类型有三种。

第一种类型叫"安心帮"。什么叫"安心帮"呢？意思是你请我给你帮忙，我用我擅长的、我的优势资源来帮助你，轻松自如，不带任何负担，这叫"安心帮"。

第二种类型叫"隔人帮"。什么意思呢？我来帮你根本不用我动手。你说："您受累，把自行车借我骑一下。"我回头便跟一位同学说："去楼下，把你那辆飞鸽推出来。"那个学生去了，把他的车子、钥匙给你，你骑上走了。你说："赵老师，你厨艺不错，什么时候给咱炒个菜吃？"我一挥手，对助教说："你上楼炒一盘菜给大家吃。"他去了，我没动手，这就叫"隔人帮"，隔人帮就属于没有感情投入的帮人方式。但是大家要记得,有些事情是要我们亲自动手的。父母躺在病床上,我们应该亲自煎汤喂药,你让一个护工或护士去煎汤喂药,那叫"隔人孝"。隔人孝的力度、感动程度和尽心程度,是有问题的,能我们自己做,就得我们自己做。

第三种类型叫"舍身帮"。什么叫"舍身帮"?明明是我缺的、我不擅长的,但是只要你需要,我就拿出来。刘备这次就属于"舍身帮",队伍是杂牌军,战斗力极差,战略上不占优势,战术上没有资源,将也不多,兵也不广,面对强敌,刘备敢逢敌亮剑,跟他打一仗,这种舍身的精神让所有人都特别感动,最受感动的就是徐州牧陶谦。你就想想吧,一个河北青年,不远千里来到徐州,像保卫自己的家乡一样,保卫别人的家乡;像守护自己的事业一样,守护别人的事业,这是什么精神?这叫"没拿自己当外人"的精神。刘备真没拿自己当外人,从平原县出发的时候,他就是带了部队、带了家属,带了锅碗瓢盆来徐州的,说是到徐州帮忙,其实跟搬家差不多。各位试想一下,如果恰逢"十一"小长假,你一个同学说:"听说你在北京买房了、结婚了,到你家小住一下可以吗?"你说:"可以啊。"结果,9月30号的晚上,这个同学带着老婆孩子都来了,还拉着拉杆箱,拿着包,带着电饭锅、洗脚盆、牙刷、牙膏,进屋就插电源做饭。你说这是小住吗?这属于长住。刘备来徐州是有自己的打算的,他就是想在徐州长住,借助这个更大的平台谋发展。所以我们可以得出一个结论:刘备是在帮陶谦,但是刘备自己也是有所求的。

不过问题就来了,刘备要前途、要地盘、要队伍的要求,他能不能跟陶谦直接提呢?根据基本的人情世故,我们可以定义三个概念。

第一,没做贡献就提要求,这叫贪。你什么都没干呢,就提要求,那不合适。

第二,做了贡献立刻提要求,这叫俗。你帮完我,立刻就让我帮你,这叫俗。

第三,光做贡献不提要求,这叫傻。

所以刘备现在的被动局面，就是付出那么大的努力之后，有要求不能立刻提，但是又不能错过时机，怎么办？刘备用了一个特别棒的方法，一句话：用帮人的方式去求人。

我对你有要求我不说，就使劲儿帮你，帮你帮你再帮你，帮到有一天突然你问我："哎呀，老赵啊，你有什么活儿，我也帮你干干得了？"然后我还得后退半步说："没有没有，你那么忙，我不给你添麻烦了。"最后那哥们儿说："求求你，让我帮你一下吧。"这叫"水到渠成，顺其自然"。所以大家看，刘备这一辈子，帮公孙瓒得了地盘——平原；帮陶谦得了地盘——徐州；帮刘表[1]防守曹操，就有了荆州；帮刘璋[2]防备张鲁，最后就有了益州，每次都是认认真真帮别人，然后喜出望外成就自己。

管理智慧箴言

在日常生活当中，如果你真的想获得别人的帮助的话，请你尽心尽力，认认真真地带着一颗火热的心，去帮帮周围的人。这叫"助人者人亦助之，助众人者天亦助之"。

刘备这个模式采用得很好。由于他尽心尽力帮着徐州百姓，帮着徐州政府，所以从百姓到政府，大家都非常认可刘备，刘备的气候就逐渐形成了。因此陶谦临终的时候才说"非刘玄德不能安此州也"，他让糜竺代表自己，代表政府把徐州的管理权交给刘备。这可是一个厚礼呀。而且刘备喜欢吗？喜欢。想要吗？想要。那么面对这个喜出望外的大厚礼，刘备又喜欢又想要，他伸手接了吗？他没接。

刘备是一个有慧根的人，他对管理、对天下的认识，从一开始就

---

1 刘表（公元142—208年），字景升，山阳高平（今山东邹城）人。东汉末年群雄之一，汉室宗亲，为荆州牧。
2 刘璋（？—公元219年），字季玉，荆州江夏竟陵（今属湖北省潜江市）人，东汉末年三国时代割据军阀之一。继父亲刘焉担任益州牧，后为刘备所败投降，被迫离开益州，病逝于荆州。

要比袁术[1]、吕布这些人深刻得多。所以在让徐州这件事上，他采取了三个策略。

策略一　差异制胜，在比较中提升满意度

说到让徐州，我们首先需要确认的是原来的徐州牧陶谦是个什么样的领导。

在《三国演义》中，陶谦是个忠厚长者，死乞白赖地让刘备统领徐州。但实际上按照《三国志》的记载，陶谦这个人与《三国演义》中的人物性格还有一点点差别，他有三个特点。

第一，陶谦能打仗。陶谦是丹阳（今安徽当涂东北）人，曾经随着汉朝政府的车骑将军大司马张温西征，讨伐边章、韩遂，在西征的过程当中，陶谦建立了很大的功绩，没有这些军功，他也不可能当上徐州牧。而且在当上徐州牧之后，陶谦做的第一件事，就是肃清地方。当时徐州的黄巾军势力很大，陶谦凭借着自己的军事指挥才能，将徐州黄巾军杀得大败，从此这些人就再也不敢进犯徐州了。徐州变得比较太平，所以陶谦有军功。

第二，陶谦对朝廷还算忠诚。自从董卓专权，李傕、郭汜乱长安以来，朝廷的话基本上没人听了，但陶谦不一样，陶谦对朝廷还是言听计从的。更加难能可贵的是，在那个乱世，陶谦会派自己手下的使者向朝廷纳贡。这在史书上有记载，说陶谦派手下乔装改扮，"遣使间行"，（因为遇上割据势力拦道过不去，所以要乔装改扮），然后带着些值钱的东西向朝廷纳贡。既然乔装改扮，肯定带不了大件的东西，因此带的都是一些又小件又值钱的东西。朝廷正缺经费，而且最重要的是缺地方势力的支持，陶谦这样做，让朝廷很高兴。所以朝廷专门封陶谦做了安东将军溧阳侯，可见他与朝廷的联系比较紧密。

---

[1] 袁术（？—公元199年），字公路，汝南汝阳（今河南商水）人。东汉末年三国时代初期的军阀，以南阳多数人口之地作为领地，出身于官宦名门，袁绍之弟，趁乱世称帝，却得不到支持，最终屡次兵败后吐血而死。

陶谦的第三个特点是他的缺点。按照《后汉书·陶谦传》的记载，陶谦这个人当领导，有两个不好。

第一个不好，为政昏乱。什么叫"为政昏乱"？我们解释一下。首先，什么叫"昏"？黄昏的时候看东西能看清楚吗？看不清楚，只能看个轮廓。所以"昏"指的就是看人看事看不清，只能看个大概。其次，什么叫"乱"呢？一根长线，揉两下，它是不是会打结？这就是乱，一乱就要打结。所谓"乱"就是没有条理、不顺畅。陶谦这个人当领导，看人看事看不清，没有头绪、没有条理，很多事情都不顺畅。

第二个不好是他用人不当，这是个更大的问题。《后汉书》中记载，陶谦这个人"信用非所，刑政不理"。他用的那些人，根本就不是有能力、有才华的人，他就爱用一些喜欢说便宜话、贴心话的人，即耍嘴皮子的奸佞小人。而那些有才华的正人君子，反而被他疏远了。所以徐州这个地方在陶谦的手里，被搞得有点乌烟瘴气。

《后汉书》的作者最后对陶谦的评价有八个字："徐方歼耗，实谦为梗。""梗"的意思是徐州这个地方死了那么多人，仗打得那么惨，最主要的原因是陶谦阻断了人才进步的道路，很多有才华、有能力的人才能无法发挥，没有施展空间。因此陶谦作为武将是合格的，作为一方诸侯、一个地方的行政首脑，他是不合格的。

那么刘备来徐州之后呢？刘备跟陶谦有一个重要的不同，那就是礼贤下士、尊重人才，在这一点上刘备跟陶谦完全不一样。

有一个物理现象：把手放在凉水里一会儿再往温水里搁，会觉得烫；如果在阴暗的屋子里坐一会儿，出去让阳光一晒，就会觉得特别温暖，这叫"对比强化"。这帮地方精英和老百姓，在陶谦手下受了冷落和疏远，一见刘备，感受到这么多温暖，所以大家肯定很满意。

跟大家分享一个管理学的小规律。什么是满意度？我们现在常说，老师要让学生满意，公务员要让人民满意，企业要让消费者满意，做孩子的要让父母满意。关于这个问题，我给大家举个例子。我们一起去一个苹果园采摘，你坐着，我去摘苹果。我第一次摘了8

个，第二次摘了10个，苹果都是一样的。请问是这8个让你满意，还是那10个让你满意？很多人说，当然是10个。那可不一定。第一次你希望我摘6个，我给你摘了8个，你高兴，因为比你预期的多了2个。第二次你希望我给你摘20个，我只摘了10个，你就不高兴、不满意了，因为比你预期的少了10个。所以满意不满意这件事，跟一个人的期望有关系，超出期望才满意，不能超出期望就不满意。

满意除了跟期望有关系，还跟标准有关系。再给大家举个例子，我比较喜欢做饭，最近在学烙馅饼。我用新鲜的羊肉配点胡萝卜，烙羊肉馅饼，烙好了请我同学趁热吃。"哎呀，"同学一边吃一边夸我，说，"老赵，你手艺真好，这饼真好吃，这馅儿调得真好。"我挺高兴。结果同学吃完了，我的一位同事又来吃，他咬了一口，一皱眉，跟我说："老赵，你知道吗？硬面饺子软面饼，饺子要水煮，所以面得和得硬，饼要干烙，面得和得软，你这和的既不是饺子面也不是饼面。另外，你这馅儿还包着什么东西，包着面呢吧？这口感真不好。"他吃一口就不吃了。

对于同样一张饼，为什么两个人的满意度如此不同？原因很简单，我的同学每天吃食堂的饭，他的标准很低，所以我的馅饼超出了他的标准，超出这部分就是满意。但是我那个同事，人家是热爱美食的，自己还能钻研，厨艺非常高，是个北方人，又会做面食，我的馅饼达不到他的标准，结果就是不满意。所以满意不满意跟两件事有关：第一，对方的期望在哪儿；第二，对方的标准在哪儿。超出期望，超出标准，他就会满意。

那么大家想，徐州这个地方的官员和百姓，他们对陶谦的期望和标准都是比较低的，因为陶谦为政昏乱、用人不当。结果刘备来了，虽说刘备还不像后期三顾茅庐的时候那么懂领导艺术、用人策略，但是这个时候，刘备已经初步有一点与众不同的地方了，最重要的是，他大大地超出了陶谦这个标准，超出了大家的预期，所以大家很满意。刘备成气候了，有了民心，有了人气，因此陶谦才肯把徐州让给刘备。刘备在徐州是有人脉基础的。他比陶谦更得人心人望,更让大家满意。

徐州的官员百姓对于领导的标准是建立在陶谦的表现的基础之上的,刘备的表现当然明显超出了陶谦这个标准,所以大家对刘备自然就很满意。刘备能礼贤下士、保境安民,让老百姓安居乐业,特别是他采取了面对权力和地盘没有贪婪,而是选择成全别人、帮助别人的方式。这在那个年代,实在是大大超出了大家的心理预期。所以,徐州的官吏、百姓对刘备高看一眼、格外敬重也就不足为怪了。刘备在比较当中建立了自己的优势。

那有了民心、人气之后呢,刘备要不要接受徐州?刘备做了一个所有人都没有想到的决定,他拒绝了。

"谦死,竺率州人迎先主,先主未敢当。"(《三国志·先主传》)

刘备为什么拒绝呢?因为只有民心、人气是不行的,还得有当地豪强世族、社会精英的支持,没有这个支持,那个位置是不能坐的。刘备还没有看清形势,所以谦让了一下。

于是就引出了刘备的第二个策略,叫作主动谦让,在观望中找支持。

策略二 谦让示弱,在观望中寻找支持

这个时候,刘备想的是只有让当地豪强精英支持他,他才能来当这个徐州牧。但是这些人支持还是不支持呢?不知道。老百姓有一句话说:"不知道没关系,鼻子底下长着嘴呢,您问问啊。"这事儿要命了,作为一个领导干部,能不能直接说"你们支持我的赶紧鼓一下掌,举一下手"呢?不能这样。

在我们中国人价值观里,主动要支持、主动要掌声,这都是非常没有分寸的做法。我在这儿站着讲了有三十分钟了,我说:"哎呀,我讲得很好,请问掌声在哪里?"我们认为这种直接要掌声的做法,是很低级的。刘备是不能做这件事情的。他这个人最重要的特点是什么

呢？他把脸面看得比老婆孩子都重要。他觉得，直接要支持、直接要掌声，非常丢人。即使好说也不好听，所以他不直接要。但偏偏不要又不行，刘备开发出了一个有趣的方法，就是主动谦让，通过谦让让支持自己的那些人站出来支持他，站出来替他说话。

《资治通鉴》这样来描写刘备让徐州这件事："徐州牧陶谦疾笃，谓别驾东海糜竺曰：'非刘备不能安此州也。'谦卒，竺率州人迎备。备未敢当，曰：'袁公路近在寿春，君可以州与之。'典农校尉下邳陈登曰：'公路骄豪，非治乱之主。今欲为使君合步骑十万，上可以匡主济民，下可以割地守境；若使君不见听许，登亦未敢听使君也。'北海相孔融谓备曰：'袁公路岂忧国忘家者邪！冢中枯骨，何足介意！今日之事，百姓与能。天与不取，悔不可追。'备遂领徐州。"

看到刘备推辞不做徐州刺史，立刻就有人出面来劝说了。第一位来的是陈登陈元龙[1]。陈登站出来直接找到刘备，他对刘备说了一段话，其中提道的"今汉室陵迟，海内倾覆，立功立事，在于今日"。（《三国志·先主传》）陈登告诉刘备，天下分崩离析，社会动荡，徐州这个地方有人又有粮，有钱又有兵。你要为朝廷立功做天下大事，今天是个大好的机会。刘备听后很感动，因为他没有想到，一个并无深交之人会对自己有这样的认可。

不过刘备耍了个心眼，刘备使用了第二个测试方法，就是通过试探来看别人的态度。刘备最担心的是徐州当地的豪杰支持近在淮南的袁术来占领徐州。他就问陈登，说："袁公路近在寿春，此君四世五公，海内所归，君可以州与之。"（《三国志·先主传》）意思是，袁术这个人不错，离得又近，有声望，又有队伍，让他来主政徐州好了。这其实是一种试探，它代表了刘备对袁术的防范。陈登的态度非常简单，他说了两句话，第一句就是："公路骄豪，非治乱之主。"（《三国

---

[1] 陈登，字元龙，下邳（今江苏睢宁北）人。曾经担任伏波将军，在广陵地区素有威望名声。年轻时便有扶世济民之志，为人爽朗，性格沉静，有深谋大略，忠心为主。博览群书，有文艺气质，旧典文章均能融会贯通。

志·先主传》）什么叫"公路骄豪"？骄是骄傲的骄，豪是土豪的豪，陈登对袁术的评价是，这哥们儿就是一个没见过世面的土豪，因此说袁术这个人"非治乱之主"。若是太平盛世，耍耍酷，出出名，做点什么出人意料的事，这还行；你要让他在乱世主政一方，安民心、平天下，他没那个本事。那么，陈登这段话背后还包含着一个暗示，就是：只有你刘玄德刘皇叔，才有这个本事，你是治乱之主。刘备由此得到一个结论：徐州的精英集团向着自己，不向着袁术。好了，到这里为止，刘备心里有底了：第一，老百姓支持，有民心、有人气；第二，精英集团支持，向着自己，不向着袁术。

可以说，陈登的出现增加了刘备入主徐州的信心和决心。

我们来看看陈登是个什么样的人。陈登，字元龙，为人爽朗，性格沉静，智谋过人，少年时有扶世济民之志，并且博览群书，学识渊博。二十五岁时，举孝廉，任东阳（今江苏省金湖县西）县长。陈登虽然年轻，但能够体察民情，抚弱育孤，深得百姓敬重。后来，徐州牧陶谦提拔他为典农校尉，主管一州农业生产。他亲自考察徐州的土壤状况，开发水利，发展农田灌溉，使汉末迭遭破坏的徐州农业得到了一定程度的恢复，百姓们安居乐业。陈登于建安初奉使赴许，向曹操献灭吕布之策，被授广陵太守。以灭吕布有功，加伏波将军。又迁东城太守。年三十九卒。其子陈肃，魏文帝时追陈登之功，为郎中。

公元199年（建安四年），孙策攻下皖城（今安徽潜山县）后主动向徐州陈登部发难，派孙权跨江进攻陈登所守匡琦城（今江苏省宝应县境内）。敌军十倍于陈登守军，陈登镇静自若，命将士们严阵以待。为迷惑敌人，陈登下令紧闭城门，偃旗息鼓，示弱于敌。陈登登上城楼，仔细观察敌军，认为可以出击，突然打开城门，将士们如下山猛虎，奋勇杀出，向敌阵冲去。孙权所部猝不及防，被陈登军冲乱，溃不成军，失去指挥。陈登亲自擂鼓，将士奋勇冲杀，孙权军很多士兵登船不及，被杀死淹死者不计其数，大败而回。陈登取得全面胜利。

不久，孙权率大军卷土重来，再次进攻广陵郡（今江苏淮安）。

陈登一面向曹操告急，一面做好应敌准备。他暗中命人在救兵来援的必经之地聚积柴草，隔十步一堆，纵横成行，布列整齐，然后乘夜点燃，光照远近。孙权军发现后，误以为陈登的救兵已到，十分惊恐。陈登见时机已到，亲率大军出击，一举击溃孙权军，取得了保卫广陵的胜利。

《三国志·陈矫传》当中还记载了陈登对刘备的评价。早年陈矫为了避乱，曾在江东一带居住，当时孙策和袁术都曾礼聘过陈矫，但陈矫都不应命出仕，决定回到故乡广陵郡居住。广陵太守陈登邀请陈矫出任郡功曹，并吩咐陈矫到许昌去，他指出："许都一带的文士有一些议论，似乎对我的评价并不甚好，请你到许都走一趟，为我听听消息，再回来告诉我。"陈矫应命往复一遭后，回来跟陈登说："听到附近的言论，都认为您为人颇骄傲自大。"

陈登便说："说到家门严谨、德行俱全者，我最敬重陈元方两兄弟（陈群的父叔）；说到德行清高、如玉般洁白者，我最敬重华子鱼；说到正直有义、嫉恶如仇者，我最敬重赵元达；说到博闻强记、才华横溢者，我最敬重孔文举；说到英雄杰出、有王霸之略者，我最敬重刘玄德。我如此尊敬他人，又怎会是一个骄傲的人呢？只是其他人太过庸碌，不值一谈而已。"

刘备也很敬佩陈登，两人惺惺相惜，彼此都欣赏对方的英雄气概。惺惺相惜的人具有一定的相似性。包括态度（信念、兴趣、爱好、价值观等），年龄，性别，职业，经历等方面的相似。这正说明了"物以类聚，人以群分""志不同，道不合，不相与谋"的道理。

刘备、许汜与刘表在一起共论天下之士。谈到陈登时，许汜不以为然地说："陈元龙乃湖海之士，骄狂之气至今犹在。"刘备虽然对陈登十分熟悉，但他没有立即反驳许汜，转而问刘表："您觉得许君所言对不对？"

刘表说："要说不对，但许君是个好人，不会随便说别人假话的；要说对，陈元龙又盛名满天下！"

刘备问许汜:"您认为陈元龙骄狂,有什么根据吗?"许汜说:"我过去因世道动荡而路过下邳(今江苏睢宁县内),见过陈元龙。当时他毫无客主之礼,很久也不搭理我,自顾自地上大床高卧,而让客人们坐在下床。"刘备应声道:"您素有国士之风。现在天下大乱,帝王流离失所。元龙希望您忧国忘家,有匡扶汉室之志。可是您却向元龙提出田宅屋舍的要求,言谈也没有什么新意,这当然是元龙所讨厌的,您又有什么理由要求元龙和您说话?假如当时是我,我肯定会到百尺高楼上去高卧,而让你们睡在地下,哪里只有区区上下床的区别呢?"刘表听了,放声大笑。刘备深情地说:"像元龙这样文武足备、胆志超群的俊杰,只能在古代寻求。当今芸芸众生,恐怕很难有人及其项背了。"

我们来看《三国志》的记载:

许汜与刘备并在荆州牧刘表坐,表与备共论天下人,汜曰:"陈元龙湖海之士,豪气不除。"备谓表曰:"许君论是非?"表曰:"欲言非,此君为善士,不宜虚言;欲言是,元龙名重天下。"备问汜:"君言豪,宁有事邪?"汜曰:"昔遭乱过下邳,见元龙。元龙无客主之意,久不相与语,自上大床卧,使客卧下床。"备曰:"君有国士之名,今天下大乱,帝主失所,望君忧国忘家,有救世之意,而君求田问舍,言无可采,是元龙所讳也,何缘当与君语?如小人,欲卧百尺楼上,卧君于地,何但上下床之间邪?"表大笑。备因言曰:"若元龙文武胆志,当求之于古耳,造次难得比也。"

有了以陈登为代表的徐州本土精英阶层的支持,可以说刘备做徐州牧的条件已经基本具备了。那么在这种情况下,刘备会统领徐州吗?答:还是没有。刘备依然拒绝了陈登。他为什么要拒绝呢?因为刘备发现,要主政一方,还得有天下豪杰的认可。于是刘备选择了再次谦让,即第三个策略——以退为进。

策略三　以退为进，造势充分之后再取利

刘备的思路就是退一退，积攒点声势，再观望一下形势，看看天下人是不是支持自己。看到陈登的游说没有起到效果，北海相孔融着急了，他第三个来游说刘备担任徐州牧。

孔融听说刘备要把徐州让给袁术，自己不干，急急慌慌来到小沛见刘备。《三国志·先主传》中记载了孔融对刘备说的一段话，孔融说道："袁公路岂忧国忘家者邪？"意思是，袁术这个人心里只装着自家人，根本没有天下人，你说他是为国为民的人吗？这哥们儿就是个为钱财服务的人，你还能信服他？孔融接着又说："冢中枯骨，何足介意。"关于这句话有两种解释。

第一种解释是说，他家四世五公，出了那么多高人，但是老子是英雄不一定说明儿子就是好汉。那些人都已经死了，坟里面的白骨不用太介意。

第二种解释是说，袁术这个人土埋脖子了，早晚要死，就是一堆马上要变成白骨的烂肉，你不用太介意。

《三国演义》取的是第二种解释，但是我们觉得从历史情况来看，第一种解释更接近真实，即袁术虽然出身很高贵，但是不用太在意。所以孔融告诉刘备，"今日之事，百姓与能，天与不取，悔不可追"（《三国志·先主传》）。意思是说今天这个事，就是老百姓看你有能力，就让你来，老天爷赐给你的机会，如果你不拿的话，将来大家一起后悔。孔融说完之后，刘备终于心里有底了，以孔融为代表，这四方诸侯也是支持自己的。刘备一看形势已成，就决定走上这个领导岗位。

> 北海相孔融谓先主曰："袁公路岂忧国忘家者邪？冢中枯骨，何足介意。今日之事，百姓与能，天与不取，悔不可追。"先主遂领徐州。
> 《三国志·先主传》

陈登这个人有胆有识，能文能武，他是徐州地方实力派的代表；糜竺是徐州地方行政官员的代表；北海相孔融是当时割据势力的代

表。这三拨人都服刘备，刘备才敢去当这个徐州牧。没有本钱、没有实力，是不可以坐那个位置的，否则是要出大事的，对于这一点刘备想得非常清楚。

对于刘备让徐州，我们做一点总结，叫"高姿态积累无形资产"。就是通过谦让，获得众人的支持、百姓的认可，让各个豪强表态，最后自己有了美誉度、品牌知名度，就可以顺势而为做大事了。

在现在的企业经营、职业生涯规划中有一个重要的资源，叫作"无形资产"。什么是无形资产？就是一个人的美誉度、知名度。我们身边有很多企业，为了眼前的一点点小利，做了不该做的事情，损害了品牌形象，损害了美誉度，最后走到死胡同里面去了。我们身边还有一些人，为了眼前一点点小的利益，竟然去伤害最亲近、最值得信任的人，最后他的人生也会走进死胡同。

因此，古代有一个小故事，说一个人要到山里去打麻雀，怎么打？他把家里所有的家产都变卖了，换了一颗大钻石，拿着钻石去悬崖上打麻雀。他的人生结局就是打不着，一无所有，打着了也一无所有，这叫"用钻石打麻雀"。

但是在生活中、在生意场上，我们一次又一次看到，有人用钻石打麻雀，以损失最重要的名声、美誉度、品牌为代价，去获得一点点眼前的利益，这都是因小失大。我们将这种行为定位为"自甘堕落，自废武功，自毁前程"。这件事情刘备是很明白的。他知道不管干什么事，积累名气、积累名声，都是最重要的事情。所以《论语》中有一句话，叫"见德思义"，意思是说当你自己有实惠有利益的时候，心里得有杆秤，想想该不该、能不能。小的时候我姥爷曾经跟我说过一句话：喝凉酒花赃钱，早晚是病。咱们现在流行一句话叫"出来混，早晚要还"，这属于人生当中的基本原则，但就是因为有些人对这种基本原则缺乏坚持、缺乏尊重、缺乏敬畏之心，所以别看他有资源、有实力，最后却会因为耍小聪明而把自己给毁了，所谓"机关算尽太聪明，反误了卿卿性命"。

我们的师长一直教育我们，要做一个有智慧的人。什么叫智？什么叫慧？

管理智慧箴言

所谓"智"，就是在普遍问题上不犯错误；所谓"慧"，就是在基本原则上不犯错误。懂得对基本的事情有坚守，对基本的道理有坚持，这叫慧力。有了慧力，一个人就不会出大问题。做小事要靠智，做大事得靠慧，我们对基本原则得有坚持。

刘备是有慧力的人，他明白，这世道人情、民心民意，永远是一个人成大事最根本的东西，要坚持。大家看《三国演义》就知道，其实刘备很多时候的坚持很迂腐，甚至有点愚蠢。但是就是靠这个坚持，最后他才成就了大业。

另外，大家看金庸先生的《射雕英雄传》里最笨的人是谁？是郭靖，但是郭靖有最基本的坚持，有一些做人做事最基本的原则，所以他学神功、娶美女，最后武功天下第一，一路安康、一路幸福。相反，像杨康那样的人，自以为很聪明，结果失去了基本的坚持，人生就崩溃了。

管理智慧箴言

人这一辈子就像一棵树，根扎得深了，就能够禁得住风霜雨雪的考验；根扎得不深，上边越招摇，倒得就越快。

我们跟大家分享这个规律，也提醒大家，做事情要有慧，做人要有慧力，懂得在做大事的时候，对于简单的基本规律要有所坚持。刘备明白，没有别人的支持，没有民心、民意和天下豪杰的支持，就不可能坐稳那个位置，即使坐上去了，其兴也勃，其亡也忽，将来也会死得很惨。

管理智慧箴言

管理首先就是要把基本的事情做对。在普遍问题上犯错误，有改正的机会；在基本原则上犯错误，没有改正的机会。

现在，有一些成功人士对普遍问题处理得非常棒，但是往往在基本问题上犯错误。一个跟头摔倒了就再也爬不起来。这里边有很多深刻的教训值得总结。

刘备是个善于造势的人，他采取"以退为进"的策略，在主动让徐州的过程中，展示了自己的境界，树立了威信，也获得了更多人的认可。有了这些无形资产的积累，条件成熟之后，他才接受了徐州牧这个职位。

公元194年十二月，三十四岁的刘备终于成为徐州的行政长官。这一年距离刘备在涿州起兵整整过去了十年，经过十年奋斗之后，刘备终于初步具备了"群雄逐鹿，争夺天下"的基本条件。不过，和当时的各个割据势力相比，刘备是比较弱小的，徐州处于四面强敌的包围之中。最直接的危险来自南面的袁术，袁术对徐州早就垂涎三尺了。听说陶谦把徐州让给了刘备，袁术勃然大怒，迅速调集军队，准备趁刘备立足未稳之际来夺徐州。看到和袁术的一战已经无法避免，刘备积极备战，准备迎击袁术的大军。就在刘备准备和袁术开战的时候，一个更加强大的敌人出现了。俗话说"明枪易躲，暗箭难防"，明面上的敌人容易躲，背后的敌人却很难防备。刘备光注意防这个明面上的敌人袁术，没想到暗地里又冒出来一个更强大的敌人，这个敌人一出手，就差点把刘备打个人仰马翻，趴在地上起不来。那么这个强大的敌人是谁？刘备能不能禁得住这次生死考验呢？请看下一讲。

第四讲

能屈能伸有姿态

拥有徐州这块地盘之后，刘备的日子过得并不安稳，为什么呢？因为有一个潜在的敌人正在摩拳擦掌。这个人是谁？刘备将要遇到什么样的考验？在这一时期，他又结交了哪位重量级人物？这场交情给他带来了什么？我们从中能学到哪些与人相处的法则？

俗话说："穷在闹市无人问，富在深山有远亲。"一个人一旦有了资源，立刻就会有人主动来交朋友。刘备现在成了徐州地方行政长官、大权在握的一方诸侯，来和他交朋友的人自然也就多了起来。这种局面也是刘备非常欢迎的。从结交关羽、张飞两个兄弟开始，刘备就一直坚信，做大事就要广交朋友，认识的人越多，机会就越多。

不过，还有一句俗话叫："不怕虎长三张口，就怕人怀两样心。"你对别人好，不一定就能保证别人对你也一样好。你对别人掏心掏肺的时候，人家有可能朝你掏枪！所以，交朋友这个事情需要特别谨慎，一旦交了损友，那灾难也就开始了。古往今来，被身边人算计都是最可怕的事情。刘备就摊上这种事了。那么这个事情是怎么发生的，刘备又是怎么解决的呢？

引狼入室收吕布

东汉兴平二年，也就是公元195年的夏天，曹操经过两年的鏖战，终于打败了吕布，夺回了兖州。本来在张邈、陈宫等人的帮助下，吕布已经占领了兖州的大部分地区。但是曹操的军事指挥才能十分出色，加上文臣用心、武将卖命，最后曹操终于在定陶一战中取得了决定性的胜利，打垮了吕布的主力部队，吕布只得带着残兵败将退出兖州，另寻出路。

去哪儿呢？吕布有向北、向南、向东三个方向可以选择。

一是向北去找袁绍。这条路行不通，因为此前吕布曾经投奔过袁绍，而且出大力，流大汗，做了大事。黑山贼张燕有几十万人马，与袁绍为敌，吕布曾带着自己的手下大将帮助袁绍，打败了黑山贼张燕，这算大功一件，但是袁绍恩将仇报，居然想要吕布的性命。袁绍把吕布灌醉，埋伏了三十个刀斧手，准备趁着天黑下杀手。没想到吕布有了预感，提前悄悄换了帐篷，挪了地方，等晚上刀斧手冲进大帐，朝床上一顿乱砍，结果翻开被子却发现里面没人。因为这件事情，吕布带着手下人不辞而别离开了袁绍。所以，向北去投奔袁绍基本上是行不通的，那等于去送死。

二是向南投奔袁术。本来吕布和袁术应该还是有感情渊源的。当年董卓专权的时候，把老袁家满门抄斩，袁术的亲爹就死在董卓的手里。吕布最后手刃董卓，算是给袁术报了仇。吕布本以为袁术会比较喜欢他，但袁术可不这么想。袁术认为吕布这个人反复无常、翻脸不认人、狼子野心，跟他合作等于在身边埋了一颗定时炸弹。袁术心想："他要跟着我干，管我叫干爹，万一哪天被人撺掇一下，把我也整死了怎么办？"吕布这个人有个爱好就是"认爹、恨爹、杀爹"，用现代心理学的话说，这叫"弑父情结"。因为有这样的担心，袁术也是不会接受吕布的。

三是向东投奔刘备。向北向南都不行，吕布只有一条路，那就是向东投奔刘备刘玄德。

刘备是个厚道人，关键时刻向吕布伸出了援手，毫无保留地收留了吕布。我们相信对于吕布的反复无常，刘备是能感受到的，而且身边人也会向刘备提这样那样的建议。那么刘备为什么要收留吕布？有以下两个原因：第一个原因，刘备要传名声、树形象。刘备这个人把名声看得比老婆孩子还重要，为了要名声，他真能豁出去老婆孩子。吕布曾经手刃董卓，属于汉室功臣。现在事穷来投，如果接纳了，属于扶危济困，刘备就希望给自己树立这个道德形象，即使有风险也在所不惜。

另外还有第二个原因，刘备希望能跟吕布联合，进一步壮大自己的实力，存了拉外援的心思。因为当时刘备正面临来自袁术的巨大威胁。袁术虽然占据淮南，老巢在寿春（今安徽寿县），但是他给自己自封的职务居然是徐州伯。通过这个职务我们就可以看到他对徐州是有野心、有企图的。只要条件具备了，他一定会向刘备宣战。刘备在徐州虽然过了一年相对安稳的日子，但是他居安思危，时时刻刻提防着虎视眈眈的袁术。如果能把吕布这个外援拉进来，对于防范袁术肯定是有巨大好处的。从这个角度来看，刘备也愿意接纳吕布。

在这样的背景下，吕布和刘备这两个三国时代的重要人物就在徐州相遇了。不过刚一见面，两个人就闹得不愉快，具体来说是这个见面让刘备很不开心。

关于两个人的见面，《资治通鉴》上有一段比较详细的记载：

布初见备，甚尊敬之，谓备曰："我与卿同边地人也！布见关东起兵，欲诛董卓。布杀卓东出，关东诸将无安布者，皆欲杀布耳。"请备于帐中，坐妇床上，令妇向拜，酌酒饮食，名备为弟。备见布语言无常，外然之而内不悦。

按照这个记载，吕布刚刚见到刘备时的态度是"甚尊敬之"，非常恭敬，一口一个"刘皇叔"，一口一个"刘使君"。两个人坐在一起谈话，吕布说，"我与卿同边地人也"，这句话翻译成现代语就是："我老吕和你老刘，咱俩都不是中原人，现在流落到了中原来打工，咱俩吃的苦是一样的——吃盒饭，挤公交，住上下铺，朝不保夕，为了十块钱心怦怦直跳，日子非常艰难。"吕布用的这个策略，是我们人际关系当中一个非常简单的策略，叫作"找共同点，拉近距离"。大家想想，找共同点的时候，是找甜蜜的点，还是找痛苦的点？很简单，找痛苦的。受过一样苦的人，比较容易建立感情。为什么上山下乡的知青，一见面就特别容易亲近？即使以前不认识的，见面也亲，因为受过一样的苦。所以吕布这样跟刘备说，是为了找共同点。

然后吕布接着说"布见关东起兵，欲诛董卓。布杀卓东出"，意思是董卓乱朝纲，天下英雄皆欲杀之，但是没有机会。我吕布不畏艰险，把董卓杀了，天下英雄本应该感激我，结果却是"关东诸将无安布者，皆欲杀布耳"。意思是说天下英雄不但不感激我，还想要我的命。这件事我怎么想都想不通，我的心都碎了。这样说属于倒苦水示弱。吕布在与刘备的交谈中简单地使用了三个策略：

第一，低姿态求人；

第二，寻找共同痛苦点；

第三，倒苦水示弱。

采用了这三种策略，刘备基本上在心理上就接纳吕布了。刘备觉得，大家都说吕布这人不行，我看吕布这人不错。

但是没有想到，刘备刚刚面带微笑接纳了吕布，接下来吕布就做了令刘备意想不到的事。吕布拉着刘备的手，带他到后营来见自己的妻子。大家注意，吕布的妻子不是貂蝉，貂蝉这个人物是《三国演义》中虚构出来的，历史上没有这个人。吕布拉着刘备来见自己的妻子，让刘备坐在床上，然后奉上酒食，跟自己妻子说"这是我兄弟刘玄德"，他管刘备叫兄弟。吕布的实际年龄应该比刘备大几岁，叫兄弟从年龄上说可以，但现在从形势上说不可以。你是来求人家的，人家应是高人、大人、牛人，你初次见面有求于人，而且刚才还对人尊重有加，一转眼却勾肩搭背、称兄道弟。吕布这种反复无常的行为，让刘备"外然之而内不悦"，表面上乐呵呵的，心里特别不高兴。可以说，吕布在跟人打交道的过程中，在最基本的称谓环节就犯了错误。

如何发展亲密关系

人跟人打交道需要注意称谓。言为心声，相由心造，得体的称谓不仅出于礼貌，还代表着一种心态。

一般来说，如果不是特别亲密的关系，称呼对方时是不可以没有得体的称谓的。比如现在我要开始讲座了，但是现场的门还开着，我想请门边的一位先生把门关上，怎么表达呢？如果我直接说"你把门关一下啊"，这是非常不礼貌的。

得体一点的做法是：我会面带微笑地说："请您帮忙把门关一下，谢谢！"或者再简单一点，我直接说："这位先生，请您关一下门。"如果这位先生是我认识的，那我还得加上姓氏，或者加上他的职务，比如"张先生，受累请关下门"，"李先生，帮忙请关一下门"，或者

"送盒饭的这位先生，请帮忙关下门"。这样就会让人感受到被尊重和认可。

管理智慧箴言

沟通中对别人使用了得体的称谓，它代表一种尊重和认可。使用称谓的基本原则是"别亲疏，分内外，见高低"。

比如，称呼对方的父亲叫令尊、母亲叫令堂、兄长叫令兄，称呼自己的父亲为家父、母亲为家母、弟弟为舍弟；称呼对方的孩子叫令郎，称呼自己的孩子叫犬子；称呼对方的家叫府上，称呼自己的家叫寒舍；称呼别人可说"先生或阁下"，称呼自己时可说"鄙人或在下"，等等。

初次见面，学生管我叫赵老师，熟识了直接叫老师，长辈叫我小赵，晚辈可以叫我赵老。只有在十分正式的场合才适合使用全名赵玉平老师。如果不是大会点名，不可以直接喊我赵玉平。如果我们的关系足够亲近，你甚至可以直接喊我一声："嗨！"我就回答你："呵呵。"

有人说："赵老师，这些太麻烦了，纠结这些语言或者称谓有什么用呢？"大家想想，语言是思维的外壳、思维的载体。思想的形式就是语言，我们在使用一些语言表达方式的时候，其实不知不觉我们的内心会受到引导。使用积极的语言，慢慢地我们就会被引导出一颗温暖光明的心。如果经常使用消极的语言，时间长了可能就被引导出一颗冰冷阴暗的心。

管理智慧箴言

美好的语言可以引导出美好的心灵，可以改变我们的精神世界。

吕布作为一个请求别人收留的无家可归之人，至少应该对刘备使用"刘皇叔""刘使君"这样的敬称，在初次见面、没什么交情的情况

下，一上来就拍肩膀叫老弟，这确实有点过分。在我们现代人看来，这样做也是欠妥的，更何况是在汉代。

那吕布为什么这样做呢？其实原因非常简单，就是套近乎。吕布想跟刘备发展一下私人关系，套套近乎，但是吕布忽略了具体的场合和对象。

套近乎有以下三条忌讳：第一，跟高人、长者在公开场合时轻易套近乎，这叫"没大没小"；第二，初次见面、彼此不熟悉的时候，轻易套近乎，这叫"居心不良"；第三，对对方为人处事的风格、偏好没有了解的时候就轻易套近乎，这叫"不知深浅"。吕布，既没大没小，又不知深浅，而且居心不良，这三条都占了。

不过，刘备对吕布没有那么多的戒备心。按照常理分析，在困难的时候，寻到了安身之地，吕布应该不会忘恩负义的。就算吕布忘恩负义，刘备还有关羽、张飞两员猛将，肯定可以把吕布打败。

刘备的问题不是没有风险防范意识，而是他太小看风险了，对吕布翻脸的速度和力度都没有充分的估计。中国古人一直都强调一种处世智慧，就是行善要看对象。对不该善良的人善良，这不属于做善事。大家都知道农夫和蛇的故事，农夫救了冻僵的蛇，蛇苏醒之后一口咬死了农夫。农夫的问题就出在对蛇的本性和毒性都估计不足上。刘备就是这个农夫，而吕布不但是蛇，而且是眼镜王蛇！吕布的突然翻脸让刘备一下子陷入了困境。那么刘备是怎么应对的呢？我们需要看一看当年发生在刘备身上的三件事。

事件一　有局无势丢徐州

公元196年，袁术亲率大军渡过淮水，前来攻打刘备，双方在淮阴一带摆开了架势。袁术这一次蓄谋已久、有备而来，刘备在统领徐州之后一直在积极备战，也可以说是兵精粮足、准备充分。双方打的都是有准备的仗。

此时，刘备犯了一个严重的错误，就是留大将张飞与陶谦的旧部曹豹一起镇守下邳城（今江苏省睢宁县古邳镇），这个错误的组合最终导致了刘备在徐州一败涂地。

> **管理智慧箴言**
>
> 战争是在前方进行的，但是决定胜负的因素往往在后方。

对于刘备和袁术之间的战争，史书上的记载很简单，只有八个字："相持经月，更有胜负。"（《资治通鉴·汉纪》）意思就是打了一个多月的拉锯战，互有胜负，谁也无法取得决定性的胜利。

按照史料的记载，我们大概估计一下，这个战斗的人数总规模应该在十万人左右。这是刘备初次指挥大兵团作战，没什么经验，不过袁术这个人虽然打过很多仗，但是军事指挥水平非常差。刘备跟袁术打，用北方话说，属于"老南瓜炖新土豆——一个面另一个也面"，这叫"面对面"，俩人旗鼓相当。军事上不行，就要在政治上想办法，这时袁术就动脑筋了，他专门给吕布写了一封信。《三国志·吕布传》（裴松之注）引《英雄级》有如下记载，术报书曰：昔董卓作乱，破坏王室，祸害术门户，术举兵关东，未能屠裂卓。将军诛卓，送其头首，为术扫灭仇耻，使术明目于当世，死生不愧，其功一也。昔将金元休向兖州，甫诣（封部）〔即封丘〕，为曹操逆所拒破，流离进走，几至灭亡。将军破兖州，术复明目于遐迩，其功二也。术生年已来，不闻天下有刘备，备乃举兵与术对战；术凭将军威灵，得以破备，其功三也。将军有三大功在术，术虽不敏，奉以生死。将军连年攻战，军粮苦少，今送米二十万斛，迎逢道路，非直此止，当骆驿复致；若兵器战具，它所乏少，大小唯命。布得书大喜，遂造下邳。

吕布整顿军马，水路并进，奔袭下邳。这是刘备万万没有想到的——"买酒买到水，交友交到鬼"。

就在这个关键时刻，下邳城里出事了。下邳守将张飞和陶谦的旧部曹豹发生了争执，张飞在大敌当前的情况下，头脑发热、意气用事，杀了曹豹，引发了曹豹手下丹阳兵的叛乱。

中郎将丹杨许耽夜遣司马章诳来诣布，言"张益德与下邳相曹豹共争，益德杀豹，城中大乱，不相信。丹杨兵有千人屯西白门城内，闻将军来东，大小踊跃，如复更生。将军兵向城西门，丹杨军便开门内将军矣"。布遂夜进，晨到城下。天明，丹杨兵悉开门内布兵。布于门上坐，步骑放火，大破益德兵，获备妻子军资及部曲将吏士家口。（《三国志·吕布传》注引《英雄记》）

下邳丢了，就等于没有了根据地，这还了得？刘备急忙放弃当面之敌袁术，挥军来救下邳。

《资治通鉴》用了短短的一句话来描述刘备的这次救援行动：备闻之，引还，比至下邳，兵溃。这次救援行动还没有开始，就结束了。部队在下邳城外全面溃败。

部队溃败的原因应该有三个：一是无心恋战，士兵们看到老家都让人占领了，吕布在前，袁术在后，以致军无斗志；二是有心投降，刘备队伍里有大量的陶谦旧部，这些人看到老领导曹豹被杀了，老领导许耽投降吕布了，也都不愿再战；三是核心不稳，刘备有一部分核心部队是准备战斗的，但是兵败如山倒，在乱兵的冲击之下，他们也乱了阵脚，别说无法组织有效的进攻，就连自保也成问题。为避免吕布乘势来攻，刘备只好随着众人败退。

这时的刘备丢了地盘、丢了家眷，陷入了两面受敌的困境当中。

导致这个局面的原因主要有三个：一是没有做好陶谦旧部的整合，忽略了两支部队融合过程中的团结问题；二是错用张飞，更错的是给张飞配了曹豹作为搭档，整了个"飞豹组合"导致内讧；三是对吕布防范不严，对吕布的实力及吕布与袁术联盟的可能性估计不足。

由于以上三个战略失误，徐州本来是刘备的好局，一夜之间就变成了刘备的败局。那么刘备是怎么收拾败局的呢？我们来看发生在刘备身上的第二件事。

事件二　委曲求全降吕布

下邳一战是刘备第一次和吕布交手。说是战斗也不算战斗，刘备还没有上阵，就被人家打崩溃了，还没有来得及亮出兵器，就摔了个人仰马翻。接下来刘备只好转过头来，再战袁术。

当初开战的时候，刘备一方兵精粮足、士气高涨。现在开战，刘备一方人无斗志、军心涣散，而且没有粮草，部队又建制不全，一开战就被袁术打得大败。刘备很郁闷，被吕布打败了能接受，被袁术打败了不能接受，为什么？被老虎咬了一口，这叫英雄行为；被猪咬了一口，这叫丢脸到家。刘备现在是上天无路，入地无门，前有堵截，后有追兵，内无粮草，外无救援。事业发展十多年以来他第一次陷入了绝境——不是困境，而是绝境。

《资治通鉴》记载：备收余兵东取广陵，与袁术战，又败，屯于海西。饥饿困踧，吏士相食，从事东海糜竺以家财助军。

关于刘备当时的艰难处境，《三国志》中用了八个字来描述，即"饥饿困踧，吏士相食"，就是部队缺粮食，大家饿得眼睛都绿了，腿都软了，到了人吃人的地步。好比俩人见面打招呼，一个人说："早上吃了吗？""没吃。""没吃，准备去哪儿吃？""去单位吃。""去单位吃谁呢？""吃同事老刘吧！"就到这个程度了。但是患难见真情，关键时刻有一个人挺身而出，这个人就是前面我们提到的徐州别驾糜竺。

糜竺是徐州首富，有万贯家财。看到刘备身处这种艰难的境况，糜竺慷慨解囊，把自己所有的钱都交给了刘备。见过募捐的，没见过这么慷慨的，把自己给"清零"了。而且糜竺看到刘备的部队减员特别严重，就把数千家童（由此可见他的家业有多大，光家里的门卫、保安就有上千人）也交给了刘备，充实到他的部队里。最让人感动和意想不到的是，糜竺不光送钱送人，还送妹妹。糜竺把自己如花似玉的妹妹嫁给了刘备。刘备特别感动，患难见真情，这份恩情真的让刘备没齿难忘。后来刘备夺取西川（今四川省东部及重庆市）以后，论功行赏，封糜竺做了安汉将军，班次在诸葛亮[1]之上。蜀汉政权的"安"从哪儿来？就从糜竺这儿来。人在艰难困苦的时候，特别需要那些贵人朋友、生死之交来拉我们一把。贫贱之交不可忘，当年那些曾经给过我们帮助的人，值得我们一生去感恩和铭记。

这份苦难中的婚姻让刘备又高兴又难过，高兴的是患难见真情，自己身边确实有赤胆忠心的生死战友；难过的是连吃饭问题都解决不了，如何对得起弟兄们的信任，如何对得起糜夫人的以身相许。

辗转反侧了几个晚上之后，刘备做出了一个惊人的决定——投降吕布。关羽、张飞、糜竺、糜芳、孙乾、简雍，以及所有的文臣武将都震惊了，大家没想到刘备会做出这样惊人的决定。

大家都认为吕布这个小人忘恩负义、狼子野心、恩将仇报，正准备和他拼个你死我活的时候，主公竟然决定不报仇了，还要求和于吕布。说好听点是求和，说通俗点就是直接投降。

大家都有点想不通，不过刘备想通了。管理学一直有一个基本理念，就是在处理复杂局面的时候，要学会定位关键问题。刘备在军事失败之后就重新定位了关键问题。

第一，主要矛盾是袁术，不是吕布。

第二，关键问题是利益，而不是道义，袁术能收买吕布，我们也可以。

第三，斗争要讲策略，我们势力太弱小，与其两面树敌，不如拉一个打一个。

在和弟兄们做了必要的沟通与说服工作之后，刘备向吕布求和。

---

[1] 诸葛亮（公元181—234年），字孔明，三国时蜀汉丞相，著名政治家、军事家、发明家。东汉末期徐州琅琊阳都（今山东省沂南县）人。青年时耕读于南阳郡，被当地人称为"卧龙""伏龙"。后受刘备三顾茅庐邀请出仕，为促成孙刘联盟，建立蜀汉政权起到决定性作用。刘备死后，诸葛亮受封爵位武乡侯，辅佐刘禅，成为蜀汉政治、军事上的实际领导者。先后五次率军北伐曹魏，在第五次北伐时病逝于五丈原，追谥忠武侯。一生"鞠躬尽瘁、死而后已"，是中国传统文化里忠臣与智者之代表。后世尊其为"武侯""诸葛武侯"。

就在刘备调整策略、放下仇恨、联合吕布的时候，袁术却做了相反的事情。袁术联合吕布攻打刘备，是以给吕布大量的粮草辎重为条件的。但是吕布偷袭得手之后，袁术却出尔反尔，根本没有兑现承诺。这让吕布大为恼火，于是吕布决定接受刘备的求和，重新建立联盟。

备请降于布，布亦怨袁术运粮不继，乃召备，复以为豫州刺史，与并势击术，使屯小沛。布自称徐州牧。（《三国志·先主传》）

刘备回到小沛后仍做豫州刺史，而吕布占据了徐州，自封徐州牧。

《三国志》（裴松之注）还记载了一个细节：布令备还州，并势击术。具刺史车马童仆，发遣备妻子部曲家属于泗水上，祖道相乐。什么是"祖道相乐"？就是吕布送刘备的家眷和手下人上路出发，大家告别的时候气氛融洽、其乐融融。刘备的委曲求全得到了回报。在随后袁术攻打刘备的战斗中，吕布起了关键作用，保护了尚未恢复元气的刘备。

这段故事就是被人们津津乐道的经典故事"辕门射戟"，《资治通鉴》对此有详细记载。

术遣将纪灵等步骑三万攻刘备，备求救于布。诸将谓布曰："将军常欲杀刘备，今可假手于术。"布曰："不然。术若破备，则北连泰山诸将，吾为在术围中，不得不救也。"便率步骑千余驰往赴之。灵等闻布至，皆敛兵而止。布屯沛城西南，遣铃下请灵等，灵等亦请布，布往就之，与备共饮食。布谓灵等曰："玄德，布弟也，为诸君所困，故来救之。布性不喜合斗，喜解斗耳。"乃令军候植戟于营门，布弯弓顾曰："诸君观布射戟小支，中者当各解兵，不中可留决斗。"布即一发，正中戟支。灵等皆惊，言："将军天威也！"明日复欢会，然后各罢。

刘备的委曲求全来之不易、难能可贵，这种受了严重挫折之后的冷静和理性不是每个人都可以做到的。刘备之所以能做到，最重要的是他在受到打击之后可以迅速调整心态。

管理智慧箴言

一个人做大事要具备三个条件：

第一，耐得住寂寞。

第二，忍得住心烦。

第三，受得了委屈。

这三条缺一条也做不成大事。在工作中，大家都会遇到一些让人特别痛苦、特别愤怒、特别烦恼的事，怎样调整自己的心态呢？我来举个例子，假如你昨天把钱包丢了，你的心情可能连着几天都不好，这时你可能会产生两种思维方式。

第一种思维叫"过去式思维"。你一张嘴就是："如果我昨天没把钱包放在外衣口袋里，它就丢不了了。""如果我把卡和身份证放到别处，它们就丢不了了。""如果我那钱包小一点，它就丢不了了。"好多"如果"，结果是越想越痛苦，越想让事情过去就越拔不出来。就像台词说的，"曾经有一个钱包放在我手边，我没有珍惜，直到丢了之后才追悔莫及。如果再有一个钱包，我一定珍惜它"。这叫"过去式思维"，只会让你越陷越深。

根据心理学研究，在遇到挫折的时候，人应该换一种新的思维模式，叫作"将来式思维"。如果钱包丢了，你应该这么说："下次我再带钱包，我给它安个链，弄个报警器。""下次我再带卡，就让它跟钱包分开放。""下次我在钱包里不放大量的现金。"这就叫"将来式思维"，即多想想下一次怎么办。

人生路千折百回，有谁是一帆风顺的？生活中的我们可能会受到各种打击、各种伤害。受到打击之后，我们应该怎么选择？给大家举个例子，地上有一块石头，走路的时候把你绊倒了，如果你围着这块石头跺脚骂它，吐唾沫啐它，你这一辈子就毁了，走不了了。我们要做的是什么呢？吸取教训，从石头上跨过去，继续前进。调整心态，放下内心的纠结和痛苦，这是非常重要的成功品质，刘备有了。

事件三　放下包袱寻出路

不过，刘备和吕布的联合没过多久就再次破裂了！《资治通鉴》记载：备合兵得万于人，布恶之，自出兵攻备。备败走，归曹操，操厚遇之，以为豫州牧。

本来刘备以为，跟吕布二次和好，能够对抗袁术。吕布自领了徐州牧，刘备可以回去接着当豫州刺史，驻兵小沛。所以刘备没有多想，回到小沛之后，继续招兵买马，积草屯粮，积攒实力，准备纵横天下。但这件事引起了吕布的不满。因为吕布发现，刘备的翅膀越来越硬了，他担心刘备像自己这样，将来也在自己背后捅一刀。于是吕布再一次和袁术联合，向刘备开战。刘备不得不"二打吕布"。第一次没打成，第二次真打了，吕布却没有亲自来，而是派手下大将高顺、张辽就把刘备的部队一下子给打崩溃了。刘备弃了家小，弃了辎重，弃了小沛城，二战吕布，结果又被打得很惨。

失败之后投奔谁呢？刘备找到了曹操曹孟德。这时候刘备有个心思——我打不过你没关系，我找能打得过你的人，跟他联合我就能把你打趴下。这个原则叫：你跟我比战斗，我跟你拼做人，你的武功高，我的朋友多，看咱俩谁厉害。所以刘备来找曹操曹孟德。

管理智慧箴言

无论是个人还是单位，要想发展得好，就需要联合一切可以联合的力量，尤其是在势单力薄、事业走下坡路的时候。

刘备此时就面临着走投无路的被动局面，面对吕布一而再，再而三的背信弃义，刘备环顾四野，眼下可以投靠的人只有曹操了。但问题在于，不久前曹操攻打徐州的时候，刘备作为援军还曾经跟他交过手，那么在这种情况之下，曹操还能接纳刘备吗？曹操会不会把刘备给宰了？不会的，这就是三国时代那个神一样的规律：昨天还是敌人，今天就能成为哥们儿；今天是哥们儿，明天就可能对你动刀。这

个规律的本质是什么呢？就是大家都把私人恩怨放在一边，先想着事业的发展。所以什么叫"放下包袱寻出路"，这个包袱就是个人的感情包袱、私人恩怨。一个人如果放不下私人恩怨，就会走到死路上去。曹操这个人有足够的胸怀，战宛城（今河南省南阳市宛城区）的时候，张绣打死了曹操的儿子曹昂、大将典韦、侄子曹安民，消灭了曹操的生力军，这么大的血仇，最后在官渡之战之前张绣来投降，曹操还是放下私人恩怨，接纳了张绣。这可不是一般人能做到的。所以刘备来了，他要跟曹操联合。曹操发现有了刘备，打吕布比较容易，于是就接纳了刘备，他帮刘备整顿军马、配置刀枪，把他送回了小沛。刘备又回来了。

刘备二次回来，吕布要不要再打他？顾不上了。吕布这个人一天到晚就玩翻脸游戏。此时吕布已经没有时间再来攻打刘备了，因为他又和袁术反目了。

建安二年（公元197年），袁术称帝于寿春，自称仲家。

袁术遣使者韩胤以称帝事告吕布，因求迎妇，布遣女随之。陈珪恐徐、扬合从，为难未已，往说布曰："曹公奉迎天子，辅赞国政，将军宜与协同策谋。共存大计。今与袁术结婚，必受不义之名，将有累卵之危矣！"布亦怨术初不已受也，女已在涂，乃追还绝昏，械送韩胤，枭首许市。陈珪欲使子登诣曹操，布固不肯。会诏以布为左将军，操复遗布手书，深加慰纳。布大喜，即遣登奉章谢恩，并答操书。登见操，因陈布勇而无谋，轻于去就，宜早图之。操曰："布狼子野心，诚难久养，非卿莫究其情伪。"即增珪秩中二千石，拜登广陵太守。临别，操执登手曰："东方之事，便以相付。"令阴合部众以为内应。始，布因登求徐州牧不得，登还，布怒，拔戟斫几曰："卿父劝吾协同曹操，绝婚公路；今吾所求无获，而卿父子并显重，但为卿所卖耳！"登不为动容，徐对之曰："登见曹公言：'养将军譬如养虎，当饱其肉，不饱则将噬人。'公曰：'不如卿言。譬如养鹰，饥即为用，饱则飏去。'其言如此。"布意乃解。（《资治通鉴·汉纪》）

袁术遣其大将张勋、桥蕤等与韩暹、杨奉连势，步骑数万趣下邳，七道攻布。结果吕布使用反间计，离间杨奉、韩暹二将，促使二人战场倒戈，一下子把袁术打了个措手不及。

接下来，韩杨二将就脱离了袁术的地盘，入驻了吕布的地盘。

大家都知道，狼狗可以看家，但是狼狗是要吃肉的。杨奉、韩暹追随吕布之后，胃口大了，要求多了，把吕布搞得很烦。

吕布这个人，是属于能接受别人照顾，但是没有心思照顾别人的人。韩杨二将的部队粮草接济不上，时常是吃了上顿没有下顿，二人对吕布非常不满。两个人商量，干脆来个痛快的，早点对吕布动手。表面上，他们态度还是很好，和吕布很亲近。两个人对吕布说："吕将军这边给养也很困难，我们常驻徐州给您添了这么多麻烦，非常过意不去。我们哥俩商量好了，决定转军去荆州。"但是，他们私下里却派人来见刘备，商量着和刘备联合，一起攻打吕布。

这对刘备是一个考验。到底能不能联合韩杨二将对吕布下手呢？要照张飞的脾气秉性，早就动手了，没人帮忙都要打吕布，更何况还有外援呢。吕布忘恩负义，在背后下刀子，绝不能饶了他！

但是，刘备却选择了另外一个方案。

刘备想清楚了三个问题：一是靠自己的这点实力，就算加上韩杨二人也不是吕布的对手；二是韩杨二人本质上和吕布没有区别，和他们联合，没有前途；三是自己的出路是等待时机，将来借助更大的外援曹操来夺回徐州。到那个时候，韩杨二人会成为自己的绊脚石。

想清楚这些之后，这位刘皇叔痛下决心，决定先利用这个时机铲除韩杨二将这股势力。

真是应了"螳螂捕蝉，黄雀在后"这个成语，韩杨二人在算计吕布的时候，根本想不到自己也被算计了。

《资治通鉴·汉纪》记载，具体的过程是这样的：韩暹、杨奉在下邳，寇掠徐、扬间，军饥饿，辞吕布，欲诣荆州；布不听。奉知刘备与布有宿憾，私与备相闻，欲共击布；备阳许之。奉引军诣沛，备请奉入城，饮食未半，于座上缚奉，斩之。暹失奉，孤特，与十余骑归并州，为抒秋令张宣所杀。

利用机会消灭杨奉这件事标志着刘备在政治上全面成熟起来。

刘备现在游刃有余了，消灭杨奉、韩暹这件事情，本身就代表着他的领导能力提升了。

管理智慧箴言

一个高人是挫折磨炼出来的，一个强者是强大的对手培养出来的。

刘备就这样被培养出来了，他符合哲学上的一句话："最鲜艳的花儿，都是从粪土里长出来的。"没有二十多岁、三十来岁经历的那些挫折和痛苦，哪有今天刘备的成熟？我们得学会总结失败，向挫折学习。

吕布给刘备上了一课。如果说收留吕布的时候，刘备对于人情道义还有一些基本的幻想，那么被吕布第二次打败之后，刘备彻底明白了：讲感情、讲道义要看对象。眼前的徐州是个利益角逐的地方。利益一致的就是朋友，利益冲突了就是敌人。朋友可以变成敌人，敌人也可以变成朋友。一切看起来都是那么无底线，但是如果看清楚了这个底线，一切又是非常简单的，就是为了利益。

刘备明白吕布能跟自己联合，也能跟曹操或者袁术联合；同理，自己能跟吕布联合，也能跟曹操、袁术联合。昨天是敌人，今天就是朋友。徐州再战，刘备在军事上是失败的，但是他在政治上收获了很多。他彻底明白了什么是乱世，彻底明白了什么是朋友、什么是盟友。

明白规则是最重要的。作为平原县令，刘备明白得民心者得天下，要有仁义，要有道义，要有情义。但是作为徐州刺史，他又明白了一个道理：要得天下，必须要学会保护自己的利益，要学会运用利益规则去斗争，懂得规则才算成熟起来。于是，成熟起来的刘备虽然受了军事上的挫折，但是反倒自信起来了。为了摆脱困境，刘备接着做了一件大事，那么这件事情是什么？刘备又是怎样走出困境的呢？请看下一讲。

第五讲

摆脱控制谋发展

经历了"交友不慎"导致的危机，刘备意识到，在追逐理想的路上不能太天真，应该认清形势，以大局和自身利益为重。为此，他做了一个决定，就是联合他曾经的敌人，也是日后最强的对手——曹操。当然，刘备不甘心在别人的团队中打下手，为了尽快脱离曹操，发展自己的事业，刘备究竟会想出什么办法来呢？

"山重水复疑无路，柳暗花明又一村。"一条路如果反复努力都走不通，那说明方向不对，换个方向也许就走通了。刘备在和吕布争夺徐州的过程中，发现自己根本没有办法在军事上取得优势。一番斟酌之后，他决定换个方向。打得过要打，打不过创造条件再打。

那么，刘备准备创造什么条件呢？刘备准备找一个可靠的帮手。这个人就是不久之前刚刚在战场上把吕布打得大败的曹操曹孟德。刘备认为，只要能联合曹操就一定能消灭吕布，在战场上解决不了的问题，在战场外很容易就解决了。

于是，刘备面临的问题从和吕布斗争的问题转变成了和曹操联合的问题。吕布和刘备拼打仗，刘备就和吕布拼做人。那么，刘备和曹操是怎么联合的呢？

白门楼吕布被杀

公元198年，东汉建安三年十二月，徐州下邳城三步一岗，五步一哨，曹操全身戎装，披挂整齐，威严地坐在南门城楼之上，刘备也是一身戎装，陪在曹操的旁边。这两个人虽然表情都很严肃，但是眼角眉梢都流露出掩饰不住的喜色。他们为什么这么高兴呢？因为吕布被打垮了，这可是个大胜利。

曹操在城楼之上，正要检点胜利的成果。下邳城的南门高大巍峨，典型的砖木结构，外面刷着白灰，远远望去闪着白光，所以当地人给它起了个名字叫白门楼。曹操今天要在白门楼提审吕布，中军官传下令去，过了一会儿，吕布就被推进来了。看那英雄吕布，现在被五花大绑，捆得跟粽子一样，眼窝深陷，目光呆滞，头发是乱的，眼睛里全是血丝，已经完全没有了当年虎牢关战诸侯时的英雄气概。吕布一见曹操，就请求曹操，他求的是什么呢？他说"缚太急，小缓之"，就是说你把我捆得太紧了，能不能稍稍给我松一下。曹操微微一笑说："缚虎不得不急。"意思是说，你是个大老虎，不把你捆紧点，我可不放心啊。接下来吕布说:"明公所患不过于布。"意思是说,您最担忧的就是我和您作对。他接着又说,打到现在我已经服气了,从此天下再没有什么人可以让您担心了,咱俩合作,你带步兵,我带骑兵,一个有勇,一个有谋,这不是可以平定天下吗?这几句话真把曹操给说动心了。曹操这个人有爱将之心,于是曹操就看了一眼刘备。刘备在这个时刻起了关键作用。《三国志》记载,刘备瞅着曹操说:"明公不见布之事丁建阳及董太师乎?"这句话的意思是说,哎呀老曹啊,你也想给他当爹?我可是想起了他前两个干爹的下场。一语惊醒梦中人,曹操心想:对啊,我别幻想了,这个家伙反复无常,翻脸不认人,本事又这么大,好不容易把他捉住了,可不能放了他。所以最后曹操还是命令把吕布推出去绞杀,就是用绳勒死。

吕布被拖走时咬牙切齿地瞅着刘备说:"大耳儿,最叵信!"(《资治通鉴》)翻译成现代汉语就是:大耳贼,就你最坏。刘备一点儿也不介意。吕布被推出去了,连同陈宫、高顺,一起都被处决了。

后来的人评论白门楼吕布之死,一般都认为,吕布是死在刘备手里的,刘备使了阴招。但是我们想一想,刘备为什么会这么做?有人说刘备是为了报仇,因为总是打不过吕布,被欺负得很惨。可是,一个心里总装着仇恨的人,一定是放不下过去的。一个放不下过去的人会有未来吗?要这么想,也太小看刘备了。一个做大事的人的基本决策模型,是往前看而不是回头看,他不会在乎过去的恩恩怨怨。刘备之所以认为吕布该被处决,是因为刘备往前看发现处决吕布对自己的发展是有价值、有好处的,而不是为了报仇。其实,吕布之所以落到这个地步,我们给他总结了四个字叫"自作自受"。为什么说吕布自作自受呢?我来讲一讲这里边的故事。

公元198年九月,吕布再次和袁术联合,派遣手下大将高顺、张辽前来攻打刘备。曹操亦派手下大将夏侯惇来支援刘备。最后刘备和夏侯惇被高顺击溃。刘备再一次落荒而逃,老婆孩子都被吕布的人给抓走了。

不过刘备这次惨败和上一次有所不同，这一次刘备是有盟友的，而且是个十分强大的盟友——曹操曹孟德。曹操听说大将夏侯惇也被吕布的手下给打败了，感觉到了事态的严重性，决定亲征吕布。在半路上，他遇到了败退的刘备。

刘备打吕布虽然没有胜利过，但是确实积累了很多经验，又熟悉地形地貌和当地的风土人情，这样的优秀向导是曹操求之不得的。在刘备的引导之下，曹操大军再次席卷徐州。

在徐州这块土地上，曾经的盟友成了敌人，曾经的敌人现在成了盟友，斗争的双方不断变化着面孔，今天合好了，明天翻脸了，后天又合作了，唯一不变的是战争的惨烈。

在曹操大军的凌厉攻势之下，吕布节节败退，而且在关键时刻，吕布犯了两个严重的错误，最终导致了他的彻底失败。

一是他没有采纳陈宫的建议，偏听偏信自己妻子的建议。《资治通鉴》对此有详细记载。

操遗布书，为陈祸福。布惧，欲降。陈宫曰："曹操远来，势不能久。将军若以步骑出屯于外，宫将余众闭守于内。若向将军，宫引兵而攻其背；若但攻城，则将军救于外。不过旬月，操军食尽，击之，可破也。"布然之，欲使宫与高顺守城，自将骑断操粮道。

布妻谓布曰："宫、顺素不和，将军一出，宫、顺必不同心共城守也，如有蹉跌，将军当于何自立乎？且曹氏待公台如赤子，独舍而归我。今将军厚公台不过曹氏，而欲委全城，捐妻子，孤军远出，若一旦有变，妾岂得复为将军妻哉！"布乃止，潜遣其官属许汜、王楷求救于袁术。术曰："布不与我女，理自当败，何为复来？"汜、楷曰："明上今不救布，为自败耳。布破，明上亦破也。"术乃严兵为布作声援。布恐术为女至，故不遣救兵，以绵缠女身缚著马上，夜自送女出，与操守兵相触，格射不得过，复还。

这一段大致讲的是：曹操进攻吕布，吕布听从了陈宫的建议，准备留陈宫与高顺守城，自己率骑兵截断曹操的粮道。然而吕布的妻子告诉吕布，陈宫与高顺一向不和，必然不能同心协力守城，吕布独自孤军远出，一旦有变，十分危险，于是吕布取消了出城的计划。做重要决策的领导，最怕老婆哪两件事？

第一，长舌，爱嚼舌头；第二，黏人，关键时刻不让你走。要命的是，吕布这个人没主见，老婆说完之后，吕布觉得说得有道理，算了，收兵，不去了。就这样眼睁睁地错过了一个重大的战略机会，陈宫被气得直跺脚。所以，吕布犯的第一个错误是，听信老婆之言，不听大将的正确主张。

第二，关键时刻不注意沟通方式，导致下属反叛。本来吕布的队伍战斗力还是很强的，在下邳城和曹操激战一个多月未分胜负。《资治通鉴》记载：操掘堑围下邳，积久，士卒疲敝，欲还，荀攸、郭嘉曰："吕布勇而无谋，今屡战皆北，锐气衰矣。三军以将为主，主衰则军无奋意。陈宫有智而迟。今及布气之未复，宫谋之未定，急攻之，布可拔也。"乃引沂、泗灌城。月余，布益困迫，临城谓操军士曰："卿曹无相困，我当自首于明公。"陈宫曰："逆贼曹操，何等明公！今日降之，若卵投石，岂可得全也！"

本来正在用人之际，生死攸关的时刻，团结是比眼睛还要宝贵的东西，但是吕布不注意沟通方式，对手下大将言语过分，导致了兵变。布将侯成亡其名马，已而复得之，诸将合礼以贺成，成分酒肉先入献布。布怒曰："布禁酒而卿等酝酿，为欲因酒共谋布邪？"成忿惧，十二月，癸酉，成与诸将宋宪、魏续等共执陈宫、高顺，率其众降。(《资治通鉴》)

部下率众投降，见大势已去，在这样的被动局面下，吕布不得已终于狼狈投降。于是就有了我们刚开始说到的"白门楼吕布被杀"的细节场面。

性格就是命运

在此，我们展开关于吕布到底死在谁手里的讨论。

刘备为什么不为吕布求情呢？其实分析一下就可以得到结论，对于刘备来说，杀吕布有利于自己的未来。有人说："是啊，这下可以报仇了。"其实，刘备杀吕布可不是为了报仇。

管理智慧箴言

有大志的人，心里装的不是过去而是未来。一个没有过去的人，心里装着未来比较容易；一个有了很多过去的人，心里装着未来就很不容易了；一个有过很多痛苦过去的人，心里能装着未来那就非常了不起。

刘备应该就算有大志的人，尽管过去有很多仇恨，但是刘备此时此刻想的可不是报仇，他想的是未来，借曹操之手消灭吕布有利于自己的未来发展。而且刘备相信曹操也愿意消灭吕布。此时的刘备已经开始运用政治的眼光来看问题了，而并非单纯地依靠情感。

因为刘备没有替吕布求情，所以后来有很多人说吕布是死在刘备的手里。其实，仔细分析起来，吕布是死在了自己的手里。

简单来讲，吕布死于他自己的性格。

在三国里有几个比较惨的事情，其中最典型的就是给吕布当爹，这等于找死。吕布曾认丁原为干爹，后来丁原被他杀了；吕布又认董卓为干爹，后来董卓也被吕布给杀了。

吕布的个人爱好就是"认爹"和"杀爹"。前面说过，这种行为在心理学上可以称作"弑父情结"。这种情结的背后，是对权威的反抗和对自我的不认同，这两个因素的联合作用，造就了吕布反复无常的性格。这样的性格最终导致了吕布的悲剧结局。

那么吕布是怎么形成这样的性格的呢？发展心理学认为，童年是人生的父亲，环境是人生的母亲。童年早期的经历对每个人的性格形成都起到了非常重要的作用。吕布这种极端反抗权威的性格也是这样形成的。

我们可以得出一个基本结论，就是吕布的家庭教育一定是简单粗暴、缺乏支持和认可的。简单粗暴的教育模式会造就孩子非常极端的性格。一种是极端软弱，典型人物就是《士兵突击》里的许三多。高连长问许三多："许三多，你是好兵吗？"许三多后退半步说："我不是。"许三多的软弱、退缩、没自信是从哪里来的呢？因为许三多的爹太暴躁，张嘴就骂，举手就打，所以养了一个软弱的孩子。另一种就是极端反抗，典型人物就是吕布。现代教育理论和管理理论都证明，温和而民主是更加有利于人格成长的管理方式。

到底温和与严厉的教育方式哪一个更好？弗里德曼教授做了一个有趣的实验：把孩子们分成A、B两组，同时让他们玩玩具。每一组玩具中都包含机器人。规则是老师提醒孩子们什么都可以玩，但不可以玩机器人。

但是提醒的方式有所区别：A组老师严厉告诫孩子们不要玩机器人；B组老师温和地说明不要玩机器人。提醒过后老师退场，暗中观察是否有孩子偷偷玩机器人。实验结果是：当场两组都有孩子偷玩机器人，而且偷玩的比例没有显著差异。过了六周之后再测，这一次老师任由孩子们选玩具，不再阻止孩子们玩机器人。结果A、B两组的表现却极为不同，使用过严厉提醒的A组中70%以上的孩子选择玩机器人，而使用过温和提醒的B组中只有30%的孩子选择玩机器人。

管理智慧箴言

从长期来看，严厉的教育管理方式会起到反作用，而温和的教育管理方式有明显的正面积极效果。

吕布死后，曹操和刘备都松了一口气。在消灭吕布的同时，曹操还有一个巨大的收获，他收降了一批文臣武将，进一步壮大了自己的势力。《资治通鉴》记载：前尚书令陈纪、纪子群在布军中，操皆礼而用之。张辽将其众降，拜中郎将。臧霸自亡匿，操募索得之，使霸招

吴敦、尹礼、孔观等，皆诣操降。

曹操有一点让人佩服，就是不管他有多么残忍、多么狐疑、多么阴狠，但他真的爱才，基本上是打一仗收一批人才，每次都专门到别的"公司"里去挖人才，你不用的我都用，大家可以看看曹操仅从袁绍的阵营里就挖了多少人才。这一点是让人特别佩服的。

有一天，一个领导跟我说："赵老师，今年我完成指标了，完成得特别好，全国排名前三，你看我这个工作干得不错吧？"我说："不一定，我们看一个管理者、领导干部工作干得好不好，要看三条：第一，把指标完成，上级的要求实现了，这叫成事；第二，在完成指标、做成事情的过程中，形成自己的制度、方法、经验、流程，而且把这些东西总结出来传给后人，这叫立制；第三，在成事、立制的过程中，发现、培养人才，这叫育人。成事30分，立制30分，育人40分，合起来才是100分。"我说："您就办成一件事，既没有形成经验、制度、标准、流程，也没有培养出人才，最多30分，有什么可得意的？"培养人才是我们基业长青、事业发展最根本的事。什么叫人事？人事人事，有人才能做事，没人做不成事，在人上面容易出事。曹操在这一点上是让人佩服的。

那么，消灭吕布之后，曹操对刘备是怎么安排的呢？他并没有让刘备继续治理徐州，而是任命了新的徐州刺史，把刘备带回了许都，这很明显是对刘备的不信任。在生性多疑、军事力量强大的曹操面前，刘备是如何自保的，又是如何采取行动、获得自由的呢？我们讲三件事。

青梅煮酒论英雄，没有威胁就没有危险

刘备到了许都之后，跟曹操有一系列的交往故事，其中最著名的就是《三国演义》当中记载的"青梅煮酒论英雄"。这个故事在历史上也是有资料记载的。

这段故事很精彩，曹操因为梅子熟了，请刘备来喝酒。喝酒的过程中，天上云气变化，看着云曹操想到了龙，于是他跟刘备谈龙，谈着龙又想到了英雄，于是曹操问刘备："刘皇叔，你觉得现在天下谁是英雄？"刘备掰着手指头开始算。

"第一，"刘备说，"淮南袁术，兵粮足备，可为英雄？"曹操一撇嘴说："冢中枯骨，吾早晚必擒之！"

"第二，"刘备说，"河北袁绍，四世三公，门多故吏；今虎踞冀州之地，部下能事者极多，可为英雄？"曹操又一撇嘴说："袁绍色厉胆薄，好谋无断，干大事而惜身，见小利而忘命，非英雄也。"

"第三，"刘备说，"刘表名称八俊，威镇九州，可为英雄？"曹操不屑地说："刘表虚名无实，非英雄也。"

"第四，"刘备又说，"有一人血气方刚，江东领袖——孙伯符乃英雄也？"曹操摇摇头说："孙策藉父之名，非英雄也。"

"第五，"刘备说，"益州刘璋算是英雄吗？"曹操傲慢地说："刘璋虽系宗室，乃守户之犬耳，何足为英雄！"

"第六，"刘备说，"如张绣、张鲁、韩遂等辈皆何如？"曹操鼓掌大笑曰："此等碌碌小人，何足挂齿！"

接着曹操大手一挥说："夫英雄者，胸怀大志，腹有良谋，有包藏宇宙之机，吞吐天地之志者也。"

刘备说："那您觉得是谁啊？"曹操哈哈大笑，先指刘备，后指自己说："今天下英雄，唯使君与操耳！"曹操说完这句话，刘备被吓得冷汗都出来了，手一软，啪，筷子掉到地上了。幸亏此时此刻铺天盖地的雨来了，一个大霹雳响起，刘备赶紧说"这雷好吓人"，给自己找了个台阶下。

请大家思考一个问题：被别人夸赞为英雄，这是好事，还是坏事？一般来讲，我们都觉得这是好事。如果大家都夸"赵老师这个人是个英雄人物"，那我挺高兴的。为什么刘备被人夸是英雄，他那么害怕呢？因为夸他的人是曹操。为什么曹操夸刘备是英雄，刘备要害怕呢？

我举个例子，大家就能想明白这个问题了。假如现在我跟姚明打篮球，在球场上我跟姚明比谁算英雄？当然，姚明算英雄。我打不过他，我们俩要争一个金球，球肯定是姚明的。但是现在规则变了，你加入了这个争金球的游戏，这时裁判要在我和姚明之间罚下去一个人，剩下一个人和你争金球。请问，为了得到这个金球，你是愿意姚明被罚下去，还是愿意我被罚下去？你当然愿意姚明被罚下去。英雄下场了，你才有赢的机会。

现在天下就是这个金球，刘备发现，自己被曹操看作英雄，万一曹操为了得到天下把自己给剪除了怎么办？曹操是有这个实力的。曹操挟天子以令诸侯，执掌生杀予夺大权，要铲除刘备，不过一句话的事，所以刘备才这样害怕。要命的是，害怕归害怕，他还表现出来了。幸好来了一个雷，刘备于是以这个雷声为掩饰，《华阳国志》云：于时正当雷震，备因谓操曰："圣人云，迅雷风烈必变，良有以也。一震之威，乃可至于此也！"意思是这雷声好可怕，把我吓到了。用曲艺行话说，刘备抓现挂抓得挺好的，躲过了这次危机。因此后人写诗称赞刘备在这里的表现：勉从虎穴暂栖身，说破英雄惊杀人。巧借闻雷来掩饰，随机应变信如神。（《三国演义》第二十一回）

管理学中有个基本规律：先有信任，后展示实力。职场中，作为下级，我们得先与上级建立信任，然后再展示实力。举个例子，民营企业要招一个财务总监，如果是自己人，越有实力越放心；如果是外人，越有实力越不放心。我们经常说的"功高震主，势大压主"，都是没有与上级建立信任，先展示才华造成的。所以大家只要看看《新唐书·郭子仪传》和《宋史·岳飞传》，就会明白，在有信任的前提下展示才华和在没信任的前提下展示才华有多么截然不同的结果。刘备发现，自己走上了不归路，在不具备信任的情况下，就被人家当成了英雄，这可不是什么好事。

那怎么办呢？刘备想，自己得进一步展示胸无大志、愿意苟安乐度日的心思。于是刘备做了一件意想不到的事——闭门种菜。很多人都希望去郊区搞一个开心农场，天天种点萝卜、土豆、洋葱、茄子、辣椒、西红柿，刘备干脆直接在家里后院辟出了一个菜园，每天玩开心农场的游戏。曹操派手下的间谍来监视刘备，结果发现刘备每天都在菜园里，而且过得特别开心。间谍回来一报告，曹操哈哈大笑，说："刘备这个人，年轻时织席贩履，现在当了左将军却回家种菜，也是一个碌碌之辈。"所以曹操这才对刘备稍稍放松了警惕。

管理智慧箴言

获得认可有一个基本的过程，就是先得到感情上的信任，再得到实力上的认可，否则所有实力的展示都会引起对方的怀疑和担忧。

刘备以种菜为掩护，获得了暂时的安全。但是，装傻和示弱并不足以让刘备一直在曹操眼皮底下过安逸的日子，于是刘备打出了第二张牌。

顺手牵羊除袁术，有空白就有空间

其实，曹操身边一直有人劝说他杀掉刘备，铲除后患。持这种意见的人以程昱为代表。《三国志》记载：吕布袭刘备，取下邳。备来奔。程昱说公曰："观刘备有雄才而甚得众心，终不为人下，不如早图之。"公曰："方今收英雄时也，杀一人而失天下之心，不可。"

曹操没有同意程昱的意见，他的回答是：不可以因杀一人而失天下之心。也就是说，不杀刘备能起到示范作用，展示领导的胸怀和政策的倾向，吸引天下英雄来归顺。

关于这一点，曹操和谋士郭嘉曾经专题讨论过。《资治通鉴》记载：

操以问郭嘉，嘉曰："有是。然公起义兵，为百姓除暴，推诚杖信以招俊杰，犹惧其未也。今备有英雄名，以穷归己而害之，是以害贤为名也。如此，则智士将自疑，回心择主，公谁与定天下乎！夫除一人之患以沮四海之望，安危之机也，不可不察。"操笑曰："君得之矣！"

不杀刘备能起到招揽英雄的示范作用，这个作用是间接作用。不杀刘备还有一个直接作用，就是刘备可以直接协助曹操消灭吕布、袁术。

刘备在对抗这两股势力方面，有三个别人不具备的特别优势：一是有声望；二是有民心；三是有经验。

管理智慧箴言

在团队中往往有这种现象，一个团队成员不一定能力很强或者境界很高，只要做的事情是别人无法替代的，他就可以发展得很好，这叫作"有空白就有空间"。

别人的空白就是我们生存发展的空间。在现实生活中也是这样，有资源的用资源，有能力的用能力，既无资源又没有能力怎么办？没关系，只要执行力强，能干脏活累活，也是不可缺少的人才。比如《西游记》中的沙和尚走的就是这个路线。

在《西游记》中，论本事沙和尚不如孙悟空，讲资源、看背景他又不如唐三藏，讲顺眼不如猪八戒，但沙和尚为什么能修成正果？他就占了一条，你们不吃的我全吃，你们不扛的我全扛，牵马坠镫，跑前跑后，你们睡了我不睡，你们没起我先起，脏活累活我一个人包了。就是因为他能填补这一空白，所以他有了发展的空间。所以，如果想在一个团队中站稳脚跟，不一定得要求自己做最有本事的那个人，但你一定要找一个空白，做填补空白的人。只要你是这种人，即使不是最有本事的，一样可以发展得很好。

刘备想，在曹操这个队伍当中，事业要发展，就要填补一项空白，只要我是那种能填补空白的人，我就不会死，而且我会有自由度。刘备研究过后发现，曹操要想灭吕布、灭袁术，他需要一个跟吕布和袁术打过交道、作过战，又了解徐州山川地理，并且在当地有民心威望的人，这个人非刘备莫属，其他人谁也不行。因为有了这个空间，所以刘备相信，曹操至少眼下一定不会杀了自己。

曹操接纳刘备，本身就是一个一石三鸟之计。正好刘备主动上门，曹操也就顺水推舟。刘备帮曹操消灭了吕布之后，开始积极为消灭袁术而奔走。

就在曹操消灭吕布的同时，他的宿敌袁术也陷入了困境。

袁术荒淫无度、奢侈糜烂。《资治通鉴》记载：袁术既称帝，淫侈滋甚，媵御数百，无不兼罗纨，厌粱肉，自下饥困，莫之收恤。既而资实空尽，不能自立，乃烧宫室，奔其部曲陈简、雷薄于灊山，复为简等所拒，遂大穷，士卒散走，忧懑不知所为。

袁术在淮南混不下去了，他投自己的部将，部下不接受他。没办法了，只能北投袁绍，一笔写不出两个袁字，至少是自家人。曹操当然不愿意让两袁联合在一起，需要有人到徐州去拦截袁术。前面说了，刘备有若干个攻打袁术的有利条件，所以刘备主动请缨，曹操就派大将朱灵与刘备合兵，打着左将军的旗号，前往徐州去拦截袁术。历史的车轮滚滚向前，刘备再一次面临重大的机遇，终于可以脱离曹操的控制，开始有了进一步发展的机会。

刘备对袁术的拦截很成功，袁术吐血而亡。《资治通鉴》记载：

曹操遣刘备及将军清河朱灵邀之，术不得过，复走寿春。六月，至江亭，坐簀床而叹曰："袁术乃至是乎！"因愤慨结病，欧血死。术从弟胤畏曹操，不敢居寿春，率其部曲奉术柩及妻子，奔庐江太守刘勋于皖城。故广陵太守徐璆得传国玺。献之。

刘备非常善于借力打力。刘备在这方面把握得很到位，基本上把借助曹操消灭对手，变成了帮助曹操消灭对手。刘备就是有这个本事，在每个关键时刻，他都能以帮助别人的方式出现，最后又能使自己收获意外的惊喜。大家评价三国，一般都是说曹操得天时，孙权占地利，刘备有人和，这个说法还是比较贴切的。借着打袁术的机会，刘备终于脱离了曹操的控制，再次回到了徐州。

> **管理智慧箴言**
>
> 借力打力的基础在于，要善于把自己的困难变成共同的困难；把自己的目的变成双方的目的。

放虎归山占徐州，有部下才有天下

刘备的韬光养晦效果显著。曹操基本上信任了刘备，就在袁术准备放弃淮南，途经下邳北归袁绍的时候，曹操委派刘备与大将朱灵前往拦截袁术。刘备对于离开许都、重回徐州是梦寐以求的，称得上"龙归大海，虎入深山"。

刘备急于离开许都，还有一个重要的原因——刘备心里装着一个天大的秘密。事情是这样的：刘备参与了一个刺杀曹操的秘密计划，这个计划是国舅董承策划的"衣带诏事件"，参加者有长水校尉种辑，将军吴子兰、王子服等人。刘备担心此事人多头绪乱，难保不透漏风声，一旦被发现，自己会死无葬身之地。事实果真如此，就在刘备离开之后不久，董承等人的计划就被曹操发现了，所有的参与者都惨遭灭门。刘备逃过一劫，主要就是因为他提前借着拦截袁术的机会，带队伍离开了许都。

其实在刘备执行攻打袁术的任务之前，曹操本来还是有机会除掉刘备的。派遣刘备外出执行任务这个人事任命遭到了两个人的反对。《三国志·程昱传》记载：昱与郭嘉说太祖曰："公前日不图备，昱等诚不及也。今借之以兵，必有异心。"太祖悔，追之不及。

这段话透露了两个信息：第一，对刘备的任命，程、郭二人事前并不知道，这个任命属于临时任命；第二，刘备接到任命就出发了，而且行动非常快，没有给曹操留后悔的机会。

刘备到了徐州，拦截袁术的战斗进行得很顺利，袁术走投无路，吐血而亡。接下来，刘备就对徐州动手了，杀了曹操任命的刺史车胄，重新占据了徐州。曹操连忙派遣刘岱、王忠二将攻打刘备，但是这两个人根本不是刘备的对手，都败下阵来。而且根据《三国志》记载，刘备在把二人打败的时候，还放了一句大话，《三国志》引《献帝春秋》记载：备谓岱等曰："使汝百人来，其无如我何；曹公自来，未可知耳！"

刘备在说这句话的时候，心里是有打算的，他对形势有了基本判断。此时曹操和袁绍正剑拔弩张地准备开战，不可能舍近求远来打自己。你家门口有个大老虎在那儿挠门呢，你会不会把猎枪转回后院去打兔子呢？刘备觉得不可能。但刘备忘了，第一，兵不厌诈；第二，出奇制胜。曹操利用刘备这个心理，派大将守住官渡，转过头来带大军亲征徐州。这一下就把刘备给搞傻眼了，刘备万万没有想到，曹操真的来了。《三国志·先主传》注引《魏书》记载：

是时，公方有急于官渡，乃分留诸将屯官渡，自勒精兵征备。备初谓公与大敌连，不得东，而候骑卒至，言曹公自来。备大惊，然犹未信。自将数十骑出望公军，见麾旌，便弃众而走。曹公尽收其众，虏先主妻子，并禽关羽以归。

《三国演义》里大家非常熟悉的"关云长屯土山约三事，降汉不降曹"的故事就发生在这次战斗中。刘备再一次成了光杆司令。在这里，我们看到，成就事业不光要有地盘、有支持者，最重要的是要有过硬的铁班底。刘备身边武的方面有关羽、张飞，但是文的方面，还缺一位智谋之士帮助他出谋划策。由于文武班底不全，所以每次作战刘备都捉襟见肘、危机四伏。

其实刘备也反思过，自己的队伍要民心有民心，要人气有人气，有关云长、张翼德，有糜竺、糜芳、孙乾、简雍，人才济济啊，为什么老是吃败仗？因为缺一个智囊在自己的身边，缺少像郭嘉、荀彧这样的智囊。所以大家看，中国古代做大事的人身边都离不开两种人：

一种是摇扇子的,一种是抡板斧的。你看宋江,左边是摇扇子的吴用,右边是抡板斧的李逵,这叫有勇有谋。现在,刘备身边抡板斧的有了,缺一个帮他摇扇子的。因为缺这么一个智囊,所以每次重大战役总是被别人算计。刘备深切地感受到自己身边确实需要一个像荀彧、郭嘉那样的谋士。

管理智慧箴言

管理的本质是通过别人完成任务,有部下才能打天下。

徐州失手之后,刘备一路向北,投奔了正在积极备战、准备攻打曹操的袁绍。袁绍父子非常热情地接待了刘备,尽管刘备曾经联合公孙瓒与袁绍为敌,双方在青州有过激烈的战斗,但是现在双方都放下了过去的恩怨,因为他们有了一个共同的强大敌人——曹操。此时的袁绍雄踞河北,兵强马壮,占有冀、青、幽、并四州,文有田丰、审配、沮授、郭图,武有颜良、文丑、高览、张郃,在实力上占据了明显的优势,大有一战吞并曹操之势。刘备顺势而为,收拢自己被打散的部队,加入了袁绍的阵营,准备在官渡参加对曹操的决战。本来刘备和自己的手下人都以为,这是一场袁绍占据绝对优势的战斗,但是他们都没想到形势的发展完全出乎众人的意料,刘备在这次战斗中再一次面临生死攸关的重大考验。那么,这一切是怎么发生的,刘备又是怎样渡过难关的呢?请看下一讲。

第六讲

以退为进有出路

在东汉末年风云变幻之际，自身实力并不出众的刘备，在事业起步之初，连落脚的地方都没有，不断投奔这个、投奔那个，不是被这个打败，就是被那个打败。但在这种情况下，身在曹营的关羽却不为金钱、美色所动，时刻惦记着刘备。刘备究竟有怎样的人格魅力，能让关羽义无反顾地回到自己身边？现实生活中，企业如何保证核心员工的忠诚度呢？在这方面，刘备给我们带来了怎样的启发？

在读一段历史故事的时候，我们经常会分析谁是强者、谁是弱者。其实大家想想，强者和弱者的区别是什么呢？一个很重要的区别是，强者经得起失败，跌倒了再爬起来，强者总能给自己创造新的机会；而弱者只有唯一的机会，失败一次就一蹶不振。好比打麻将，强者和的十三幺，抓哪一张都和；弱者是七小对单吊幺鸡，抓不到就永远没有胜利。

刘备在事业起步阶段，连续遭遇失败，被吕布打败，被袁术打败，被曹操打败，但是每一次他都能站起来，重新寻找机会。在实力还比较弱的时候，他就表现出了强者拥有的品质。老子说"胜人者力，自胜者强"，刘备虽然还不是刘大力，但他是不折不扣的刘小强。这一点让人佩服。作为一个强者，最关键的不是力量上的增长，而是战胜自我，每次失败了都能重新站起来寻找新的机会。在徐州惨败之后，刘备一路向北，又找到了新的盟友——袁绍袁本初。

战白马斩颜良

东汉建安五年，即公元200年，袁绍率十一万大军攻打曹操，目标直指许都，曹操率军于官渡迎敌。一场大决战就此拉开了序幕。

四月，黄河岸边草木茂盛，庄稼长势喜人，但是村落里空空荡荡，路上行人稀少。老百姓哪儿去了呢？躲避战乱，早跑了。白马城（今河南滑县）附近的大路上，来了一队人马，骑兵在前，步兵在后，为首的一员大将年龄将近四十，身高八尺有余，紫铜色面孔，浓眉虎目，金盔金甲，掌中是一把七十五斤重的金背砍山刀。他就是袁绍派遣攻打白马城的主帅——河北名将颜良。

颜良此次发兵白马城一路十分顺利，守将刘延全线收缩，只有招架之功，没有还手之力。眼见颜良就要拿下白马城了，忽然探子来报，说曹操大军已经距离白马城不远了。

颜良大为吃惊，因为不久前传来的情报还说曹操远在延津，正准备渡河，没想到这么快就来了。颜良得到军报后立即整顿人马前来迎敌，刚走十余里，就遇上了曹操的前锋部队。

只见漫山遍野全是精锐骑兵，先锋旗上写着斗大的一个"关"字。旗下一员大将，面如重枣，卧蚕眉，丹凤眼，手执青龙偃月刀，胯下赤兔胭脂马，正是关羽关云长。接下来的故事，相信看过《三国演义》的朋友张嘴都能说出来。关羽武功盖世，一口青龙偃月刀，温酒斩华雄，三英战吕布，斩颜良诛文丑，过五关斩六将，水淹七军。其实这些故事很多都经过了《三国演义》小说的渲染，都是文学创作的产物。那么在真实的白马之战中，关云长是如何斩了河北名将颜良的呢？

《三国志·关羽传》中是这样说的：绍遣大将（军）颜良攻东郡太守刘延于白马，曹公使张辽及羽为先锋击之。羽望见良麾盖，策马刺良于万众之中，斩其首还，绍诸将莫能当者，遂解白马围。

大家注意，这里关羽有三个基本动作：一是策马，二是刺良，三是斩首。

我们借助这三个简单的词汇，可以想象一下当时的场景：关云长飞马向前，马快刀沉势不可当，一招刺杀颜良，二招斩其首级，干净利索，而且就在万马军中，周围全是敌军的情况下。关云长神勇无比、来去如飞，如入无人之境，斩了颜良的首级，回马归队，袁绍的部队里人人心惊胆战，没有一个敢出来拦挡的。用现在的话说，颜良的小伙伴们都惊呆了，这简直是个战神啊。

关羽的惊人战果受到了曹操的赏识和嘉奖。关羽汉寿亭侯的头衔就是在这样的背景下获得的。曹操尽其所能拉拢关羽，什么上马一锭金，下马一锭银，给关羽修府邸，尊称美髯公等，给予关羽特殊的照顾。但是，曹操的良苦用心并没有留住关羽，最后关羽还是整顿行囊，把曹操给自己的这些好东西都留下了，"挂印封金"这件事情历史上是有记载的，关羽真的是一尘不染，头也不回地去找大哥刘备了。这叫先降曹后跳槽，他走了。曹操就特别想不明白，自己对关羽这么好，给关羽的东西刘备可能都给不了，为什么关羽就那么喜欢刘备呢？难道就是因为刘备耳朵大吗？《三国志·关羽传》有相关的记载。

曹公即表封羽为汉寿亭侯。初，曹公壮羽为人，而察其心神无久留之意，谓张辽曰："卿试以情问之。"既而辽以问羽，羽叹曰："吾极知曹公待我厚，然吾受刘将军厚恩，誓以共死，不可背之。吾终不留，吾要当立效以报曹公乃去。"辽以羽言报曹公，曹公义之。及羽杀颜良，曹公知其必去，重加赏赐。羽尽封其所赐，拜书告辞，而奔先主于袁军。左右欲追之，曹公曰："彼各为其主，勿追也。"

其实，我们在今天的职场中也经常遇到这个问题：领导一心一意想留住核心员工，核心员工的忠诚度管理难度非常大。你给他房子、车子、票子、位子，却留不住他的心，他仍会跳槽。我们怎么样做才能让一个人保持忠诚度、不跳槽，刘备又是怎么做的呢？其实刘备的方法非常值得今天的我们去借鉴和探讨。刘备在对待关羽的问题上，除了感情因素，还有一个非常重要的忠诚因素，就是刘备带队伍有一套自己特殊的领导模式。关于刘备的领导模式，我给大家讲两个要点。

忠诚从哪里来

普通人干活，多给多干，少给少干，不给不干。但是，高人不是这样，高人干事业，需要的是理想信念，是责任和光荣。

管理智慧箴言

普通人干事业要的是交换，高人干事业要的是认同。

举两个例子：一是《水浒传》里的英雄聚义。水泊梁山有个口号叫"替天行道"。让小英雄去打家劫舍，他们立刻就去了，但是让大英雄去打家劫舍，他们不去，必须要有更远大的理想、更光荣的责任才行，所以宋江竖起了大旗，上写"替天行道"，是要告诉英雄们，我们不是劫道，我们是行道，是有组织的武装募捐，大家做的是有意义的光荣事业，各位都是水泊梁山的爱心大使。二是《西游记》里的师徒取经。取到真经，每个人都有实惠，都可以修成正果，但是一定要提炼出更为远大的目标——普度众生，用这个目标激励大家的热情，激发大家的斗志。如果没有这个目标，那就是一场"猪头猴头自驾游"。

所以，忠诚的基本前提是让一个人感觉到自己对远大的目标负有直接责任。

拿老师这个职业来说，人为了养家糊口当老师，工作也会努力，但是一定没有职业忠诚；可如果想到老师对孩子们的成长负有责任，现在的孩子们就是将来国家的主人，在讲课的时候你的每一句话都有可能影响国家的未来，这个时候人就会有投入、有担当，还有发自内心地感觉到光荣，忠诚也就有了。在边防线上艰苦戍边的将士，在农村扎根一线的乡村教师，他们的心中都有着这样的忠诚。

什么是忠？《论语》中讲的"忠"，是指对国家、社会、父母、朋友、任何一人一事，只要答应了的事，就要贯彻到底，永远不渝的诚心，对一事一物无不尽心者谓之"忠"。"忠"字上边是一个"中间"的"中"，下边是一个"心灵"的"心"，我们可以理解为将心放在正中，心中时刻恭敬，就是"忠"。

总之，对一起干事业的人，不给物质是不行的，但只给物质也是不够的，必须还要给理想、给尊重、给光荣的责任。这一点刘备做得很到位。所以，曹操用交换的手段根本无法拉拢关羽。关羽先是降曹，但紧接着就跳槽了。

从关羽这件事上我们可以看到，刘备的作战能力一般，但激励人心的能力是很强的。他树立了远大的目标，传播了强大的价值观，让员工对远大目标负有直接责任，并且以身作则，为了实现远大目标不懈努力。这样的领导方式取得了显著的效果。我们把这种模式叫作"引导示范模式"。

关于领导模式，我们来举一个放羊的例子。牧人放了一群羊，为了防止羊逃散，得有一只牧羊犬。狗在后面走，羊在前面走，哪只羊敢跑的话，狗会汪汪叫着咬羊的尾巴。这样羊就不敢乱跑了。但是光有牧羊犬在后面赶着走还不够，羊会漫山遍野跑乱的，前面还得有一只领头羊，领头羊给大家指明方向，大家就跟着领头羊走。牧羊犬起的作用叫"推"，领头羊起的作用叫"拉"。管理讲究推拉结合。"推"就是考核、奖励、惩罚、威胁，就是我们常说的绩效考核，360度考核、平衡积分卡、KPI指标、强制性分布、ABC打分，这些方式的作用都是"推"。光有"推"是不行的，还得有一个领导站在前面引导、示范、带领、传授，领着大家朝一个远大目标去奋斗，这是"拉"。没有"拉"的力量，队伍照样会散，而且越考核越会散。这就是为什么今天有很多企业考核得特别精细、指标设计得特别科学，但是人心散了。因为它们只有"推"，没有"拉"。譬如在建筑工地，让你推一车砖头和拉一车砖头，哪个更省力？当然是拉着更省力。很多企业之所以留不住核心员工，就是推得有余，拉得不足。我们在精神层面上的引导、示范、带领、传授，做得太少了。假如曹操懂这个道理，说不定有机会留住关羽。曹操只是单纯地认为只要给官职、给金银、给房子，总之给好处就可以留住人才了，曹操以为关羽也是个俗人，以致事与愿违。通过这个例子，我们得出一个简单的结论，就是带团队一定要推拉结合。

> **管理智慧箴言**
>
> 把工作做到物质和制度层面叫领导技术，把工作做到心灵层面那叫领导艺术，干小事靠技术，干大事要靠艺术。管理普通人要靠技术，管理大英雄就要有艺术。

目前，我国的就业者，特别是年轻劳动者的"跳槽"现象十分普遍，企业面临着员工忠诚度不高、流失严重的问题。这和目前很多组织中的领导风格有很大关系。企业往往就是考核奖励业绩指标，"推"的力量有余，但是缺乏引导、示范这些"拉"的力量。

管理智慧箴言

好的工作不仅能给员工带来实实在在的经济利益，还应该给员工心理满足感，把公司建设成为员工实现人生价值的舞台，通过文化的认同满足员工的尊严需求和自我实现的需求，这样才能调动员工的工作激情，让他们成为经得住考验、禁得住诱惑的忠诚员工。

关羽斩了颜良，给刘备带来了一个巨大的风险，一旦袁绍发现自己的心腹爱将被刘备的二弟关羽给斩了，他能善罢甘休吗？他很有可能报复刘备，那么刘备继续留在袁绍身边就会面临生命危险。一般人早就找机会撤退了，不过刘备却选择了冒着生命危险继续留下来。

一败再败有思路

刘备之所以选择留下来，是因为他发展自己的事业一直有一个非常明确的思路：借台唱戏，借船出海，使用联盟策略。

大家看三国，会发现一个现象：刘备每次都是找一个比自己强大的盟友，和盟友一起战斗，并且借着对方的平台发展壮大自己。这些盟友包括公孙瓒、田楷、陶谦、曹操、刘表、刘璋等。以帮助别人的姿态出现，而不是自己扯旗单干，这样的战略模式来自刘备对形势的分析和判断。

我们把这个模式称为"嫁接模式"。用现在的眼光来看，刘备属于要么就给别人打工，要么就找风险投资，反正自己从来不单干。

在五十岁之前，刘备的创业过程基本上就是：找啊找啊找朋友，找到一个好朋友，敬个礼，握握手，一起战斗往前走。要是对方不能走，我再找别人去牵手。

这个模式有三个好处：

一是起点高、平台高，正好能弥补刘备草根出身、资源有限的不足；

二是分散风险，确保自己不成为各方势力的重点打击目标；

三是机动灵活，发展好就留下，发展不利就走人，换一个平台还可以继续发展。

徐州失败之后，刘备再次启动了这个模式，向北寻找新的朋友袁绍。早在刚刚从陶谦手里接管徐州的时候，刘备就曾经得到过袁绍的支持和认可。《三国志》注引《献帝春秋》记载了这样一个故事。

陈登等遣使诣袁绍曰："天降灾沴，祸臻鄙州，州将殂殒，生民无主，恐惧奸雄一旦承隙，以贻盟主日昃之忧，辄共奉故平原相刘备府君以为宗主，永使百姓知有依归。方今寇难纵横，不遑释甲，谨遣下吏奔告于执事。"绍答曰："刘玄德弘雅有信义，今徐州乐戴之，诚副所望也。"

袁绍对刘备的评价是"弘雅有信义"，这是一个很高的评价。后来在徐州对曹操的作战当中，袁绍还曾经派遣骑兵帮助过刘备。袁绍的种种行为已经展示了一个信息，就是他把刘备当作抗曹的盟友，过去因为公孙瓒结下的梁子已经成为历史，所以刘备来投奔袁绍，袁绍父子都采取了非常欢迎的态度，袁刘同盟从此形成。

实际上，刘备是存在其他机会可以采取更为复杂或者更为精巧的创业模式的，但是每次事业失败重新开始创业，他都会无一例外地启动这种嫁接强者的联盟策略。

刘备一直坚持采取这种比较简单的创业模式，这一思路非常值得我们进一步探讨。特别是在当今社会，机遇多、资源多、出路多、模式多，在这种眼花缭乱的大背景之下，刘备的做法就更值得分析了。

老子说"少则得，多则惑"，专注是成功的基础。

给大家举个例子，我的学生要准备考试，让我给他们推荐一本参考书。我推荐了一本。一个学生便把注意力集中到参考书上，学得挺好，收获挺大。另一个学生想得比较细，又找另外两个老师给他推荐了两本参考书，这样他就有了三本参考书。请各位想一想，是有一本参考书的人学习效率高，还是有三本参考书的人学习效率高？答案是有一本的。有三本参考书的同学每遇到一个问题，在三本书中同时找答案，找完答案又互相比对，看看这一本为什么这么说，那一本为什么那么说，哪个说法更好，把大量的时间精力用在了对比上，效果反而不好。

管理智慧箴言

资源多了是负担，工具多了是累赘。条条大路通罗马，每条路都走，永远到不了罗马；条条大船通彼岸，每条船都上，永远过不了河；拿一支笔能写字，拿十支笔那是修笔的。保持简单才是不简单的。

刘备所坚持的就是简单原则，尽量使用比较简单可靠、能够充分驾驭的模式去做事情。嫁接强者的联盟模式是他在五十岁之前事业发展的主要手段和基本思路。

不过，既然他选择留下来继续和袁绍合作，就必须要做两件事：一是让袁绍不会因为关羽杀颜良的事情迁怒自己；二是在下一步和曹操的作战中，刘备必须要做贡献，但也要防备被曹操消灭的风险。这两件事，刘备都处理得十分妥当。

迎接挑战有退路

刘备不光是找出路的高手，也是寻退路的行家。他的战略通俗来讲，就是一边手拉手，一边留一手。我们来看两件事。

一是"文丑合兵留一手"。袁绍一方面为了测试刘备的忠心，另一方面也为了测试刘备的战斗力，在颜良被杀之后，点了河北排名第二的大将文丑去跟曹军作战。刘备被派去跟文丑合兵，共同抵抗曹军的先锋骑兵。刘备跟文丑合兵之后，发现文丑是一个有勇无谋之辈。文丑文丑，没文化，长得丑。刘备觉得跟他合兵肯定会被曹军消灭，于是就和文丑商量，让他带领部队在前面，自己压后阵。结果曹操和荀攸设计用辎重做诱饵，分散了文丑的兵力，曹操集中精锐骑兵，纵兵击之，大破文丑，在阵前斩了文丑。诛文丑是不是关羽做的呢？史书没有记载，应该不是。文丑被斩后，部队被打散了。刘备一见形势不好，掉头就跑，幸运地逃过了一劫。《资治通鉴》中记载：

绍军至延津南，操勒兵驻营南阪下，使登垒望之，曰："可五六百骑。"有顷，复白："骑稍多，步兵不可胜数。"操曰："勿复白。"令骑解鞍放马。是时，白马辎重就道，诸将以为敌骑多，不如还保营。荀攸曰："此所以饵敌，如何去之！"操顾攸而笑。绍骑将文丑与刘备将五六千骑前后至。诸将复白："可上马。"操曰："未也。"有顷，骑至稍多，或分趣辎重。操曰："可矣！"乃皆上马。时骑不满六百，遂纵兵击，大破之，斩丑。

刘备的战斗能力一般，但是逃跑的能力很强，每次战败了都能安然脱身。这次和文丑一起出战也不例外，刘备提前先找好了退路，一看情况不好，很快就撤下来。

二是"兵发许下留一手"。《资治通鉴》记载：汝南黄巾刘辟等叛曹操应袁绍，绍遣刘备将兵助辟，郡县多应之。刘备略汝、颍之间，自许以南，吏民不安，曹操患之。曹仁曰："南方以大军方有目前急，其势不能相救，刘备以强兵临之，其背叛故宜也。备新将绍兵，未能得其用，击之，可破也。"操乃使仁将骑击备，破走之，尽复收诸叛县而还。刘备这一次汝南出战属于带部队穿插。穿插部队一般都是伤亡非常大的，但是这一次刘备孤军深入，再一次安全脱身。刘备刘备，总会留一个备用方案。刘备每次都能提前判断风险，找好退路，在复杂多变的形势下，未料胜先料败。这种领导风格和决策模式成为他事业成功的重要手段。

曾经流传着这么一个故事，有一个人找了一个师父想学划船，师父说："好，你去练游泳吧"。大家想，这是驴唇不对马嘴啊。可《庄子》中这个师父让徒弟去练游泳，徒弟却挺乖，练就练，蛙泳、蝶泳、仰泳、自由泳，练了半年，师父一直不教他划船。终于有一天，这个人忍不住了，对师父说，师父啊，我是跟您学划船的，我报的是"赛艇"，您却让我练游泳，这不对啊。师父说，你要想学划船，你先得学会游泳。如果你不会游泳，划船的时候，你就会担心自己失足落水被淹死，有了这个担忧，你就不会专心致志地划船，学习效果就不好。所以，我先让你学会游泳，学会在大风大浪之中来去自由，再也不怕水。有了这个心理准备，等你再划船的时候，就能专心致志地划船，这就是所谓的"有备而无患"。

所以，庄子说，两个人打赌比射箭，如果押的是瓦片，你能把箭射得特别棒；如果赌的是黄金，你心有牵挂，就射不好；如果赌的是这条命，你心里完全牵挂着自己的个人安危，箭往往就失去准头。大家想想，我们为什么做事情要有个备用方案？这就叫"有备无患，心安事成"。有个备用方案，你在做事情的时候，心里就不担忧、不惦记了，注意力就可以集中在做这件事上，效果才会特别好。

刘备去汝南之前就给自己留了撤退的备用方案，被曹仁打败之后，刘备又回到了袁绍身边，此时官渡之战激战正酣。刘备从颜良、文丑两员大将的阵亡，以及谋士沮授、田丰两个人向袁绍提正确意见却被排挤打击这样的事实当中，已经准确地判断出官渡之战的结局，那就是袁绍必败。如果继续留在袁绍大营中，他只能成为这个无能之辈的牺牲品。所以刘备决定提前行动，寻找新的出路。

混乱局面拼出路

《资治通鉴》记载：备还至绍军，阴欲离绍，乃说绍南连刘表。绍遣备将本兵复至汝南，与贼龚都等合，众数千人。刘备请求再战汝南，袁绍同意了刘备的计划，史书上记载，刘备带的是本部人马。也就是说袁绍没有给刘备更多的部队，刘备也没有提条件，而是带着自己的本部人马拐了个大弯，绕过前线再次来到汝南。从这件事中，我们看到刘备有一个特点，就是"判断形势，提前行动"。如果等到官渡之战最终决战的时候，刘备再走，他就走不了了，还可能成为曹操的囊中之物。因此刘备要在最后的危险来临之前使自己脱身。刘备这种过人的行动力是怎么练成的？我给大家讲一个小故事。

草原上的季节分成两季，一个叫旱季，一个叫雨季。雨季过后旱季来临，降水量为零，草木枯死，动物渴死。那么请问大家一个问题：旱季来临之前，动物们躲避干旱逃跑，是跑得快的动物被渴死了，还是跑得慢的动物被渴死了？答案是，跑得快的动物被渴死了，跑得慢的动物居然没被渴死。这是为什么呢？因为跑得慢的动物风险意识比较强。比如小龟会觉得，我走得这么慢，下个月旱灾就来了，我这个月得赶紧收拾东西走，所以跑得慢的提前走了。跑得快的兔子却不这么想，它在门口晒着太阳、吃着胡萝卜，心想：我速度这么快，即使明天旱灾就来，今天我也能走得掉，我急什么？兔子觉得自己很厉害，有足够的应变时间。今天推明天，明天推后天，结果真的等到旱灾来的时候，它再想走已经晚了。

管理智慧箴言

优势会成为我们的负担，资源会成为我们的盲点。

因为我们有优势、有资源，就容易忽略风险，就会行动迟缓。刘备在这一点上让人佩服，因为不管有没有资源、有没有优势，他都能用冷静的眼光判断形势，然后及时采取措施，应对将要到来的风险。

听说刘备又来到了汝南，曹操点了手下大将蔡阳带一支精锐部队来跟刘备作战。《三国志·先主传》中记载，刘备把蔡阳的部队给消灭了，而且斩了蔡阳。京剧中就有这出戏，叫"城会斩蔡阳"。在对蔡阳的作战当中，有两个人需要提一下。

第一个人是关羽。关羽回归刘备的队伍，应该是在斩颜良以后。

是不是"过五关斩六将"之后回来的呢？不是！"过五关斩六将"是《三国演义》小说虚构的情节。其实，关羽直接越过战线就回来了。在对蔡阳的作战当中，关羽起到了巨大作用。

第二个人是赵云。赵云真正参加刘备队伍的作战，是在公元200年，也就是刘备与袁绍联盟之后。起初赵云在公孙瓒手下管骑兵，属于骑兵师师长，后来他发现跟着公孙瓒没前途，就找了个理由离开了。但是在公孙瓒身边，赵云认识了刘备，两个人结下了深情厚谊。赵云隐居在河北，官渡之战前夕刘备来投袁绍，在邺城跟赵云见面了，两个人同席而坐，同桌而食，同榻而眠，刘备交给赵云一个特殊任务——让他"私募"了一支骑兵部队。

《三国志·赵云传》记载：先主就袁绍，云见于邺。先主与云同床眠卧，密遣云合募得数百人，皆称刘左将军部曲，绍不能知。遂随先主至荆州。可见这个骑兵部队袁绍根本就不知道，它是个秘密部队。刘备去汝南的时候，把这几百号人都带上了，所以我们从这里再一次看到刘备这个人真的很会给自己留一手。跟袁绍联合的时候，刘备能偷偷拉一支部队，提前就做好了离开的准备。

大家注意，人长两只手，我们做行走的动作时，一只手往前，另一只手就自然地往后，这叫前面一伸手，后面留一手。人长两只眼睛又是为什么呢？为的是有个备用方案。我们有两只耳朵、两个鼻孔，这都是备用方案。

那为什么人只有一张嘴？这说明在说话这件事上，是没有备用方案的。所以说话得谨慎，说出去的话、泼出去的水，一张嘴就没有反悔的机会了。

刘备做事情特别仔细、特别有准备，所以每次遇到风险的时候，都能准确地应对防范，这叫作"能用内部的确定性应对外部的不确定性"。

带着赵云、关羽、张飞，以及自己贴身的秘密部队，刘备就到了汝南，斩了蔡阳以后，一直向南。公元201年，刘备和他的团队几经周折，终于来到了荆州。在荆州见了刘表之后，刘备还是采用这个简单原则——联盟模式、嫁接策略。刘备以同宗同族、皇亲国戚的身份游说刘表说："咱俩联合，就能北据曹操，进可以为国锄奸，退可以保境安民。"刘表这个人对为国锄奸没什么兴趣，但对保境安民是有兴趣的，因为他已经感觉到了曹操巨大的军事威胁。所以刘表欣然同意把新野县（今河南新野县）划拨给刘备，于是刘备带着部队，驻扎到了新野小县。

这时候的刘备跟当年不太一样了，他有两方面的提升：第一，队伍提升了，关羽、张飞、赵云三员大将，糜竺、糜芳、孙乾、简雍四个台柱子，另外手下还有一支精锐的队伍是自己训练的；第二，战略决策能力提升了，在长期作战当中，特别是在官渡之战中亲临战场，锻炼了刘备的分析、判断、指挥能力。不过，此时的形势并不是那么理想，北边的曹操大军压境，而荆州地区的本土势力时刻警惕刘备，说轻一点是防范着刘备，说重一点是憎恨刘备，随时准备对刘备下手。那么，刘备在小小的新野县，能不能找到自己的发展空间，他的下一步又该往哪儿走呢？请看下一讲。

第七讲

成功来自调心态

人们总说，忍一时风平浪静，退一步海阔天空，但要在紧要关头做理智的思考、不感情用事，这恐怕不是每个人都能够做到的。这一点刘备做到了。在成就事业的征途上，刘备的经历可谓荆棘密布，格外艰难。面对大大小小的波折和险情，他有哪些良策？从这个饱经挫折洗礼的管理者身上，我们又能斩获怎样的处世智慧？

事业有天那样大，烦恼就会像天上的星星那样多。心态的调整对一个人的成功至关重要。研究发现，人们在激动的时候特别容易失去判断力，特别激动时就会分不清好坏、分不清轻重缓急，会说过头的话、做过头的事情。人在激动的时候，开车也很容易发生剐蹭事故，这都是由于心态失衡造成的。这里尤其提醒夫妻俩在开车的时候千万不要吵架拌嘴，情绪一激动，非常容易出事故。所以古人告诉我们："事成之前先要有心成。"在把事情做好之前，必须先把心态调整好，只有情绪平和了，才能做正确的事情。古往今来，没有哪一件精彩的事情是在气急败坏的情况下做出来的。刘备从徐州战吕布开始，反复努力、反复失败，事业大起大落，投了曹操投袁绍，投完袁绍投刘表，一直是人单势孤、寄人篱下，在这样的情况下，刘备的心情肯定好不到哪里去。那么刘备是怎么调整心态的呢？我们来看一看。

马跃檀溪

公元201年，刘备四十周岁，到了四十不惑的年纪，但他依然颠沛流离、东奔西走。袁绍失败之后，刘备又向南投奔了刘表，暂时驻扎在新野县。刘备这段时间的处境如何呢？有一个关于刘备和刘表的小故事很能说明问题。

刘表有一次请刘备吃饭，刘备高高兴兴地来了。刘表手下有一文一武两个骨干——蒯越和蔡瑁（地方势力的代表人物），两个人早就看刘备不顺眼，说刘备不是什么良善之辈，担心刘备将来夺权，占据荆州。因此在酒席宴上，他们准备对刘备下手。

刘备很敏锐，在酒席宴间发现气氛有点不对，于是采取措施。史书上记载，"备觉之，伪如厕，潜遁出"（《三国志》注引《九州春秋》），是说刘备假装上厕所，到了后院就翻墙出去，翻身上马跑了。这就是三国中著名的"马跃檀溪"的故事。

因为不熟悉路，刘备逃跑得不太顺利，马出了襄阳城的西门，西门外面有一条河,叫檀溪水,马就陷到溪水里边,"溺不得出",动不了了。刘备急了,前有大河后有追兵,若是追兵万箭齐发,自己就被射成刺猬了。刘备情急之下,用手使劲儿拍打这匹马,刘备骑的是一匹宝马,名叫"的卢"。刘备大吼一声:"的卢马啊,今天脱险,就靠你了。"的卢马跃身蹿出去三丈多,从檀溪横渡过去了。

《三国志》注引《世语》对这件事有如下记载。

备屯樊城,刘表礼焉,惮其为人,不甚信用。曾请备宴会,蒯越、蔡瑁欲因会取备,备觉之,伪如厕,潜遁出。所乘马名的卢,骑的卢走,堕襄阳城西檀溪水中,溺不得出。备急曰:"的卢,今日厄矣,可努力!"的卢乃一踊三丈,遂得过。

的卢马在关键时刻救了刘备一命。

刘备骑马渡河而去,走到中游的时候,追兵就到了。但是双方没有撕破脸。追兵就问:"刘使君啊,您这是去干吗啊?"刘备回头说:"我去上厕所啊。"

追兵说:"您要上厕所,咱们后院就有厕所。"

刘备说:"对不起,我不回自己的家,解决不出来啊。"

这段对话反映出一个情况,就是双方没有撕破脸,表面的客气还在。

蒯越、蔡瑁等人要取刘备性命,这件事反映了刘备和荆州本地实力派的激烈矛盾冲突。另外,刘表本人对刘备也是有所防范的。刘备在荆州的处境可以用三个词来形容。

一是"互相需要"。刘备需要一个可靠的根据地休养生息、积蓄力量。刘表需要一个有效的外援在向北的方向上警戒和监视曹操,帮助自己抵挡曹操的第一波进攻。这个外援以前是张绣,张绣降曹之后,这个位置迫切需要有人来填补。

二是"貌合神离"。刘备、刘表,一笔写不出两个刘,他们都是汉室宗亲,都打出了拥护朝廷、维护地方稳定的旗号,表面上看双方还是很和谐的。但是看到刘备发展队伍、结交天下英雄,并且大得民心,刘表是有所顾忌的。

三是"危机四伏"。荆州的地方实力派对刘备是比较排斥的。他们感觉到刘备的威胁与日俱增，一旦有机会，这些人肯定会对刘备下手。对于这一点，刘备一开始没有意识到，至少没有意识到其严重性。"马跃檀溪"事件之后，刘备才真正认清这个问题的严重性，看到了在一团和气之下自己险恶的处境。

那么有人会说，"兵来将挡，水来土掩"，刘备可以打呀，把那些暗地里使阴招的小人都消灭掉，"逢敌亮剑"嘛。其实历史上也有人提出了同样的观点，主张刘备动手反抗的人大有人在。

不过我们需要考虑两个问题：第一，如果刘备动手报复，实力上允许不允许。刘备的队伍无论在人数、装备还是在后勤保障上，都处于绝对劣势，并且又是在人家的地盘上作战，实力上是不允许的。第二，如果刘备动手报复，形势上允许不允许。刘备和刘表联盟是为了防备强大的敌人曹操，现在曹操还没有打过来，他们两个人就打起来了，这是不是很愚蠢？就好比两头野猪在洞里躲避老虎，结果老虎没来，它们自己先掐起来了，这明摆着就是做蠢事，猪是不会这么做的。如果刘备、刘表两个人真的打起来了，岂不是比猪还笨？所以形势上也不允许刘备起兵开战。

做事情就要分清主次，分清先后。马克思主义哲学强调"要弄清楚主要矛盾和次要矛盾以及矛盾的主要方面和次要方面"。《大学》有言："物有本末，事有终始，知所先后则近道矣。"做事情要抓住根本、抓住要害，然后就知道什么事情要先做，什么事情可后做，什么事情要抓紧，什么事情要缓一缓、放一放。刘备是能分清先后的，他有足够的大局观。因此，在激烈的内部矛盾冲突爆发的时候，他选择了回避和忍让。

忍让是一种境界

在现实生活中，我们经常看到有的人缺乏忍让的精神，为了鸡毛蒜皮的小事就拍案而起。比如在拥挤的地铁上，经常可以看到有人因为你踩了我一脚、我挤了你一下就不依不饶、破口大骂，甚至大打出手，这是非常糊涂的。地铁上空间本来就小，早晚高峰人又这么多，大家都急着上下班，难免有个不小心、没留神，互相理解一下就过去了。

有人说："正好遇到的是个没人品、没智慧、没修养，一直在那里挤，真是忍无可忍了。"其实很简单，这时你只要想一件事：你既然鄙视他，如果你开口和他对骂，你自己岂不是也变成了你鄙视的人？小时候在农村，我听长辈讲过一个道理，觉得很对，路上遇到一只狗，他朝你"汪汪汪"，很正常；你要是也朝它"汪汪汪"，那脑子就有问题了。所以，懂得回避是一种智慧，不跟狗吵架，不跟猪摔跤，别跟驴较劲。

一块砖扔在水坑里，泥能反弹到半空中，那是因为水坑浅。你把泰山扔进太平洋里是不会冒泡的，因为太平洋足够深。我们要练就一颗马里亚纳海沟般的心，就算你给我扔一个珠穆朗玛峰，我要是冒个小泡泡，就算我修养不够。

管理智慧箴言

忍让是一个人智慧的标签，忍让是一个人生活质量的标志。一个人不懂得忍让，第一没有智慧，第二生活质量太低。

忍让的智慧在中国文化中是备受推崇的。有一段著名的对话，主人公是寒山和拾得两位高人。

寒山问拾得曰："世间谤我、欺我、辱我、笑我、轻我、贱我、恶我、骗我，如何处治乎？"

拾得云："只是忍他、让他、由他、避他、耐他、敬他、不要理他，再待几年你且看他。"

《尚书》中周成王告诫君臣说："必有忍，其乃有济；有容，德乃大。"意思是必须有忍耐之心，才能办成事情；有宽容之心，道德才能高尚。孔子说："小不忍，则乱大谋"。有大局观、有思想高度的人，都懂得忍耐，受得了委屈、忍得住怒火方能成就大事。

关于忍让有两个著名的小故事。

故事

明朝杨翥任翰林院修撰时，住在京师，有一天，邻居中有一家丢了鸡，生气地大骂偷鸡贼，并且点着姓杨的大骂。家人告诉了杨翥，杨翥说："天底下又不只是我一家姓杨，我们没偷他家的鸡，就不要去多管闲事。"

唐朝张公艺一家九世同堂。一天，唐高宗亲自来到张公艺家，问其何以能九世同堂，张公艺写了一个大大的"忍"字作为回答，唐高宗十分感动。

我们中国人有一句俗话，"不聋不瞎不当家"，说的也是"忍"的艺术和智慧。

正所谓"忍一时风平浪静，退一步海阔天空"。人生是要战斗的，但不是每一场仗都要打。刘备在认真地判断形势、仔细地思考未来之后，做出了正确的选择，就是忍让回避，尽量避免双方再次爆发冲突，在大敌当前的形势下不采取报复行动。这确实是刘备水平和境界的体现，体现了他乱中图存、危里求安的智慧。

放低姿态，获得更大空间

刘备为什么这么重视和刘表的联盟呢？

我们需要分析一下当时的天下形势。东面吕布和袁术被曹操消灭了，北面公孙瓒被袁绍消灭了，然后袁绍被曹操消灭了，西面马腾、刘璋远在版图的一角。现在能够有条件和曹操一战的，只有南面的刘

105

表和孙权两股势力。没有这两股势力的支持，刘备很难靠自己的力量和曹操一战。

公元201年，曹操称雄一方，横扫中原，天下英雄都在判断形势，重新规划自己的未来，要么降曹，要么抗曹，要么跳槽，要么吐槽。

大家知道，一个人站在船上的时候，是不会自己把脚下的船凿个大窟窿的。这是常识。所以刘备上了刘表这条船以后，是十分珍惜的。即使在船上摔了个跟头，也不会动手凿船。他真心希望刘表能够放下成见、放下疑心，认认真真和自己联盟抗曹。

刘备最担心的就是被刘表猜疑，使得抗曹联盟出现裂痕。

那么如何让别人加倍信任自己呢？这是一个很有意思的人际关系话题。

信任可以分为五级。关于获得信任，我给大家做个测试，很简单，请你给我看看你的手心。当我提这个要求的时候，大家会有以下几种反应：

第一种，把手往回一收，问我："老赵，你看我手心干什么？"这叫"不信任"。

第二种，自己先看看，再给别人看，这叫"有限信任"。

第三种，二话不说，单手伸出来："老师，看吧！"这叫"基本信任"。

第四种，俩手伸出来："老师，你看吧！"这叫"完全信任"。

第五种，两手手掌竖起用掌心对着我："老师，你看吧"。这叫过度信任，过度信任基本就是一种失控状态了。

你跟别人合作，前提条件是必须要有"基本信任"以上的信任关系，如果没有这样的信任关系，双方不可能合作。只有达成了基本信任以上的信任级别，才可以组成联盟，完成重要任务。那么这样的信任怎么达成呢？研究发现：

> **管理智慧箴言**
>
> 通过展示依赖能获得更多的感情支持与信任。

大家是否经历过这样的场景：

你下班回家后，在屋里忙着写一个标书或者一篇稿子，正在电脑前面忙活时，你媳妇回来了，进屋把包一放，脚抬起来把高跟鞋甩出去了，整个人往沙发上一靠，说："累死我了。"她又回头瞅着你说："老公，给我倒杯水。"

各位，水杯就在她眼前，饮水机就在她旁边，你正在那儿忙着呢，她让你给她倒杯水。这时候一般来说男士会怎么反应？他可能火腾的一下就上来了，回头说："伸手就能倒水，懒死你得了！"

大家想一想，她确实伸手就能倒水，但是她为什么让你倒水？是她懒吗？不是。这叫在小事上展示依赖，获得感情上的支持和认同，她是为了要获得这份感情。这时候男士应该笑呵呵地上来，给她倒杯水，然后再告诉她"累了就歇一会儿，咱们过一会儿吃饭，你要是累了我去做"。即使手艺不好，但心是有的，这也挺好吧？

再比如，儿子正在写作业，题太难了，他抓耳挠腮，手足无措，突然回头说："妈，我橡皮哪儿去了？"橡皮就在他眼前，他居然看不见。

当妈的本来看到儿子作业写得慢就生气，再看儿子又开始找橡皮，怒从心头起，恶向胆边生，一咬牙就骂起来："长眼睛出气的啊？那橡皮不是就在桌上吗？这成天着三不着四的，跟你爸一样！"看看，骂一个还得再搭一个。

大家想，孩子明明能看见橡皮，他为什么问你橡皮在哪儿？这叫在小事上展示依赖，作业难、学习压力大，他需要感情上的支持。这时候你应该怎么办呢？走上来拍拍他，说："好好写，橡皮在这儿呢，这块要是不好用，我给你拿块新的。"再给他倒杯水，说："喝点水，调整调整节奏。"你支持他一下，他就很可能会把事情做好了。

所以大家记住，别人在小事上向我们提要求的时候，他不是没能力做，也不是他懒，而是为了表达感情。尤其是当大领导、大人物让你帮忙给他做点小事的时候，那才是真正表达感情的时候。大领导往那儿一坐，回头跟你说："受累，把我这个方便面加点热水，另外把那个火腿肠帮我给弄开。"你说领导自己不会弄吗？肯定会。那他为什么让你弄呢？是为了表示"我信任你"。

刘备是高人，他当然知道这些道理。所以在没来荆州之前，他就已经派了孙乾、糜竺提前到荆州打前站，向刘表展示依赖，告诉刘表自己现在处境很难，希望刘表来解决。这样不但真诚地表达了联盟的愿望，而且适度地提了点要求。等刘备到了荆州以后，他再一次向刘表提出了装备、资金、地盘上的要求，而且对于刘表给自己的每一份支持、每一份资源都表示特别珍惜，那种架势就仿佛被刘表攥住命脉一样，并且十分服从对方的安排，发挥应有的作用。刘表让刘备驻扎樊城，刘备就驻扎樊城；让刘备驻扎新野，刘备就驻扎新野。通过展示依赖，刘备获得了刘表的基本信任，所以刘表才放心地把刘备派到新野县去了。《三国志·先主传》记载：曹公既破绍，自南击先主。先主遣糜竺、孙乾与刘表相闻，表自郊迎，以上宾礼待之，益其兵，使屯新野。

刘备是有实力的，也是有眼光的，在领导力方面刘备是要强于刘表的。那么，在和刘表的联盟当中，刘备要不要充分展示自己呢？刘备的选择是不要。

展示依赖的时候，姿态高一点还是姿态低一点，强势一点还是弱势一点呢？答案是一定要低姿态。低姿态展示依赖能够获得更多的信任和支持。

这一点我们可以从一件小事上看出来。

十二年，曹公北征乌丸，先主说表袭许，表不能用。汉晋春秋曰：曹公自柳城还，表谓备曰："不用君言，故为失此大会。"备曰："今天下分裂，日寻干戈，事会之来，岂有终极乎？若能应之于后者，

则此未足为恨也。"(裴松之注《三国志·先主传》)

我们能清晰地看到，刘备对刘表的沟通技巧就是：支持而不是反对，补台而不是拆台，多说"同时"少说"但是"。

公元207年，曹操整顿大军，北征乌桓，那个年代没有飞机、火车，行军都靠骑马、走路，一走就是大半年。大军走了以后，曹操后方空虚，刘备就劝说刘表乘虚而入，偷袭曹操的老巢。但刘表没有这个胆识和勇气。结果曹操征乌桓胜利回来后，刘表又后悔了。他说了一句话："不用君言，故为失此大会。"意思是当初没听先生的话，现在非常痛心，失去了这个成功的机会。此时刘备要不要说："当初干什么去了，你要听我的，咱不就成了吗？下次你一定得听我的。"刘备会这么强势吗？不会。刘备说得特别巧妙："今天下分裂，日寻干戈，事会之来，岂有终极乎？"意思是现在天下诸侯割据，每天都在作战，要想抓住机遇，天天都会有的，不用为过去错失了机会而烦恼。如果因为错过星星就流眼泪的话，那你就要错过太阳了；如果因为打翻牛奶就流眼泪的话，那你可能要打翻矿泉水了。要往前看，将来有的是机会。刘表听了挺高兴，他本以为刘备会指责他、批评他，但是刘备没有。刘备的这种态度叫作"补台而不是拆台""支持而不是反对"。我每次都支持你，即使你做错了，我也支持你，支持你的未来。

现在很多有想法的年轻人，为了表达自己的想法，特别喜欢说"但是"，用逆向的方式来表达自己的想法。比如，领导说："赵老师讲课挺精彩。"有同学就说："讲得挺精彩，但是不够深刻。"领导说："他讲得挺深刻。"有同学又说："虽然挺深刻，但是不够实用。"

年轻人可以改一改，尽量不说"但是"，而是采用说"同时"的方式。

领导说："这课讲得挺深刻。"你可以说："我也觉得挺深刻，同时，如果有点针对性、实用性就更妙了。"

大家想，这样的表达是不是别人更容易接受一些？因此，我们提醒有想法的年轻人，在智商高的同时要提高情商，学会多说"同时"，少说"但是",用正向的方式去表达想法,而不是用逆向的方式。

刘备在这方面做得特别好,明明自己有正确的意见,有正确的主张,但是不强势。

我们特别强调"理直气不壮,义正词不严"。即使你有理,也请你好好说话;即使你是为了我好,也请你别拍桌子、瞪眼睛。那么使用这种低姿态的、有求于人的依赖的方式,最核心的思路是什么呢?是示弱。通过示弱告诉别人,我没那么强,没那么大的野心,你们不用防着我。当代表荆州本土势力的这帮人都认为刘备是个超人奥特曼的时候,刘备笑眯眯地向大家解释:"我不是奥特曼,我就是个奥特蛋,我跟鸡蛋一样,别看我有超人基因,其实我很弱的。你给我创造条件我能孵出蛋来,你不给我创造条件我是没机会的。"通过这种低调、低姿态的方式,刘备获得了更多的生存空间,获得了更多的信任,这种示弱和展示依赖的策略在那个危机四伏的局面下是很有成效的。

缓解焦虑,等待时机

接下来我们聊一个有趣的话题——刘备的体重问题。

现在,很多女孩子都有减肥的计划,经常说:"哎呀,我午饭又吃多了!哎呀,我体重又增加了。"所以见到美女,很多人常打招呼的一句话是:"哎呀,你又瘦了。"

刘备关注减肥吗?答案是关注,而且刘备把这件事情和自己的事业成功联系在了一起,这是我们意想不到的。《三国志》裴松之注本引用《九州春秋》的记载说:备住荆州数年,尝于表坐起至厕,见髀里肉生,慨然流涕。还坐,表怪问备,备曰:"吾常身不离鞍,髀肉皆消。今不复骑,髀里肉生。日月若驰,老将至矣,而功业不建,是以悲耳。"

这里有一个历史典故,叫作"髀肉复生"。

有一次刘表请刘备来吃饭,刘备半路上厕所,发现自己的大腿上长了很多肉。一个男人闲到上厕所关注自己大腿肉的程度，说明日子过得还真是挺舒服的。刘备顿时慨然流涕，长吁短叹。

回来后刘表吃惊地问他原因，刘备说："往年我四处征战、东挡西杀，一天到晚骑在马上，大腿很结实，现在过了两年安生的日子，马也不骑，仗也不打，我这腿越来越粗了。"光阴跟马一样越跑越快，我岁数大了，四十多岁快五十的人了，而梦想却没有实现，所以我在厕所里面哭。"

大家哪天到公共厕所里面，如果看到一个职场白领正趴在水池子前面哭，说不定你遇到了一个有远大理想的人呢。

刘备这种悲伤让我们想起了著名的乐府诗："百川到东海，何时复西归。少壮不努力，老大徒伤悲。"人生最可惜、最可悔的事情，是在该奋斗的时候，我们没有奋斗，将来等我们老了，没有那个机会了，突然想起来，当年要是奋斗一下该有多好啊。这是最难受的事情！

世界上最折磨人的就是这个"悔"字。所以希望大家趁青春年少，趁身体好的时候，多奋斗一点。

我们把刘备这种悲伤的心情，用一个准确的词来定义，就叫"时间紧迫感"。刘备有强烈的时间紧迫感和压力，才会这么掉眼泪。人的时间紧迫感从哪儿来？可以从三个方面来看。

一是源于性格因素。这里和大家分享一个有意思的现象。请问大家，医院里妇产科和心脏科候诊区的椅子，哪个科的椅子磨损得更严重？有人研究发现，在医院里，心脏科候诊区的椅子磨损得更严重一些。妇产科那边候诊的人基本上都是安安静静坐着。心脏科这边却不一样，候诊的人根本就坐不住，一会儿站起来，一会儿坐下，就算坐着也左看看右看看，扭来扭去，为什么呢？他着急啊，一边看一边还嘟囔："怎么还不到我啊，怎么还不到我啊，都这么长时间了。"其实，看看表，只过了三分钟！这种紧张焦虑的性格用老百姓的俗话讲叫急脾气，等不起、熬不住、沉不住气。这样的性格天长日久会导致心脏出问题的。而且俗语说："一忙三慌，一急三乱"。这种沉不住气的性格对做事情也没有好处。

二是源于强烈的进取心。人一旦制定了远大的目标，心里有一个类似时间表或者进度条的东西，眼见着时间流逝，可是自己的目标还没有眉目，即使是阶段性目标没有实现，也会产生焦虑和紧迫感。

三是源于对手的压力。在自己进步缓慢或者不进步的时候，自己的竞争对手却快速前进，当然会让自己有压力。关于来自对手的压力，给大家介绍一个博弈论的思路。如果你买了辆新车，第一次上高速，大家知道新手开车跟熟手有什么不一样？新手开车不是匀速开，而是变速开，像兔子一样来回蹿，而且画龙。坐在副驾驶座的朋友就着急了，说："你得注意安全啊。"开车的司机于是问他："哥们儿，你让我开快一点还是开慢一点？"

大家注意，新手开车，是开快一点安全，还是开慢一点安全？这个问题很简单，当你的车速接近路面平均速度的时候，你最安全。换句话说，如果周围都是兔子，你是乌龟的速度，你是要被追尾的。这叫"慢了不安全"。如果周围都是乌龟，你是兔子的速度，你要追别人的尾，这叫"快了不安全"。安全到底是快还是慢，取决于你周围的人他们在怎么做。所以在相互依赖、相互竞争、资源有限的情况下，我们必须根据周围人的策略，选择自己的出路。真正有经验的老司机，都会调整速度，让自己的车保持一个稳定的平均状态，这样比较安全。

假如刘备是一个司机，假如天下是一条高速公路，刘备看到周围的车都已经提速了，曹操北征乌桓、横扫中原，收编了各方势力，打败了强大的袁绍，挟天子以令诸侯；孙权也已经占据江东六郡八十一州，"国险而民附，贤能为之用"（《三国志》），他们都已经成气候了；弱的如刘表也能立足荆州，有一支队伍、一班人马，只有自己都快五十了，依然还只有这么少的人，而且是借人家的地盘，发展得这么慢，他肯定着急啊。

有一句话说得好，"穷则思变"，强烈的时间紧迫感促使刘备开始思考改变自己的领导方式和决策模式，以求加快发展。刘备做出了一个重大决定——调整领导模式。

承认不足，减少控制权

在荆州期间，刘备最大的改变，是他改变了指挥模式。模式的改变是最重大的改变，可以解决根本的问题。有人说，现在的北京城，路上堵车，房价高，这真是没法住了啊。有兴趣的话，大家可以看一看北京交通的"潮汐现象"，早晨进城的堵、晚上出城的堵，这说明什么？说明上班的地点都在城里面，下班后的住处都在城外面。大家看看北京地图就会知道，北京的城市规划是以天安门为圆心，不断地画圆再画圆，这叫"一元化、单中心"城市模式。所以有人开玩笑地说，我们的城市设计以天安门为圆心，二环一圈，三环一圈，四环一圈，五环一圈，这样的设计易堵。而将来的城市可能是无中心或者多中心的，建立好多模块，把功能分散出去，把人分散出去，这样交通拥堵就会得到解决，空气污染就会得到解决。实际上，模式的改变是最根本的改变，到了一定阶段，旧的模式必须要变，不变是不行的。

刘备发现，传统的自己一个人说了算的指挥模式，暴露出了一个严重的问题，就是当自己高明的时候，事业就进步，自己一旦出了问题，事业就受影响。偏偏自己在军事指挥上的能力没有那么出众。因此，刘备调整了一下模式，承认不足，减少控制。

他决定找个军师来代替自己指挥。于是刘备集团当中的第一任军师徐庶徐元直[1]出场了。《三国志》里没有专门的《徐庶传》，但是《诸葛亮传》当中保存了许多徐庶的资料，我们认为徐庶这个人有三个特点。

---

1 徐庶（生卒年不详），字元直，颍川（今河南禹州）人。东汉末年三国时期人物，本名福，后因为友人杀人而逃难，改名徐庶，自此遍访名师，与司马徽、诸葛亮等人为友。先曾仕官于新野的刘备，后因曹操囚禁其母而不得不弃备投曹，临行前向刘备推荐诸葛亮之才。此后徐庶仕魏，官至右中郎将、御史中丞。

其一，徐庶是个侠客。中平六年（公元189年），徐庶为人报仇，而后将土白粉涂于脸上，披散着头发逃走，被官吏抓住。官吏问徐庶叫什么名字，徐庶一句话也不说，官吏于是把徐庶绑在柱子上，做出准备肢解的样子，并击鼓下令周围市场里的人出来辨认，但谁都不敢说认识这个人。后来徐庶的党羽过来将徐庶救走。徐庶非常感激，之后便不再舞枪弄棒，转而去求学。

其二，徐庶是诸葛亮的同学。初平三年（公元192年），因董卓作乱京师而导致中州四处兵起，徐庶为了避乱，与同郡的石韬南下至荆州居住。到了荆州之后，徐庶结识了诸葛亮，二人关系很好。诸葛亮对徐庶赞赏有加，评价很高。

其三，徐庶是刘备身边的第一任军师。建安六年（公元201年），刘备被曹操击败而南下依附刘表，刘表让刘备驻扎新野，抵御曹操。徐庶因刘备是汉室皇亲而且信义著于四海，便前往投奔。刘备见到徐庶后，非常器重他。

在徐庶到来之前，刘备的指挥权都是集中在自己手里的。但是就像后来三国名将陆逊说的那样，刘备的指挥才能是很一般的。其实刘备自己也认识到这一点了。尽管身边武有关羽、张飞、赵云，文有麋竺、麋芳、孙乾、简雍，但是这些人都不足以担负起指挥全局的大任。刘备一直渴望遇到一个可以负责军事指挥任务的高级人才。

在徐庶到来之后，刘备喜出望外，他终于等到自己要找的人了。所以刘备自己从指挥岗位上退到了支持岗位上，安排徐庶担负军事指挥的责任。

用IT行业的术语来描述，刘备放弃了以前的单核模式，采取了更为快速高效的双核模式。这次改变是一次影响刘备事业发展的重大变革。从此之后，这种模式被一直延续下去，成为确保刘备集团战斗力的一个重要条件。

大家想想，一个向来自己说了算的领导，要放下控制权，站到一边，让别人说了算，能做到这一点是非常不简单的。我们每个人都有控制欲，控制欲是人类原始的本能之一，每一个人或多或少都想要控制住一些事物或其他人。通常，内心有较强不安全感的人控制欲也会更强烈一些，那些谨小慎微、追求完美的人也更希望控制别人。

请大家观察一下，你自己或者你身边的人进屋落座时会把手机搁在桌上，这时他是把手机屏幕朝上搁在桌上，还是朝下扣着搁在桌上？大多数人都是屏幕朝下扣着搁在桌上的。你想过这是为什么吗？因为手机里面有重要的信息、重要的联系方式，面朝下扣在桌上代表着，我得控制住这些重要的资源。这是一种本能的控制欲。所以只有那些心里特别从容、特别自信、特别有安全感的人，他坐在你对面，手机才会面朝上放在桌子上。

再有，大家观察，你坐电梯是站在门边，还是站到里边？很多人进电梯，特别愿意站在门边那个控制面板旁边，别人进来他给按楼层按钮，这都属于控制欲比较强的。

人们有这种天生的本能的控制欲，出于两方面原因：第一，不安全感；第二，追求完美。

那么控制欲在管理中有什么表现呢？给大家举一个例子。小时候，你妈妈翻过你的日记，翻过你的抽屉吗？现在升级了，很多妈妈上QQ、上微博、上微信，注册个小号，披个马甲，非要看看自己的孩子跟谁聊天，认识的都是谁，平时跟什么人交朋友。孩子打电话说："妈，我和同学吃饭去。"家长非要问："你跟谁吃饭？男生女生？几个人啊？"

其实这都是控制欲的表现。控制欲的根源是不安全感以及过度的担忧。适度的控制欲会保证生活的节奏和效率，但是过度的控制欲会影响人际关系，而且还会降低决策效率。

应对过度控制欲的方法很简单：接受不完美的世界、承认自己的不足、尊重他人的自主权、锻炼合作和信任的精神。当出现过度控制欲的时候，你要告诉自己这是出于内心的不安全感。

每一个从指挥型领导转化为支持型领导的人，都不可避免地要过控制欲这一关。不过刘备经受住了心理的考验，完成了重要的角色转换。他从以前的指挥式领导，变成了现在的支持式领导。这叫"英雄打天下，领导搞后勤，战士上前线，领导进食堂"。支持式领导才是能做大事的人。如果大事小事都插手，指指点点、吆五喝六，那不是支持式领导。刘备的管理模式更成熟了。

徐庶加入刘备集团是一个标志性事件，它代表着荆州本土人才对刘备的接纳和认可。自此，刘备集团的实力更强大了。《三国志·先主传》中记载：荆州豪杰归先主者日益多，表疑其心，阴御之。刘备势力的壮大已经引起了刘表的怀疑和不满。双方的裂痕正越来越大。而在北面，曹操北征乌桓凯旋，此刻正厉兵秣马、调动军队，随时有可能向南进攻荆州。正所谓"山雨欲来风满楼"，刘备明显感觉到危机和压力越来越大，不过在这个艰难时刻，一位至关重要的关键人物出现了。他的出现让一切都有了转机，那么这个人是谁？他又向刘备提出了怎样的建议呢？请看下一讲。

第八讲

制造回合藏玄机

有求职经验的朋友都知道,最受欢迎的公司往往需要"过五关,斩六将",对应聘者的淘汰率颇高;相反,如果一家公司不设门槛,向所有求职者敞开大门,反而会因缺乏挑战性而无人问津。这其中的奥秘是什么呢?身为"老板"的刘备为何会放下身段,登门拜访诸葛亮这位"求职者",请他为自己做事?他们之间的故事里有哪些值得应聘者和用人单位总结的规律?

《韩非子》中有一个小故事：魏文侯睡觉的时候身上没有盖被子，这件事本来应该归管衣服的人负责，但是管帽子的人比较主动，积极上来给魏文侯盖上了被子。魏文侯醒了以后，批评管衣服的人该做的事没有做好，同时提醒管帽子的人该谁负责的就要由谁负责，每个人都应该做好自己的本职工作，如果总是替他人做自己不该做的事，等于是鼓励他人偷懒。这个故事很有道理，它告诉我们一个基本规律，分工负责是把事情做好的基本前提，如果每个人都关注别人的领域，而忽略了自己应该做的事情，那就乱套了。该做的没做到，这叫做不到位；不该做的伸手做了，这就叫错位。前面有了不到位，后面就有错位；这边有错位，那边就有不到位。

最近听说了一个特别搞笑的事，有人说空气中的PM2.5这么多，主要是由于家家生火做饭造成的，于是提出一个建议，以后家里生火做饭要分单双号。这是典型的馊主意、歪点子。馊主意、歪点子从哪儿来的呢？有人做不到位就有人错位，内行的人没有做该做的事情，外行的人就会出馊主意。因此，分工负责、各司其职是管理的基础，也是社会进步的基础。

刘备在经历了很多事业的波折起伏之后，深刻地认识到分工负责的重要性。他感觉到自己身边的文臣武将并不少，冲锋的、打仗的、跑腿的、报信的都有了，但缺一个专门负责战略规划、全盘调度的智囊、谋士。在考虑这个谋士人选的时候，有件事情引起了刘备的关注。自从到了荆州，刘备就听到荆州本地人有一个说法：伏龙、凤雏二人，得一人就能安天下。刘备于是暗下决心，无论想什么办法都一定要请到这两位高人加盟自己的事业。

二请诸葛亮

公元207年，时值隆冬，天气严寒，彤云密布。忽然朔风一起，铺天盖地的大雪就下了起来。在新野县的官道上，迎着风雪来了三匹战马，中间的白马上端坐着一人，身长七尺五寸，两耳垂肩，双手过膝，面如冠玉，器宇轩昂；左边红马上的一人，身长九尺，面如重枣，丹凤眼，卧蚕眉，五绺长髯飘散胸前；右边黑马上的一人，身长八尺，豹头环眼，燕颔虎须，声若巨雷。这三位想必大家都非常熟悉，骑白马的正是刘备刘玄德，左边是二弟关羽关云长，右边是三弟张飞张翼德。三个人要去隆中（今湖北襄阳市）二请诸葛亮。走了不远，风雪越来越近。

张飞曰："天寒地冻，尚不用兵，岂宜远见无益之人乎！不如回新野以避风雪。"玄德曰："吾正欲使孔明知我殷勤之意。如弟辈怕冷，可先回去。"飞曰："死且不怕，岂怕冷乎！但恐哥哥空劳神思。"玄德曰："勿多言，只相随同去。"（《三国演义》）

结果，二顾茅庐又一次扑了空，诸葛亮还是没在家。

不过，在回去的路上刘备遇到高人了。

方上马欲行，忽见童子招手篱外，叫曰："老先生来也。"玄德视之，见小桥之西，一人暖帽遮头，狐裘蔽体，骑着一驴，后随一青衣小童，携一葫芦酒，踏雪而来；转过小桥，口吟诗一首。诗曰：

一夜北风寒，万里彤云厚。

长空雪乱飘，改尽江山旧。

仰面观太虚，疑是玉龙斗。

纷纷鳞甲飞，顷刻遍宇宙。

骑驴过小桥，独叹梅花瘦！

玄德闻歌曰："此真卧龙矣！"滚鞍下马，向前施礼曰："先生冒寒不易！刘备等候久矣！"那人慌忙下驴答礼。

诸葛均在后曰："此非卧龙家兄，乃家兄岳父黄承彦也。"玄德曰："适间所吟之句，极其高妙。"承彦曰："老夫在小婿家观《梁父吟》，记得这一篇；适过小桥，偶见篱落间梅花，故感而诵之。不期为尊客所闻。"玄德曰："曾见令婿否？"承彦曰："便是老夫也来看他。"玄德闻言，辞别承彦，上马而归。正值风雪又大，回望卧龙冈，

悒怏不已。(《三国演义》)

　　刘备很震惊地发现一件事,自己遇到的所有荆州本土的高人,不管如何仙风道骨、骨骼清奇,都特别赞赏和佩服诸葛亮。刘备发自内心地觉得,这个诸葛亮太亮眼了,怎么这些人都这么佩服他呢?

　　中国古人有个说法,叫"观人观交",看一个人,只要看看他周围的人是什么样的,就能知道这个人是什么样的。我自己养了只小乌龟,我给它起了个名字叫麒麟。为啥叫麒麟呢?麟、凤、龟、龙,四灵物只有它存在着,所以让它做代表,管它叫麒麟。朋友就问我:"老赵,请问乌龟和甲鱼有什么区别?"我用管理学给他讲了讲乌龟和甲鱼的区别。其实很简单,乌龟的朋友是什么?麟、凤、龙,能跟龙、凤凰是朋友,所以乌龟是灵物。甲鱼的朋友是谁?鱼、鳖、虾、蟹,那些都是自由市场水产摊位上可见的。所以"观人观交"是指通过一个人周围的圈子来判断一个人的素质、水平。刘备一看诸葛亮这个圈子里个个都是老神仙、小神仙,但是所有人都佩服诸葛亮,可见他有多了不起。所以刘备暗下决心,无论想什么办法也得把孔明先生给请出来。

重要的交易一定要有回合

　　"三顾茅庐"的典故首先给大家展示了口碑传播的重要性。孔明先生的口碑特别好,帮助他树立了形象,吸引了刘备的眼球。这一点在《向诸葛亮借智慧》一书中我已经分析过了。

　　另外,"三顾茅庐"还印证了一个经验:

管理智慧箴言

重要事情的谈判一定要有回合。如果一见面就简单直接谈成了合作,会降低人的心理满足感,甚至产生吃亏被骗的感觉。

人们在重要的交易中都需要有几个谈判回合，都会对一次成交的交易心存忧虑，我来举两个例子。

第一个是买东西的故事。比如买一件衣服，我们一般都是让卖方出价，为的就是制造回合，避免一次成交。顾客若说："这件衣服300元吧！"商家立马说："好，卖给你了。"你会吓得往后一退，感觉自己吃亏了，因为商家立刻就答应肯定说明自己买贵了。高明的商家都不会立刻成交，人家会说："大姐，300元太少了，你再给添80元吧。"你说："不添了，能行我就买了。"他说："那添50元吧。"你说："不添了，不卖我就到别家再转转。"他一跺脚说："好吧，卖给你了。"于是你花300元买了这件衣服，心里就踏实多了。

尤其是买贵重的东西，人们特别需要交易的回合。比如买一个3万元的钻石戒指，流程如果特别简单，售货员说："先生，您是现金还是刷卡？"你说："现金。"她说："那您给我吧。"接过现金，她把戒指往你手里一递，说："这是您的，您拿好，慢走啊！"然后她就去招呼别的客人了。这时，你拿着戒指站在那里，会有点恍惚，有点失落。为什么呢？因为前后几分钟工夫，3万元钱就没了，消费过程就结束了，你的心里非常不舒服，有种严重的失落感。所以，贵重物品的销售一般都要有回合、有流程，这边填单，对面缴费，有人给你介绍产品，有人给你打包装，然后专门给你讲讲售后服务和保养的知识，这一套流程走下来，买完东西你心里就踏实了。

第二个是求婚的故事。两个人谈恋爱，男生对女生说："你嫁给我吧。"女生一听对方求婚了，非常高兴，马上说："行，你怎么不早说？那咱们明天去领证吧！"这可能会吓得男生后退半步。重要的事情一定要有回合。一般来说女生可能会说："我愿意，但是这么大的事情，我要和我妈妈商量商量。"过了几天男生又问："商量得怎么样啦？"女生说："我妈妈出差了，等几天吧。"又过了几天，女生才告诉他说："好消息，我妈妈同意啦！"这时男生会无比惊喜的。

这就叫重要的事情要有回合，即使具备一次就谈成的条件，我们也要有两个回合的往来，然后再达成协议，这才显得诚恳、慎重。

刘备和诸葛亮都是高人，他们二位都懂得这个道理，所以才有了"三顾茅庐"。对于刘备来说，这是为了确认诸葛亮的价值，同时展示自己求贤若渴的态度；对于诸葛亮来说，这是为了测试刘备的诚意，同时成就自己是稀缺型人才的名声。

"三顾茅庐"是刘备事业由小到大、从被动走向主动的转折点。这个故事再一次向我们展示了人才是事业发展的命脉，正所谓"得一人安天下，失一人乱天下"。刘备的人才战略是非常成功的，有三点值得我们关注和借鉴。

借助权威渠道获取信息

刘备对诸葛亮的认识来自两个渠道：一是水镜先生司马徽的推荐；二是徐庶徐元直的推荐。

时先主屯新野。徐庶见先主，先主器之，谓先主曰："诸葛孔明者，卧龙也，将军岂愿见之乎？"先主曰："君与俱来。"庶曰："此人可就见，不可屈致也。将军宜枉驾顾之。"由是先主遂诣亮，凡三往，乃见。

《襄阳记》曰：刘备访世事于司马德操。德操曰："儒生俗士，岂识时务？识时务者在乎俊杰。此间自有伏龙、凤雏。"备问为谁，曰："诸葛孔明、庞士元也。"（裴松之注《三国志•诸葛亮传》）

这两个高人的推荐让刘备下定决心，无论如何要把孔明先生请出来给自己当军师。为什么刘备这么相信诸葛亮的才华呢？其实这里边有一个基本规律。

一个人在做事情的时候，什么东西是最关键的前提条件？答案是真实可靠的信息。没有这个前提条件，一切其他的事都无从谈起。

说到这里，我们和大家一起分析一下人们对于信息的需求。咱们举个例子。

你近期考虑买房吗？有人说想买；有人说不买，但是想租房。那么，不管你是想买还是想租，你一般都要通过房地产中介来租房或者买房。买房返点，租房给一个月的房租，这个佣金是要掏的。

各位注意一个小细节，就是中介公司的姑娘、小伙们都会穿正装——穿西服打领带的职业装。那么，中介为什么要穿正装？穿一个大T恤衫不是一样卖房子吗？

这个问题其实是大有奥妙的。我先来假设一下，假设你要找中介租房子或者要买房子，对方给你提供了以下信息：

一、纯木家具，三米落地窗；

二、房东是很有修养的大学老师；

三、室内装修高端大气上档次、低调奢华有内涵；

四、帅呆了、酷毙了，保准让你满意。

请问哪一条信息更能吸引你呢？研究发现，第一条和第二条更吸引人。第一条很具体、很精确，第二条强调的是房东的高素质、可靠性。这两点都是人们在获得信息的时候很喜欢的。而第三条和第四条广告性太强，又抽象，全是形容词，基本上给人的感觉就是瞎忽悠、不可信。

人们在获得重要信息的时候，最需要八个字：具体内容，可靠来源。一号信息和二号信息都满足了上述要求，所以更容易吸引人。

那什么样的来源才能保证信息精确可靠呢？就是两个字——权威。人们大多相信，只有权威渠道的信息，才是精确的、可靠的。

那么大家就明白了为什么房产中介都穿西装、打领带，这是为了树立一个职业化的权威形象，让你相信他提供的信息是可靠的。房产中介卖的不是房子，是信息。而顾客相信专业、权威，依赖权威。

在这个信息爆炸的年代，因为信息泛滥、真假难辨，所以人们更相信权威。人们都愿意通过权威渠道获得可靠信息，这件事情我也遇到了。你看在我的微博上，很多人给我私信，向我问问题，有人居然会问我中央戏剧学院招生的信息。理由是什么呢？中戏在北邮隔壁

(在宏福校区,中戏确实在我们隔壁)。可是我从来没进去过。那么招生信息我也只能去网上查、到招生办去翻简章,这活儿当事人自己都能干。那他为什么问我呢?因为他们认为我是权威,我身份可靠、信誉可靠、眼光可靠。同样的信息,他们自己查了可能也不确定,但我嘴里说一遍,他们可能就信了。这种现象叫"权威发布现象"。当人们不太相信自己的眼光时,他们就需要找一个权威,依赖他来获得信息,宁可相信专家说的内容,也不愿意相信自己查到的同样的内容。

刘备到了荆州,也受这个规律的左右。荆州这个地方人多,消息也多,刘备感觉自己来到这里的时间短,根基又浅,对这里的人际关系、背后的信息都不了解,假如自己去搜寻信息的话,风险很大,因此还不如找可靠的权威。所以,刘备使用了通过权威渠道获取信息的手段。荆州最重要的人力资源方面的权威就是水镜先生司马徽,刘备身边最可靠的权威就是徐庶徐元直,两个人异口同声地说诸葛亮好、了不起,而且周围也没有人给他差评,全都是赞,于是刘备就喜出望外了。

运用形象展示政策

刘备主动上门邀请诸葛亮,一开始并没有被身边人理解。《三国演义》"三顾茅庐"的故事当中记载了张飞三怒,非常能说明问题。

一怒是二顾茅庐时,刘备顶着大雪来拜访孔明,结果孔明不在,只见到了孔明的弟弟诸葛均。

玄德曰:"卧龙今在家否?"均曰:"或驾小舟游于江湖之中,或访僧道于山岭之上,或寻朋友于村落之间,或乐琴棋于洞府之内:往来莫测,不知去所。"玄德曰:"刘备直如此缘分浅薄,两番不遇大贤!"均曰:"少坐献茶。"张飞曰:"那先生既不在,请哥哥上马。"玄德曰:"我既到此间,如何无一语而回?"因问诸葛均曰:"闻令兄卧龙先生熟谙韬略,日看兵书,可得闻乎?"均曰:"不知。"张飞

曰:"问他则甚!风雪甚紧,不如早归。"玄德叱止之。(《三国演义》第三十七回)

二怒是刘备因二顾茅庐未见到孔明,打算再次拜访时。

关公曰:"兄长两次亲往拜谒,其礼太过矣。想诸葛亮有虚名而无实学,故避而不敢见。兄何惑于斯人之甚也!"玄德曰:"不然,昔齐桓公欲见东郭野人,五反而方得一面。况吾欲见大贤耶?"张飞曰:"哥哥差矣。量此村夫,何足为大贤?今番不须哥哥去;他如不来,我只用一条麻绳缚将来!"玄德叱曰:"汝岂不闻周文王谒姜子牙之事乎?文王且如此敬贤,汝何太无礼!今番汝休去,我自与云长去。"飞曰:"既两位哥哥都去,小弟如何落后!"玄德曰:"汝若同往,不可失礼。"飞应诺。(《三国演义》第三十八回)

三怒是三顾茅庐时。刘、关、张三人到了诸葛亮家里,发现诸葛亮真的在家,但是面对刘备的来访,诸葛亮不但没有远接近迎,而且连最基本的招待也没有,大白天逍遥自在地在榻上睡觉。

玄德徐步而入,见先生仰卧于草堂几席之上。玄德拱立阶下。半晌,先生未醒。关、张在外立久,不见动静,入见玄德犹然侍立。张飞大怒,谓云长曰:"这先生如何傲慢!见我哥哥侍立阶下,他竟高卧,推睡不起!等我去屋后放一把火,看他起不起!"云长再三劝住。(《三国演义》第三十八回)

身边人都觉得刘备没有必要这么主动上门。其实,最开始刘备并没有三顾茅庐的打算,他自己也是希望诸葛亮上门求职的。《三国志·诸葛亮传》记载:时先主屯新野。徐庶见先主,先主器之,谓先主曰:"诸葛孔明者,卧龙也,将军岂原见之乎?"先主曰:"君与俱来。"庶曰:"此人可就见,不可屈致也。将军宜枉驾顾之。"

刘备跟我们大家的常规思维是一样的:我是董事长,招个职业经理人,面试应该是员工来找领导,没见过面试时领导开车到员工家里去的。所以刘备的思路就是,徐元直,你说孔明先生很厉害,你把他请过来,"君与俱来"。但是没想到,徐庶给了个重要建议,说孔明先生是大才,"可就见不可屈至",你只能上门去招聘,不能让他上你这儿来应聘。刘备这才决定亲自登门去请孔明,刘备的基本思路就是两条:

第一,要感动诸葛亮,哪天下雪哪天去,专门问过天气预报,展示真诚,而且去的时候,不要穿羽绒服,冻得脸和手都红了,更能展示真诚;

第二,刘备希望尽量让更多的人知道自己求贤若渴,为这么一个人才连续跑三回,说明只要是人才自己肯定会珍惜,这是用形象展示政策。

请大家注意一个词——招聘人才,"招"是什么意思呢,通过展示形象让人才来找你,这叫"招",不是"找"人才。"找"人才,就像大海里捞针、草垛里找戒指,你根本找不到,而且人这么多,你知道找谁呢?因此,不要去找,我们要招,做点应该做的事情,传递信息,然后让人才自己来排队。刘备走的就是这种招人才的路线。

关于展示政策、借助形象招人才,《韩非子》中记载了一个特别有趣的故事。

有一个人有祖传酿酒的秘方,不光酒水好,人也好,价格也好。本来以为开个小酒馆就能赚大钱,但是没想到赔了个干干净净。酒都馊了,变成醋了,也没有人来买。这个人挺不服气的,酒好人好价格好,为什么大家都不来买呢?他就向乡里权威的老先生请教。老人笑眯眯地说:"我也曾经想买你的酒,但是我到你家门口就没进去,你家门口蹲了一只狗,那狗特别凶,我要往里进的时候,它就冲我龇牙。你知道你为什么卖不出去酒吗?就是因为你那只凶猛的大狗每天都在门口蹲着,从早到晚,客人们都不敢进门。

这就是"狗猛酒酸"的故事。它告诉我们两件事:一是掌管人事招聘的那个人，别看级别不高，但他处在一个战略岗位上。如果这个人脾气急、性子猛，不能温和、低姿态地对待别人，就会挡了人才的道路，这叫"为国挡贤"。因此，在人事岗位上，应该安排那些性格好、温和，做事低调，能跟别人交往的人。二是外人是通过形象和态度来判断我们的政策的，有这个形象，有这个态度，人家就相信你的政策是好的；没这个形象，没这个态度，人家就不相信了。

所以，刘备是通过自己这种温和低调、主动热情的形象，来充分展示自己团队的政策的。

管理智慧箴言

领导是要用形象说话的，形象是号召力，也是吸引力，我们把这个策略叫作"通过形象来展示自己的政策"。

尤其是人事部门选用干部，要任用形象比较好的、态度比较好的人。比如校园招聘，你如果请像赵老师这样形象的大学教授去招人，穿得干干净净的，面带微笑，跟学生谈点人生、谈点诗词歌赋、聊聊专业、聊聊人际关系、聊聊感情，都可以。聊完之后，学生一高兴也许就签约了，而且会觉得这个公司挺好。如果你派黑旋风李逵去招人，这位大哥大嗓门儿、瞪着眼睛，一巴掌护心毛，把T恤衫都支起来了，往那儿一坐，一边啃猪蹄子，一边说"哈哈，你们都来工作啊！"准把人都吓跑了。所以，有些人是不能做人事工作的。刘备在这一点上做得比较好，值得我们借鉴，他对"狗猛酒酸"这个规律理解得很深刻。

通过三顾茅庐，刘备既招聘了孔明这样的高人，又吸引了天下的人才，并且树立了自己的个人形象，三顾茅庐可以说是一箭三雕。刘备在三顾茅庐中，展示的第三个人才管理的策略是什么呢？叫作"放下架子，善于倾听"。

放下架子，善于倾听

《三国志·诸葛亮传》中记载了诸葛亮出山的著名文章《隆中对》：

由是先主遂诣亮，凡三往，乃见。

因屏人曰："汉室倾颓，奸臣窃命，主上蒙尘。孤不度德量力，欲信大义于天下，而智术浅短，遂用猖（獗），至于今日。然志犹未已，君谓计将安出？"

亮答曰："自董卓已来，豪杰并起，跨州连郡者不可胜数。曹操比于袁绍，则名微而众寡，然操遂能克绍，以弱为强者，非惟天时，抑亦人谋也。今操已拥百万之众，挟天子而令诸侯，此诚不可与争锋。孙权据有江东，已历三世，国险而民附，贤能为之用，此可以为援而不可图也。荆州北据汉、沔，利尽南海，东连吴会，西通巴、蜀，此用武之国，而其主不能守，此殆天所以资将军，将军岂有意乎？益州险塞，沃野千里，天府之土，高祖因之以成帝业。刘璋闇弱，张鲁在北，民殷国富而不知存恤，智能之士思得明君。将军既帝室之胄，信义著于四海，总揽英雄，思贤如渴，若跨有荆、益，保其岩阻，西和诸戎，南抚夷越，外结好孙权，内修政理；天下有变，则命一上将将荆州之军以向宛、洛，将军身率益州之众出于秦川，百姓孰敢不箪食壶浆以迎将军者乎？诚如是，则霸业可成，汉室可兴矣。"

先主曰："善！"于是与亮情好日密。

第三次拜访隆中，刘备终于见到了诸葛亮。刘备高兴，诸葛亮也高兴，做个人才秀不容易，总算接近尾声了。两人见面，开始谈点正事。刘备先开口，说了一段特别有意思的话，"汉室倾颓，奸臣窃命，主上蒙尘"，是说国家太不像话，奸臣当道，领导被控制了。接着刘备说："孤不度德量力，欲信大义于天下，而智术浅短，遂用猖獗，至于今日。"这是说自己这个人不自量力、目光短浅，既没有高度，又没有深度。这哪里是领导在招聘？明明就是一个小学生在向人请教。所以最后刘备一拱手说："君谓计将安出？"意思是：您给我出出主意，我该怎么办？

一个大领导，一个掌权的人，一个决定别人职业生涯的人，他是怎么做到姿态这么低的？

关于人的低姿态，我要给大家推荐一个小规律——"禀赋效应"。一个人只有克服了"禀赋效应"，才能放下架子、展示低姿态。很多领导之所以没有广开言路，没有听到正确的意见，就是因为他被"禀赋效应"影响了。

那什么叫"禀赋效应"呢？我在讲课中做过一个小实验。一个同学坐在下面，他的手机挺旧的，随手往桌上一搁。我就跟他商量："你把手机卖给我行吗？"他说："不，老师，我这手机不卖。"我说："不是真卖，现在是假设你估个价格把手机卖给我。请问你这手机值多少钱？"这哥们儿眨眨眼睛，想了想说："怎么着也得1500块。"我说："行！"我拿起一张纸写了个1500元。"支票给你，手机给我。"我把手机拿过来后接着说："现在这手机是我的，我卖给你，你出多少钱？"他眨眨眼睛说："这破玩意儿，500元。"

神奇吧？同样一个手机，他报价的时候出1500元，等我要报价了，他只接受500元。这个现象叫作"产权决定估价"。东西是你的，你就觉得它更值钱；东西是别人的，你就觉得它不值钱。这个现象不光在物品领域存在，在人际交往中也存在。这个主张若是你自己提的，你就觉得有价值，它到位、精确、深刻，是真理；但如果是别人提的，你就觉得没什么价值。所以哲学上有一句话："每个人的脚下，都是地球的中心，人人在看待世界的时候都是以自我为中心的，我们会不断地放大自己，而且会把别人看得越来越小。"

因此，管理学告诉我们一个基本规律：在跟别人打交道的过程中，别人的意见要乘以2，自己的意见要除以3，这样才会比较接近真实。举个例子，你去别人家吃饭，主人挺热情，说："我也不会说什么话，大家吃好喝好，喝好吃好。"你心里会想："什么素质，什么文化，只会说这个。"你可能会觉得他说话不得体、不中听。但是当你请

129

别人来你家吃饭，若你笑眯眯站起来说："我也不会说什么话，大家吃好喝好，喝好吃好。"你也许一边说一边心里还在想："我真是一个朴实的、真诚的好人。"

你看，同样一句话，别人说的时候你觉得不中听，等你自己说的时候你却不觉得有什么不好，反而认为自己朴实真诚。所以我们特别强调：

> **管理智慧箴言**
>
> 成功的生活，基本思路是缩小自己，放大别人。

给自己这个气球泄点气，给别人那个气球鼓点气，这样才能看到真实的世界。人生是要过很多门槛的，把头抬得太高，抬得比门还高，把自己看得太大，看得比门还大，这是自高自大，那么你就过不去这道门槛。不懂得缩小自己的人是没有出路的，一定会碰壁的。

刘备虽然已经称孤道寡，封了左将军，封了宜城亭侯，身份是大汉皇叔，但是他懂得缩小自己，在跟别人打交道的时候先放下架子，先缩小自己，这种态度是值得我们钦佩的。所以做大事先要做有志者，然后再做苦心人，并懂得缩小自己。刘备这种态度让诸葛亮很感动，他本来是散淡之人，淡泊名利，并不想参与这名利场的斗争，但是刘备的态度让他转变了，于是诸葛亮就把自己的一番想法和盘托出。中国历史上把二人这一段话就称为"隆中对"，又叫"草庐对"。"隆中对"的主要内容可以总结成三句话：

第一句是讲出路的，天下三分，两路北伐；

第二句是讲盟友的，联合孙权，北拒曹操；

第三句是讲本钱、根据地的，立足荆州，谋取西川。

三句话就把刘备的人生、事业都安排好了。所以后人感叹，这叫未出茅庐，先定三分天下，孔明先生的才华、水平，真的很让人佩服。

不过，诸葛亮说这个话的时候，也是特别谦虚的。刘备和诸葛亮很神奇，二人都特别谦虚，互相作揖。为什么要这样？大家先弄清楚两个问题。

第一，什么时候该谦虚？很简单，当大家对你足够认可的时候，谦虚就有价值了。我在《向诸葛亮借智慧》一书中提到过这个规律，叫作"高调出场，低调见面"，别人对你足够认可了，你就可以谦虚低调了，没有得到认可之前谦虚低调是不管用的。

第二，为什么刘备和诸葛亮两个人互相比谦虚？这里有一个非常有意思的现象，不知道大家注意过没有，很多夫妻特别是老夫妻看上去长得都特别像，为什么？心理学研究，人跟人打交道的过程当中有一种特殊的现象，叫作"互相模仿对方"。当我们互相模仿对方的时候，对方会产生一种满足和愉悦感。人有一种本能，就是为了获得对方的认可，增加对方的愉悦感，我们会不自觉地模仿他的语音、语调和表情。大家住过集体宿舍的想一想，是不是集体宿舍里边，大家说话会越来越像？一个南方女孩子，本来口音是江南的，温柔的、细软的语气、语调。结果有一天一着急，突然说一句"你干哈啊？"蹦出东北话了。因为宿舍里有东北姑娘，在日常相处中会有不知不觉的模仿。两夫妻过日子，双方也会本能地、不自觉地模仿对方的语气和表情。这种行为积累到一定次数的时候，脸部肌肉的走向都会改变，于是，两夫妻就会越来越像。

《镜花缘》里面讲道，有一个国家里全是读书人，不光大学老师是读书人，推车的、挑担的、扫地的、喂马的，包括给国家守城的、盖房子的、工地上的临时工，全是读书人。主人公林之洋、唐敖和多九公三个人到当地一个小酒馆里面去喝酒，酒保是个读书人，上来就问："酒要一壶乎，两壶乎？菜要一碟乎，两碟乎？"林之洋特别不耐烦地说："你怎么这么酸文假醋，能不能好好说话？"酒保赶紧说："小子不敢，小子不敢。"大家想一想，这个酒保犯了什么错误？就是使用了对方不喜欢、不认可的方式跟对方交流，对方当然就不高兴了。

我们的传统特别强调，要跟一个人交往，先要了解他的生活、沟通方式。要主动地去适应，保持一致，这样交往的效果会更好。

管理智慧箴言

相互模仿是增加彼此感情的有效手段。跟别人打交道的时候，适当模仿一下他的姿态、语气和表情，是一种快速获得认同的有效方法。

这也就是为什么刘备和诸葛亮见面，要互相模仿的原因。

"三顾茅庐"开启了刘备的新篇章，他的事业开始有战略规划了。以前刘备公司是没有战略管理的，完全是误打误撞。现在孔明先生给出了一个规划——天下三分，两路北伐，占据西川，控制汉中，东联孙权，北拒曹操，等等，这为刘备指明了可靠可行的战略发展方向。这样的高瞻远瞩是非常了不起的，从理论上解决了刘备集团的发展出路问题，拨云见日，为迷茫焦虑中的刘备指明了未来的方向。一支队伍一旦有了正确的理论指导，做事情的效率和效果就完全不一样了。俗话说：理不通行不正，行不正瞎乱蹦，碰对了是侥幸，碰不对白送命。做事情得有理论指导，按照这个指导来做，效率就提升了。

刘备在自己的职业生涯当中，第一次拨云见日，看到了发展方向，一边听一边点头赞叹，满怀感慨地说："孤之有孔明，犹鱼之有水也。"（《三国志·诸葛亮传》）意思是以前我就是鱼，都快成鱼干了，今天才遇到水。由于诸葛亮的加盟，刘备的事业出现了重大转机，而且是起决定性作用的战略转机。不过就在转机出现的这个时间，形势却急转直下。首先刘表病死，荆州内部权力斗争变得非常激烈。紧跟着曹操带领大军挥师南下，接班人刘琮不战而降，整个荆州岌岌可危，一场大战就在眼前。刚刚遇到转机的刘备，依然蜗居在新野小县，势力依然很单薄。面对这样的生死考验，刘备和诸葛亮能不能顺利过关呢？请看下一讲。

第九讲

信念引导获支持

今天我们常听不得志的年轻人抱怨说，这是一个"拼爹"的时代，没钱没背景，只能眼巴巴地看着有钱有背景的同龄人在各领域占尽先机。其实这个说法无论在古代，还是在今天，都是站不住脚的。如前所述，刘备三分天下，凭借的不是先天条件——他既不是官二代，也不是富二代。出身寒微的刘备是用什么方法凝聚人心的？在当前的社会环境下，这些经验是否可以奏效？

这一讲我们从"感觉"说起。我经常出差,发现宾馆、酒店提供的润肤露没有用黑色瓶子包装的。原因很简单,把黑色瓶子里的东西抹在脸上,容易让人联想到脸变黑,这种感觉让人很不舒服。同理,也不能用带斑点的瓶子包装,否则挤出东西来往脸上抹的时候,会让人联想到脸上长斑点,这种感觉更让人不舒服。瓶子的包装是个小问题,而且它不是本质问题,不过它却是关键问题。

不光买东西是这样,人与人交往也是如此。决定人们行为举动的经常不是理性因素,而是非理性的感性因素。比如,夏天没有哪个女生愿意抹达克宁牌防晒霜,因为心里觉得像抹了脚气膏。所以心里的感觉比脸上的事实更重要。这就是感觉和信念的问题。我要和大家讲讲刘备在自己的职业生涯当中,是如何围绕感觉和信念做文章的。

刘表托孤

东汉建安十二年,即公元207年,曹操举大军数十万,南征荆州。关键时刻,刘表却一病不起,百般医治,毫无起色,整个荆州都处在一种极度不安的氛围当中。这一天刘表把正在紧张练兵的刘备请到了府中,刘备一见刘表,禁不住一阵心酸,才几天不见,刘表就变了模样。刘表本来是很英武帅气的,《三国志·刘表传》记载,刘表"长八尺余,姿貌甚伟"。但此时的刘表却完全是另一副模样——面色土灰,眼窝深陷,身体消瘦不堪,躺在床上宛如一片即将凋零的枯叶,在风中瑟瑟抖动。

见刘备来到眼前,刘表挣扎着一把抓住刘备的手,喊了一声"玄德",眼泪就下来了。"鸟之将死,其鸣也哀;人之将死,其言也善。"想起当年初到荆州,两个人指点江山、纵论天下、意气风发的样子,再看看眼前病入膏肓的刘表,正所谓"英雄末路,美人迟暮",面对此情此景,刘备鼻子一酸,眼泪也禁不住夺眶而出。

刘表叹了一口气,说:"我不行了,我的儿子都不成器,手下的将领也都不堪大任。我死之后，荆州的事情，就要托付给玄德了，请你来执掌荆州吧。"

一听此话，刘备连忙拒绝，说："诸子自贤，君其忧病。"(《三国志》注引《魏书》）他安慰刘表说："孩子们都很有出息，你就专心养病吧。"

如同当年拒绝接管徐州一样，刘备也拒绝接管荆州。有人劝刘备，干脆顺水推舟接了荆州，眼下正缺地盘呢，何况又不是自己抢的，是对方主动奉送的，为什么不要呢？

这就相当于，你正口渴的时候，人家送来了水，你说不喝；对方端起了杯，你仍摇摇头。对方掰开你的嘴喂你喝水，到了这个份上，还有什么可拒绝的，直接咽下去就行了吧！

其实，刘备有自己的想法。《三国志》裴松之注引《魏书》记载：或劝备宜从表言，备曰："此人待我厚，今从其言，人必以我为薄，所不忍也。"刘备的理由是，刘表待我很好，如果今天我按照他说的接管了荆州，别人必定认为我这个人不重感情、无情无义，这种事情我不能做。

刘备有丰富的政治经验和管理经验，他明白形象和声誉的重要性。

管理智慧箴言

资源是土地和种子，形象和声誉就好比春天。只有土地和种子，没有春天，照样是一片荒芜。而且，资源可以整合借用，但是形象和声誉必须靠自己努力去争取。事业发展的基本规律就是，土地和种子可以借，春天是借不来的，那些不重视形象、不维护声誉的人，永远不会等到自己的春天。

贴标签现象

其实，不管是让徐州还是让荆州，都体现了刘备的一种管理哲学。这种哲学当中有一个很值得注意的贴标签现象。

我们先来看一个小实验：我这里有两瓶水，一瓶没有任何标签，另一瓶贴了一个标签，上边写了"优质好水"四个字，你会买哪一个？研究发现，多数人会选择贴标签的这瓶水。也就是说，贴了标签的这瓶水，更容易被大家接受。

类似的现象还有车展上的美女车模效应。对比调查发现，旁边站了车模的车，人们会觉得质量更可靠、开起来更帅更拉风，其实是美女把美投射到了车上，车有了这种美的标签，就更容易被大家接受。

很多电视节目也是这样，话题不够有吸引力，就选择有足够魅力的主持人，主持人形象差了，就要找几个漂亮的年轻人拿道具做举牌的现场助理。于是有人建议说："赵老师，咱们《百家讲坛》节目也可以改版，您在上面讲，旁边一左一右安排两个大美女当助理，一会儿上来倒杯水，一会儿上来翻个题板，这样好不好呢？"

这就要考虑一个更为复杂的技术问题，就是"一致性"。我在台上讲，如果旁边站俩车模肯定是不伦不类的，车模越漂亮，节目被批评的可能性越大。但是，如果旁边是一张古琴、一树梅花，有两位娉娉婷婷的女子穿着传统的服饰焚香烹茶，赵老师在台上谈古论今也就显得很有意境了。所以贴标签要注意一个"一致性"的问题。

管理智慧箴言

借助同自己有一致性的人或事件来贴标签，是最基本的积累名声和信誉的方法。

刘备之所以不接管荆州，就是想借助刘表这个人物，借助"让荆州"这件事，给自己贴一个讲道义、重情义的标签。这笔无形资产对他未来的事业发展是至关重要的。

人们更愿意相信贴了好标签的事物，而且人们也习惯于用贴标签的方法来给事物分类。有好的标签，就会有好的未来。可能有人会接着说"有不好的标签就会有不好的未来",其实不准确,有不好的标签根本就没有未来!

> **管理智慧箴言**
>
> 能人会运作有形资产,高人会运作无形资产。

现在社会上有一个不好的现象,就是通过泼污水来提高关注度、知名度。这种行为也被称作"搏上位,争眼球"。这样做,知名度可能短时间内会迅速上升,但是长期来讲,一定会损失个人或组织未来的可持续发展。

我们做一个简单的比喻,人们常去花园,可能是因为爱某朵花;但人们常去厕所,绝不是因为爱某坨粪。博眼球、博关注度和点击率的规律也是如此。

> **管理智慧箴言**
>
> 扮成花,在花园等着别人来,肯定能等来;扮成粪在厕所里等着别人,也肯定能等来,而且后者能等到的人数可能比前者还多。不过,来的人多并不一定代表喜欢自己的人多,扮花策略能长久,扮粪策略会腐朽。人们也许会对一朵花念念不忘,可谁会对一坨粪念念不忘呢?

大家愿和花合影留念,没有人想和粪合影留念,所以扮粪策略是没有前途的,吸引眼球一定要有原则、有底线。做人做事不可图一时的风光、眼前的热闹,而是要尊重风俗,坚持通俗,理解庸俗,避免恶俗。

刘备一直非常在意自己的名声,每次都在逆境中认真维护自己的无形资产,不会把困难当成借口,而是把困难当成磨炼自己的机会、提升自我的手段,这才称得上"英雄"二字。

刘备本以为，自己的情深义重、仗义豪情，能换来好的结果，但是现实往往事与愿违。刘表死后，刘琮即位，面对曹操的军事压力，刘琮集团选择了不战而降，并且事先没有跟刘备做任何沟通，给他来了一个措手不及。

史书《汉魏春秋》记载：刘琮乞降，不敢告备。备亦不知，久之乃觉，遣所亲问琮。琮令宋忠诣备宣旨。是时曹公在宛，备乃大惊骇，谓忠曰："卿诸人作事如此，不早相语，今祸至方告我，不亦太剧乎！"

刘备本来指望和荆州刘表集团一起建立联盟，共同对付曹操，但是万万没有想到，对方在没有任何征兆的情况下，私下向曹操投降。刘备一点准备都没有，幸亏侦查工作做得好，提前得到消息，争取了一点点撤退时间。即便如此，面对曹操长驱直入的精锐骑兵，刘备集团依然直接面临全军覆没的危险。关键时刻，刘备是怎么做的呢？

用关键事件占领人心

《三国志》记载：

比到当阳，众十余万，辎重数千两，日行十余里，别遣关羽乘船数百艘，使会江陵。或谓先主曰："宜速行保江陵，今虽拥大众，被甲者少，若曹公兵至，何以拒之？"先主曰："夫济大事必以人为本，今人归吾，吾何忍弃去！"曹公以江陵有军实，恐先主据之，乃释辎重，轻军到襄阳。闻先主已过，曹公将精骑五千急追之，一日一夜行三百余里，及于当阳之长坂。先主弃妻子，与诸葛亮、张飞、赵云等数十骑走，曹公大获其人众辎重。先主斜趋汉津，适与羽船会，得济沔，遇表长子江夏太守琦众万余人，与俱到夏口。

这段文字后来被演绎为著名的"赵子龙大战长坂坡，张飞喝断当阳桥"的故事。故事当中，我们看到，刘备一路向南撤退，队伍越来越庞大，因为在撤退过程当中，不断有人加入这支队伍，不愿意跟着刘琮一起归顺曹操的军民，都从四面八方赶来投奔刘备。这支队伍的人数从几千人增加到几万人，从几万人增加到十几万人，按照史书的记载，最后光辎重就有几千辆车，十几万人扶老携幼，一天只能走十几里。这哪里是撤退，简直就像一只大虫子在蠕动。

有人建议刘备弃掉辎重，放弃民众，赶紧轻装撤退。这在军事上是说得通的。但刘备讲了一句特别有高度的话："夫济大事必以人为本，今人归吾，吾何忍弃去！"（《三国志》）我做中国古代管理思想研究，研究了很多古代的优秀管理者，能直接说出"以人为本"这四个字的，刘备是第一人。刘备说，要想成大事，就要懂得以人为本的道理。老百姓追随我，我却丢弃他们，我这样做哪有未来而言？所以刘备的选择是跟着大家一起走，即使担风险也得走。

曹操的军队来到襄阳，听说刘备率众向南走，曹操扔掉辎重，调集了五千精锐骑兵，轻兵来追。曹操有多快呢？一日一夜行了三百多里，结果在当阳（今湖北省当阳市）长坂坡追上了刘备，两军发生了激战，刘备被打得大败，最后只带着赵云、张飞、诸葛亮和几十个骑兵逃脱了。其辎重、家小、队伍、老百姓全都给扔掉了，曹操大获全胜。

那么，刘备为什么要带着这么多人一起缓慢行军呢？作为一个长期指挥部队作战的军事将领，他难道不知道这样日行十多里，早晚要吃败仗吗？其实，刘备肯定知道。当阳之败是刘备的一种自我展示。他在传播一种信念，那就是——刘备刘玄德是讲仁义、爱护百姓的人，宁可自己冒风险，也绝不轻易抛弃追随自己的老百姓。

大家想想，刘备提前扔掉老百姓是扔，即使他不先扔，打了败仗后他还得扔。先扔和后扔有区别吗？有很重要的区别。先扔是主动的，说明他不管老百姓的死活；后扔是被动的，说明是不得已而为之，这时候民心已经得到了。

刘备明知道带着老百姓走，最后会被曹操追上，会吃败仗，但他还是下决心吃这个败仗、冒这个风险，这是非常值得佩服的领导者的远见。

> **管理智慧箴言**
>
> 主动选择成功是容易做到的事情，主动选择失败却是非常不容易做到的事情。

刘备选择失败的目的就是借着整个关键事件向天下人证明自己是讲仁义、爱护老百姓的，为了百姓是可以不顾个人安危的。刘备此举为后来的发展积累了足够多的人气、民心和政治资本。所以说当阳大败，败得值，败得高。

> **管理智慧箴言**
>
> 什么叫高人？失败了、摔了跟头，都能展示自己的优点，这叫高人。什么叫俗人？成功了就得意，高兴得都能露出牙上的韭菜，这就是俗人。

刘备借助长坂坡的失败，很好地树立了个人形象。

刘备真的是一个特别善于做形象宣传的人。那么，我们禁不住要问，形象真的有那么重要吗？刘备有必要冒着生命危险去搞一个形象工程吗？

为了能够有理有据地回答这个问题，我想先给大家介绍一个重要的管理理念——信念消费。

> **管理智慧箴言**
>
> 信念消费，是指人们买产品时往往买的不是产品本身，而是对产品的信念。人们往往只为感觉付钱，不为事实付钱。

举个简单的例子，有一种饮料叫凉茶。如果这种饮料改名叫凉药，你还会喝吗？尽管里边的液体是一样的，只要叫了凉药就不会有人喝。因为人们相信药是给病人喝的，而自己是健康的，没病怎么能喝药呢，那不是要把身体喝坏了吗？再比如，很多人常吃水煮鱼，当年来北京，我人生当中第一次吃水煮鱼，看着菜谱，我以为水煮鱼就是锅里炖的鱼，跟鱼汤差不多。结果菜端上来，我看到后很震惊，水煮鱼里面不是水，是油，一条鱼泡在辣椒油里面，大家捞着吃，不过确实挺好吃。水煮鱼不是水煮的，它是泡在油里边的。但是，它叫"水煮鱼"，你就会想吃，如果饭店推出的是"油煮鱼"，你还会吃吗？很多人就会觉得太腻了、太油了、太不健康了。"油煮鱼"和"水煮鱼"相比，尽管还是那道菜，只是名字上有区别，但正是这个名字上的区别，改变了人们的信念，大家就不会来享用了。

这再一次印证了信念消费的强大威力，人们在选择产品的时候，选择的不是产品本身，而是对产品的信念。

再比如，你到农村度假，农民很热情地拿出蔬菜说："吃吧，这些黄瓜、西红柿都是自家产的，绿色有机、无农药，还新鲜，快尝尝。"你会高高兴兴地去尝。如果农民说："吃吧，这些黄瓜、西红柿都是自家产的，浇的都是自家厕所的粪，还新鲜，快尝尝。"你肯定会当场吐出来。

其实表达的是一个意思，但是给人的感觉却完全不同。所以，信念消费的力量扎根于我们的内心深处，而且根深蒂固、伴随一生。

研究发现，信念消费的现象不仅仅存在于商品交易当中，而且存在于人和人的交往当中。人们追随一个领导，其实追随的并不是领导者本人，而是对领导者的信念。刘备是草根出身，资源少，起点低，所以和官二代、富二代的曹操、孙权相比，刘备发展起来更艰难，需要更多的影响力和号召力才能积累一定的资源。这时候，他就必须投入更多的精力和时间去琢磨怎么扩大影响力的问题。按照信念消费的原理，要想增加吸引力和影响力，就必须树立一种形象，展示一种信念。正是基于这样的考虑，刘备才有了宁可失败也要带着百姓走的行为。

这就叫"借助关键行为，树立形象，展示信念"，这件事要是做到位了，那他在群众中的威信是很容易树立起来的。刘备的努力取得了明显效果，在没有得到天下之前，他已经得到了民心。想到刘备，人们立刻会想到五个"一"：

一个特殊的品类——大汉皇叔；

一个基本的词汇——仁义；

一个不变的标准——爱护百姓；

一个经典的故事——为了百姓遭受惨败；

一个远大的使命——安邦定国、匡扶汉室。

会占据人心的人才能占领未来，这五个"一"是一个产品的市场振兴之路，也是一个领导者的事业发达之路。

与关键人物恰当交往

刘备从当阳继续后撤，在败退的路上遇到了前来荆州吊丧的鲁肃[1]。双方有一段很有趣的对话。《三国志·先主传》裴松之注引《江表传》记载：

孙权遣鲁肃吊刘表二子，并令与备相结。肃未至而曹公已济汉津。肃故进前，与备相遇于当阳。因宣权旨，论天下事势，致殷勤之意。且问备曰："豫州今欲何至？"备曰："与苍梧太守[2]有旧，欲往投之。"肃曰："孙讨虏聪明仁惠，敬贤礼士，江表英豪，咸归附之，已据有六郡，兵精粮多，足以立事。今为君计，莫若遣腹心使自结于东，崇连和之好，共济世业，而云欲投（吴臣），（臣）是凡人，偏在远郡，行将为人所并，岂足托乎？"备大喜，进住鄂县，即遣诸葛亮随肃诣孙权，结同盟誓。

---

1 即吴巨，《三国演义》误作"吴臣"。
2 鲁肃（公元172—217年），字子敬，临淮郡东城县（今安徽省定远县）人，三国时期东吴著名的战略家、政治家、外交家，为东吴策划天下大势，在周瑜去世后接掌前线军事，力主与刘备势力联合对抗曹操。

这一段是说鲁肃问刘备下一步的打算，刘备说准备去投奔苍梧太守吴巨。

其实刘备是有明显的和孙权结盟的意图的。但是他并没有直接说明，而是说了另外的一条出路。此举的用意何在呢？就是想增加自己谈判的主动权。

我来举个例子。天冷了，突然下了一场大雪，粉妆玉砌，铺天盖地。俗话说"霜前冷，雪后寒"，下完雪之后天气变得很冷，你的衣服比较薄，想去买一件羽绒服。请问各位，你要买羽绒服的时候，会不会穿着一件羽绒服再去呢？有人会说："赵老师，没有我才买呢，有了就不买了。"那我建议，如果你没有羽绒服的话，最好借一件羽绒服穿在身上，然后再去买羽绒服。这样做的好处有三个：一是表明"我不缺"，即需求上没那么迫切，有也行，没有也可以，这样可以掌握讨价还价的主动权；二是我身上穿着一件羽绒服，提醒对方我买过羽绒服，了解行情，别骗我；三是身上穿着一件好羽绒服，在质量和价格上就拿它当对比标杆，更方便讨价还价，这叫"有了标杆好谈判"。

刘备和鲁肃提出自己要去投奔吴巨，这个思路和穿着羽绒服再买羽绒服的思路是一样的。吴巨就是刘备穿的这件羽绒服，刘备想传递的意思就是，我有退路，能合作咱们就合作，如果条件不合适，我还可以拔腿就走。这个策略可以简单概括成一句话"用备用方案提升自己讨价还价的优势"，这个策略在日常生活中还是很有效的。

但是鲁肃毕竟不是决策者，初步达成意向以后，还要与真正的决策者孙权进行沟通。刘备就专门派遣军师诸葛亮过江来见孙权，就结成联盟、共同抗曹进行了充分的沟通，最终达成了共识。不过那个年代信息技术不发达，不像我们现在有手机、有互联网。诸葛亮可以打开微信，刷着微博，一边和孙权谈判一边发朋友圈，在群里发照片，随时让大家知道自己在干什么。在那个年代，诸葛亮和孙权的沟通都已经顺利结束了，而刘备这边还不知道结果。所以刘备很紧张，心情忐忑，一天到晚派手下的侦察兵到长江江面上去侦察，看看东吴的大军来没来。有一天,侦察兵气喘吁吁地回来报告:"启禀主公,江面上有船队,东吴大军来了。"刘备谨慎地问:"你怎么知道那不是东吴的军队?"侦察兵说:"旗号上打着东吴呢,而且写着大大的'周'字。"刘备知道,这是东吴周瑜周公瑾[1]指挥的部队。刘备决定跟周瑜见面沟通一下合作事宜,就这样,刘备、周瑜两位英雄在历史上第一次见面了。见面的结果让刘备很纠结,原因是周瑜十分傲慢。

《三国志·先主传》裴松之注引《江表传》记载:

诸葛亮诣吴未还,备闻曹公军下,恐惧,日遣逻吏于水次候望权军。吏望见瑜船,驰往白备,备曰:"何以知(之)非青徐军邪?"吏对曰:"以船知之。"备遣人慰劳之。

瑜曰:"有军任,不可得委署,傥能屈威,诚副其所望。"备谓关羽、张飞曰:"彼欲致我,我今自结托于东而不往,非同盟之意也。"乃乘单舸往见瑜,问曰:"今拒曹公,深为得计。战卒有几?"瑜曰:"三万人。"备曰:"恨少。"瑜曰:"此自足用,豫州但观瑜破之。"

备欲呼鲁肃等共会语,瑜曰:"受命不得妄委署,若欲见子敬,可别过之。又孔明已俱来,不过三两日到也。"备虽深愧异瑜,而心未许之能必破北军也,故差池在后,将二千人与羽、飞俱,未肯系瑜,盖为进退之计也。

首先,周瑜要求刘备上门来见自己,关羽、张飞对此心里很不痛快,觉得周瑜太傲慢,为什么呢?原因很简单,当时刘备的社会职务是大汉皇叔豫州牧领宜城亭侯,是个侯爵,跟孙权平起平坐,而且是左将军,级别是很高的。而周瑜当时不过是个偏将军。用现在的话说,刘备至少比周瑜要高两级以上。但是刘备态度很好,主动上门表达了结盟的诚意。

其次,见了周瑜,刘备问东吴部队的数量,周瑜说有三万人,刘

---

[1] 周瑜(公元175—210年),字公瑾,人称"美周郎",庐江郡舒县(今安徽省庐江县)人,三国时期东吴名将,他指挥的赤壁之战是著名的以少胜多的战役,直接决定了三国时代魏蜀吴三国鼎立的格局。战后两年,周瑜即病逝,年仅三十六岁。

备说有点少。周瑜回答："此自足用，豫州但观瑜破之。"意思是，够用了，你就在一边看着我怎么打败敌人吧，话语中包含着对刘备的轻视，显得很自大。

最后，刘备想见见鲁肃，一起商量一下局势，用现在的话说，就是想开个碰头会，结果被周瑜直接拒绝了。理由是有军令在身，不能随便安排，刘备想见鲁肃，可以其他时间单独再联系。

从这三个见面环节，我们就能感受到周瑜的盛气凌人和刘备的委曲求全。

见过周瑜以后，刘备的感受是什么？《三国志》用了四个字描述，即"深愧异瑜"。这四个字很有味道，我们来品一品。

什么是"愧"，这里的"愧"不是"惭愧"的"愧"，而是羞辱、屈辱的意思。刘备感觉周瑜盛气凌人，自己忍气吞声、受了屈辱。

什么是"异"，就是认为周瑜这个年轻人确实与众不同。

那就有些矛盾了，既然是感觉受了委屈，刘备的情绪应该是恨是恼，为什么反倒觉得周瑜与众不同，有一种欣赏的感情呢？原因是刘备揣摩到了周瑜的处境和心理。其实，周瑜的傲慢是有原因的。周瑜是孙权任命的水军大都督，手里掌握着最精锐的部队。假如周瑜领兵在外，跟一个外人眉来眼去、过从甚密，甚至对刘备的命令言听计从，说一是一，说二是二，就会引起孙权极大的猜忌。孙权这个人的猜疑心一点儿也不逊于曹操，孙权老了的时候，因为疑心重害死了很多人，将来我们讲孙权的时候大家就会知道。现在二十多岁的孙权刚掌握实权，他对手下人的防范是很严的，周瑜深深地明白这一点。所以周瑜对刘备的这种冷淡和傲慢，并不是性格造成的，而是身份造成的，他必须得这样做。周瑜必须随时树立一个形象，就是我这个大都督是吴侯任命的，我只听他的指挥，别人的话都不好使。

刘备经过多年磨炼，是很老于世故的，对于这一点他能理解。既然自己是兵败来投，有求于人家，对方的实力又比自己强，当然要以对方为主。

大家注意，一个起点高、背景深、少年得志的年轻干部，往往容易精通专业，但是在人际关系上不成熟，不太注意别人的感受。相反，一个草根经历了生活的磨炼，慢慢地一点点成长起来，就会比较善于处理人际关系，比较在乎别人的感受。有人说岁月无情，其实岁月是有情的，它拿走了我们一些东西，会同时带给我们另一些东西。成长和成熟都是比金子还要宝贵的东西，而刘备有这个东西，所以他能看透很多事情。

刘备通过和周瑜试探性的接触，迅速形成了自己的联盟思路，就是以东吴方面为主，自己主要起辅助和配合的作用，用现在的流行语来说，刘备就是心甘情愿准备扮演一个打酱油的角色。

在关键时刻甘当配角

东汉建安十三年深秋，周瑜率领部队逆流而上和曹操对战，东吴军队初战小胜，双方在赤壁附近的江面上隔江对峙。

接下来的故事大家都非常熟悉了，在实力处于劣势的情况下，黄盖和周瑜定了计谋，给曹操来了一个"三计"套餐——"苦肉计""诈降计""火攻计"，曹操轻信黄盖，约期受降，一场毁灭性的大战拉开了序幕。

整个战役的过程在《资治通鉴》中是这样记载的：

（黄盖船队）去北军二里余，同时发火，火烈风猛，船往如箭，烧尽北船，延及岸上营落。顷之，烟炎张天，人马烧溺死者甚众。瑜等率轻锐继其后，雷鼓大进，北军大坏。操引军从华容道步走，遇泥泞，道不通，天又大风，悉使羸兵负草填之，骑乃得过。羸兵为人马所蹈藉，陷泥中，死者甚众。刘备、周瑜水陆并进，追操至南郡。

我又查了一些资料，《三国志》裴松之注本所引用的《山阳公载记》记载：

公船舰为备所烧，引军从华容道步归，遇泥泞，道不通，天又大风，悉使羸兵负草填之，骑乃得过。羸兵为人马所蹈藉，陷泥中，死者甚众。军既得出，公大喜，诸将问之，公曰："刘备，吾俦也。但得计少晚；向使早放火，吾徒无类矣。"备寻亦放火而无所及。

赤壁大战中，孙刘联军大获全胜，取得了辉煌战果。

从前面刘备见周瑜的过程当中我们已经看到，其实孙刘联军并非联合指挥，而是彼此联络联合作战，并且是以人数较多的吴军为主。刘备处于次要进攻方向，或者说处于战役二线的位置。刘备既没有指导整个战役，也没有获得联军部队的指挥权。客观上讲，是周瑜指挥和主导了整个战役，并且担负了主要的进攻任务。

在这种联而不合的情况下，刘备甘当配角，实力得到了保存。那么为什么东吴愿意主动做出贡献，让刘备分享胜利成果，双方没有发生分歧或者讨价还价呢？

这里有一个基本的博弈规律存在。我给大家介绍一个很经典的博弈模型，叫"智猪博弈"。

有一个猪圈里住着两头聪明的猪，一头大猪，一头小猪。猪圈的设计比较独特，自动按铃在外边，一按就出食物，但食槽在里边，中间隔着一道小门。

早晨起来，小猪饿了，看大猪还在睡觉，就去外边按喂食铃，没想到大猪从里边把门给关上了，自己吃完了所有食物，才开门放小猪进来。小猪很委屈，暗下决心再也不当冤大头了。中午，大猪饿了，看看小猪似乎睡着了，大猪自己出门去按铃。这下小猪立刻把门关上了，在里边吃了个痛快才开门，不过小猪胃口有限，还是给大猪剩下了不少吃的。大猪一边吃一边心里懊恼，暗下决心下次再也不按铃了。

天黑了，晚饭时间到了。大猪、小猪都饿了，但是谁都不动，小猪问大猪："哥哥，你饿吗？"大猪咬着牙说："不饿，我减肥。"小猪说："巧了，我也减肥。"两头猪瞪着眼睛一直坚持到第二天中午，谁也没吃东西。到了第二天晚上实在坚持不住了，你猜最终谁会去按这个按钮呢？答案是大猪。原因是大猪胃口大，想要的更多，一饿就更难受，尽管他按铃小猪会先吃，但是小猪胃口有限，总会有许多食物剩下；而如果不按的话，大猪就什么都吃不到了。

这个规律叫"胃口大的贡献大，要求多的责任多"。要得到更多，就得尽更多的责任，这种"大猪按铃"的现象，在我们的生活当中也广泛存在。比如我要准备《百家讲坛》的讲稿，在博士公寓里面点灯熬油，翻阅材料。旁边几个同学在那儿玩电脑、刷微博、看娱乐节目。突然，灯一下子灭了，是电卡没电了。此时外面下着雨，需要有一个人顶着风雨出去给电卡充电。谁都不愿意去，于是大家都在这儿熬着。熬了半个小时以后，谁去了？我去了。为什么是我去呢？因为我就像那头大猪，我要准备稿子，我要上《百家讲坛》，如果晚上没电我准备不好，我就要在全国人民面前丢人。我胃口大、要求多，所以我熬不住，博弈的结果就是，我只能冒着雨出去充电。

类似这种现象给我们两方面启示：第一，一个社会、一个团队，应该设计一种机制，保护大猪，避免其受过多伤害；第二，如果你是一个团队当中胃口大、要求多的人，请你主动做贡献，因为帮别人的同时也能成全自己。

明白了"智猪博弈"模型，再回来看孙刘联盟，大家就可以很清楚地看到，在对曹操的作战当中，东吴是大猪，刘备是小猪，东吴自然会主动做贡献。刘备对这一事实看得清清楚楚：跟曹操作战如果失败，自己有损失，但是东吴的损失更大，六郡八十一州都要丢掉。孙权就是那头大猪，他的胃口大、要求多。所以在这次合作当中，自己根本没必要强出头，只要退居二线，让他们去战斗就可以了。刘备是有充分的战略思考的，所以在孙刘联盟当中，他心甘情愿在后面当个配角，这样做风险小、损失小，还能得到足够多的好处，何乐而不为呢？

赤壁大战之后，形势一片大好。《三国志·先主传》记载：先主与吴军水陆并进，追到南郡，时又疾疫，北军多死，曹公引归。裴松之注本引用《江表传》补充道：周瑜为南郡太守，分南岸地以给备。备别立营于油江口，改名为公安。刘表吏士见从北军，多叛来投备。

周瑜占领了南郡，长江以南广大地区都被刘备占领了。接着有一个更好的事情发生了，跟随刘琮投降曹操的一些人，现在都来归顺刘备了。他们为什么来归顺刘备呢？因为当阳长坂坡之战，刘备树立了一个非常好的个人形象。无形资产是一个战略资源，它对于长远发展是至关重要的。现在做点好事，虽然眼前可能没有好处，但是春天不播种，秋天哪能收获？所以我们建议大家，在人生的春天早点播下善良的种子，秋天一定会有收获。现在刘备收获的是很多人来追随自己。刘备军威大振，要文有文，要武有武，雄踞江南，这可以说是刘备事业的春天。

不过在一片欣欣向荣当中，一个新的烦恼产生了：由于借荆州这个问题，刘备和孙权产生了矛盾和分歧，孙刘联盟变得相当不稳固。如何采取有效措施稳固这个联盟呢？这件事让刘备很烦恼。就在刘备为这件事烦恼的时候，突然从孙权方面传来了一个意想不到的好消息，这个好消息让刘备有点措手不及。那么到底是一个什么样的好消息，刘备又是怎样应对的呢？请看下一讲。

第十讲

变换角度掌大局

人生中总有一些复杂的现象：出于好意去办的事情，可能导致不好的结果；而带着恶意去做的事，却有可能带来善果。我们在前文中提到，刘备得到了一个好消息。这是一个什么样的消息？事件发起人的动机是怎样的？在突如其来的变故发生时，刘备看待事物的角度、应对此事的方式，有没有值得今人借鉴的地方呢？

这里先跟大家分享一个脑筋急转弯：小明出来散步，路过饭店门口，看到台阶上有一块骨头和十元钱，小明跑过去捡起了骨头，居然没有搭理那十元钱，请问这是为什么？答案是：因为小明是一只小狗狗。这个脑筋急转弯其实告诉我们一个道理：角度决定态度，角度决定思路。人们常说，要好好奋斗、多多努力，不要指望天上掉下馅饼！我们可以得出一个结论，这句话一定是北方人发明的，因为如果是南方人发明的，可能会说别指望天上掉米线。再具体一点，即使北方人，要是河南人，他可能会说别指望天上掉烩面；要是保定人，他可能会说别指望天上掉驴肉火烧。猫会说指望掉的是鱼，狗会说指望掉的是肉骨头。

每个表态的人都有自己的角度，同样一件事情，不同的人有不同的想法。我们做事情如果单纯从自己的角度出发，看问题想策略就往往会陷进死胡同。相反，如果经常换个角度看问题，就能眼界大开，灵感倍增。这就叫"换个角度出思路"。

我们接下来看一看刘备在主持大局的过程中是怎样换个角度考虑问题的。

刘备招亲

公元209年农历己丑年是刘备的本命年，老话说"本命年变化多"，这一年果然有变化，刘备走了桃花运。这一日刘备正在江油口（今湖北省公安县）自己新建的衙署中处理公事，忽然有人来报，说东吴的吕范[1]来了。刘备亲自把吕范接进二堂，分宾主落座。这位吕先生也不说话，一边捋着胡子，一边上下打量着刘备，一边点头微笑，这可把刘备弄得有点莫名其妙。

吕范笑着说："刘皇叔，我要给你道喜啊，我奉吴侯之命前来提

---

[1] 吕范（？—公元228年），字子衡，汝南细阳（今安徽太和县东南）人，三国时期东吴的重要将领和政治家，官至大将军。

亲,我主有一妹,美而贤,若两家共结秦晋之好,则曹贼不敢正视东南也。此事家国两便。"

玄德曰:"吾年已半百,鬓发斑白;吴侯之妹,正当妙龄,恐非配偶。"范曰:"吴侯之妹,身虽女子,志胜男儿。常言:'若非天下英雄,吾不事之'。今皇叔名闻四海,正所谓淑女配君子,岂以年齿上下相嫌乎!"(《三国演义》)

正所谓"孙权有小妹,专门嫁刘备",原来吕范是来上门提亲的。四十多岁的人还有人上门提亲,这可是意料之外的喜事。

孙权的妹妹跟刘备的这桩婚姻是典型的老少配,刘备当年已经四十八岁了,孙权那一年才二十七岁,他妹妹年龄更小,至少比刘备小二十多岁。不过没关系,只要孙权有诚意,刘备就愿意。这段婚姻有两个好处:第一,于公来讲,它能巩固孙刘联盟,双方从盟友变成亲戚了,联盟肯定好上加好;第二,于私来讲,刘备夫人刚刚亡故,确实需要一个新夫人,而且对于孙权这个如花似玉的小妹妹,刘备也是很喜欢的,自然是比较愿意的。

既然两相情愿,事情就非常好办了。这边孙乾为媒,那边吕范为媒,换了庚帖,送了彩礼,定了日子,张灯结彩,红红火火,双方就把亲事给办了。

不过刘备没有想到,大喜的日子却被吓出一身冷汗!拜了天地、会了宾朋,刘备头戴金花、身披大红袍被人扶入洞房,本来以为进入了温柔乡,没想到进的却是一个刀枪库。

只见洞房里面刀枪林立、剑戟如林,二十多个小丫鬟一字排开,人人腰间别着明晃晃的钢刀、宝剑,把刘备吓得倒吸一口冷气,腿都软了。一位管家婆说:"姑爷,怎么不往前走?"刘备说:"还往前走?这么多刀剑,这是洞房吗?还是都撤了吧。"管家婆于是进屋见孙小姐,向她说了这件事。孙小姐笑着说:"刘皇叔戎马半生,什么场面没见过,几把刀枪就吓成这样了?看来他没有我的胆子大啊。"随即命左右人撤去兵器。刘备这才进了洞房。

这次东吴之行，刘备是有思想准备的。这次来娶孙小姐是要冒点个人风险，不过刘备相信孙权不敢把自己怎么样，他还指望和自己联合抗曹呢，所以刘备不怕孙权。

不过刘备没想到这位孙小姐秉承了孙氏一门的尚武精神，洞房里摆满了武器。各位想想，哪位新郎结婚的时候能扛得住这个——桌子上摆着AK47，腰里别着勃朗宁，服务人员一人带一把大砍刀。这可真把刘备吓了一跳！这哪里是小萝莉，分明是女汉子！本来想拥抱一朵牡丹花，结果抱了一只母老虎。

《三国演义》的描写是不是艺术虚构呢？历史上，这位孙小姐真的是这样的吗？《资治通鉴》记载：刘备表权行车骑将军，领徐州牧。会刘琦卒，权以备领荆州牧，周瑜分南岸地以给备。备立营于油口，改名公安。权以妹妻备。妹才捷刚猛，有诸兄风，侍婢百馀人，皆执刀侍立，备每入，心常凛凛。

可见《三国演义》不是凭空杜撰的，这位孙小姐真的是很喜欢舞枪弄棒的女中豪杰，在洞房的摆设上也不忘记体现自己的个人爱好，足见其喜爱之深，真是不爱红装爱武装。

说到这里，请大家注意一个有趣的现象，实际上在感情模式方面，男人和女人还是有很明显的差异的。

孙尚香为什么要在洞房里摆设刀枪？她是想把自己平时的样子展现出来，给自己托付终身的人看一看，以此确认感情。

管理智慧箴言

女人都会通过表现自己平常的一面来确认感情；男人都会通过表现自己不平常的一面来确认感情。

比如，动感情的女人都会说，如果我就是一个普普通通的女人，胆小怕事，贪吃贪睡，心眼小，甘于平庸，你会喜欢我吗？而动感情的男人都会说，我不是一个平常人，我胸怀天下，我能当大任，别看我长得丑，可是我很温柔，你会喜欢我吗？

另外，女人都是听觉的动物，在感情交流中，她们常常使用耳朵。所以请各位男士一定要注意语言上的情感表达，逢年过节比如什么2月14日、七月初七、中秋佳节、除夕之夜，你得准备点好听的话，说给自己的心上人。有人说，那太肉麻了。没事，肉麻了，含糖量才足呢！甜言蜜语对任何年龄段的女人都具有无穷的杀伤力。

而男人不一样，男人都是视觉的动物，在感情交流中他们常常使用眼睛。因此请各位女士注意，即使在家里也要注意形象。有很多女士在外面光彩照人，回到家里却很随意，过个周末头也不梳脸也不洗，穿着肥大的家居服忙里忙外，一边擦玻璃，一边抹一下脑门，额头上顿时留下一条黑道，回过头来还跟自己的先生说："老公，我觉得在家过周末好幸福啊。"男士站在门口回答："单位有事要加班，我先走了。"瞧，你这形象把他吓跑了。

这就是两性的情感模式差异。把握好了这个差异，才能理解很多情感方面的事情。比如，在远古时代，女人负责采集，要分类对比，所以女人的眼神是扇状的，可以看到一个面；而男人负责狩猎，要聚焦瞄准，所以男人的眼神是管状的，只能看一个点。你知道为什么逛街的时候男人盯着美女看吗，因为他是管状眼神，不盯着是看不清楚的；那为什么女生不用盯着帅哥看呢，因为她是扇状眼神，用余光就看清楚了。

很多事情我们不接受、不宽容，是因为我们没有理解。感情是个大事，需要对双方的情感模式有一个基本的理解。孙尚香把洞房布置成武器库，就是想把自己日常的样子展现给刘备看一看，因为他是她将托付终生的人。

面对孙小姐的刀枪林立，刘备表现出了很紧张的样子，这让孙小姐觉得很奇怪，经常在战场上出生入死的人，至于这么害怕刀枪吗？

其实不是，若真是这样刘备也就算不得英雄了。从二十几岁出道开始，刘备战河北、战山东、战徐州、战白马、战汝南、战赤壁，大小战阵几十场，什么血雨腥风没见过，根本不会被几件兵器吓倒。那么刘备为什么表现得这么紧张呢？其实，关键点就在"表现"二字上，他是"表现得"紧张，不是真紧张，这叫作"示弱策略"，在心爱的人面前表现得弱势一点，可以增进感情。

大家不妨观察一下，我们身边那些感情幸福的男人，基本上都是会示弱和道歉的男人。凡是比较强势、不懂得道歉，每次都讲理、争理的人，他的感情一定会出问题的。

管理智慧箴言

示弱策略是一个很好的感情策略，怜爱怜爱，有了怜就会有爱。感情的技巧，就是不要总逞强、总讲理，要学会示弱，学会道歉。

比如这天出门，老婆穿着丝袜、小靴子一边走一边说好冷，千万不要上来就批评："看看，我早说了吧，大冬天还穿这么少，现在知道冷了吧，真是不听好人言，吃亏在眼前，该！活该！"你如果这样说，日子就过不下去了。老婆说冷，应该立刻表态："对不起亲爱的，都是我的错，这么冷的天也没说提醒你多穿点。来，快点披上我的大衣吧，我去给你买杯热茶啊。"你如果这样说，对方一定会觉得心里热乎乎的。

曾经看到网上有人说"嫁人要嫁灰太狼"，大家知道灰太狼为什么那么招女生喜欢吗？主要原因有两个：首先，作为一只狼，无论在羊面前多么强大、多么彪悍，他在自己老婆面前永远示弱；其次，无论有理还是没理，只要两口子起了冲突，他都懂得道歉。正是因为懂得示弱和主动道歉这样的感情策略，所以才有这么多女生喜欢灰太狼。

事业需要经营，生活更需要经营，大家学一些管理学的知识，不一定非要把事业做多大、把官当多大，我们学了这些知识，可以把它用到生活当中，让我们自己和周围的人都过得更幸福。这也是一种巨大的成功！

刘备在孙小姐面前表现得战战兢兢，首先是一种示弱策略，想获得这位比自己小二十岁的新娘子的感情认同。其次，还有一个更深层次的原因，就是他确实有点紧张。刘备这次来娶孙小姐，我们可以用两个词语概括——煞费苦心、危机四伏。其实江东集团当中有很多人想借此机会对刘备下手。那么，为了娶一个美女，刘备至于冒这么大风险吗？而且他在冒这么大风险的时候，身边人就没有劝阻他吗？在此，我们要分析一下刘备的联盟策略。

站在对手角度看待风险

刘备只带了五百人就深入东吴腹地，表面上看是联姻，实际上危机四伏、险象环生，不过总算有惊无险，娶到了孙权的妹妹。我们用一句话来总结刘备的江东之行——不入虎穴，焉得"虎妞"。

《三国演义》中说，为了帮助刘备应对风险，诸葛亮准备了三个锦囊妙计。不过史书中并没有记载这三个锦囊妙计，只记载了诸葛亮劝阻刘备的信息。从后来刘备和庞统[1]的一段对话中，我们可以看到当时形势的凶险程度。《江表传》记载：

先主与统从容宴语，问曰："卿为周公瑾功曹，孤到吴，闻此人密有白事，劝仲谋相留，有之乎？在君为君，卿其无隐。"统对曰："有之。"备叹息曰："孤时危急，当有所求，故不得不往，殆不免周瑜之手！天下智谋之士，所见略同耳。时孔明谏孤莫行，其意独笃，亦虑此也。孤以仲谋所防在北，当赖孤为援，故决意不疑。此诚出于险涂，非万全之计也。"

从这段文字当中，我们可以得到以下几个信息：

---

[1] 庞统（公元179—214年），字士元，三国时期襄阳郡（今湖北省襄阳市襄州区）人。时人称其为"凤雏"，与"卧龙"诸葛亮齐名。本为吴国名将周瑜的郡功曹，后成为刘备的重臣谋士，陈寿誉其堪比魏国的荀彧和荀攸。历任耒阳令、治中从事，官至军师中郎将。死后由后主刘禅追赐关内侯，追谥为靖侯。

一、东吴方面以周瑜为代表，确实有很多重要人物主张对刘备下手；

二、诸葛亮对周瑜等人的想法有预判，力劝刘备谨慎应对；

三、刘备大胆决策，毅然成行；

四、庞统参与了周瑜的谋划，刘备表示理解。

刘备为什么不听诸葛亮的劝告呢？他的想法是：大敌当前，曹操虽然吃了败仗，但是实力依然存在，军事威胁依旧很大，孙权需要刘备做帮手，所以孙权不会对刘备下狠手。

刘备的判断是正确的，虽然吕范、周瑜等人建议孙权动手，要么杀掉刘备，要么扣留刘备，但是最终孙权未下狠手，还是任由刘备全身而退。

刘备的思路可以用我们老家的一个谚语来表述——"麻秸秆打狼两头害怕"。意思是，走在山路上遇到狼了，别慌也别跑，因为你根本跑不过狼，你可以把手里拿的玉米秆一横，就能把狼吓唬住，它就不敢扑过来。为什么呢？因为狼首先考虑的是风险，它要评估风险，担心自己被这根长家伙给打伤了，如果风险太大它就不会动手。

人和狼是一样的。当有人要算计我们时，我们根本不用害怕，只需要把实力亮出来，把后果展示给对方看。京剧《龙凤呈祥》里，甘露寺乔国老有一段著名的唱段，内容是这样的——

劝千岁杀字休出口，老臣与主说从头。

刘备本是那中山靖王的后，景帝玄孙一脉留。

他有个二弟汉寿亭侯，青龙偃月神鬼皆愁。

白马坡前斩颜良，延津诛文丑，在古城曾斩过老蔡阳的头。

他三弟翼德威风有，丈八蛇矛惯取咽喉。

鞭打督邮他气冲牛斗，虎牢关前战温侯。

当阳桥前一声吼，喝断了桥梁水倒流。

他四弟子龙常山将，盖世英雄冠九州。

长坂坡救阿斗，杀得曹兵个个愁。

这一班虎将哪个有？还有诸葛用计谋。

你杀刘备不要紧，他弟兄闻知是怎肯罢休？

若是领兵来争斗，曹操坐把渔利收。

我扭转回身奏太后，将计就计结鸾俦。

这个唱段充分反映了当时孙权和刘备的博弈形势。刘备押上去的是自己的性命，孙权押上去的是自己的事业和前途，刘备的自信是有道理的。大家想一想，什么叫勇敢？

管理智慧箴言

勇敢就是只要对手比我们更害怕，我们就不用害怕。良好的合作都要建立在有足够威胁的基础上，订合同一定要有惩罚条款，骑千里马也要带根鞭子。有了威胁就有了保证。

刘备站在孙权的角度，把风险仔细评估了一下，算清了孙权的利害关系，才敢带着一个骑兵营就到江东来娶亲。只有建立孙刘联盟，才能抵抗强大的敌人曹操，这一点双方都是心知肚明的。事后看来，刘备冒的风险确实不小，但是他获得的收益也是巨大的。这个收益不仅仅是娶了一个老婆，关键是获得了孙刘联盟的基本稳定，为自己进一步发展壮大争取了时间和空间。娶亲之旅可谓有惊无险，正所谓风险越大收益越大。

那么，刘备完全不怕孙权手里的刀，为什么被孙权的小妹妹孙尚香身边带刀的侍女吓得浑身哆嗦呢？

这里面还有一个为人处世的小规律。孙权是什么人？他是要做大事的，是有理性、有全局眼光的一代英主。刘备算准了孙权不会因小失大伤害自己。而孙权的妹妹孙尚香却未必如此。若真把这位大小姐、女汉子给惹急了，她真会下狠手的。她才不管什么三足鼎立、联盟抗曹呢。所以，对手怀恨在心不可怕，对手非理性才可怕。孙权虽然怀恨在心，而且是大恨，但是他有理性，可以采取措施去应对。而孙权的妹妹虽然没有什么深仇大恨，但是她娇生惯养、好勇斗狠，有大小姐脾气，若真把她惹恼了，一点小事情都可能酿成惨剧。这就是刘备的逻辑，也是很多高人的逻辑——

> **管理智慧箴言**
>
> 在理性的人面前针锋相对、展示实力，对非理性的人要适当回避。

在谈判桌上，你可以和最狠的对手义正词严、大义凛然地把他拿下；而在地铁站，面对一个喝醉的流浪汉，你最好退避三舍。做大事的人要十分注意防备非理性的威胁。

所有可靠的联盟都是对手造就的。一个强大的敌人，可以造就两个可靠的盟友。所以在历史上通过强化敌人的威胁，增强自身内部的团结，这样的例子也有很多。在曹操被消灭或者实力下降之前，孙刘联盟还是可靠的。

站在任务角度评估能力

《三国志·先主传》记载：

先主表琦为荆州刺史，又南征四郡。武陵太守金旋、长沙太守韩玄、桂阳太守赵范、零陵太守刘度皆降。庐江雷绪率部曲数万口稽颡。琦病死，群下推先主为荆州牧，治公安。权稍畏之，进妹固好。

刘备受到孙权的尊重，是以强大的实力为基础的，正所谓"弱国无外交"，实力是受人尊重的前提。刘备的实力可以用两个词来概括：一是人气，二是人才。赤壁大战之后，刘备的实力呈现爆发式增长，人气爆棚、人才济济。要文有文，要武有武，虎视眈眈威胁着江东，所以孙权集团就不敢动手了。

而刘备事业的突飞猛进和他重用诸葛亮有很大关系。《三国志·诸葛亮传》记载：曹公败于赤壁，引军归邺。先主遂收江南，以亮为军师中郎将,使督零陵、桂阳、长沙三郡,调其赋税,以充军实。诸葛亮在赤壁大战之后,帮着刘备治理大后方,都督长沙三郡,组织发展生产、改善民生、积草屯粮,给刘备提供了强大的物质支持和后勤保障。大家可以看到,刘备用诸葛亮用得很是得心应手,"三顾茅庐"是战略规划,"舌战群儒"是谈判沟通,"都督三郡"是地方治理,诸葛亮这些活儿都干得很好。

刘备跟诸葛亮的组合可以称得上是"倍(备)儿亮"组合,诸葛亮作为军师中郎将发挥了大作用,也发挥了小作用,无论在前线还是在后方都发挥得好,他符合我们经常说的一句话——"是金子到哪儿都会发光"。

领导者有两个基本类型:一是支持型的领导,二是控制型的领导。支持型的领导给草原、给方向、给掌声,这是骑千里马的方法;控制型的领导自己做骑手,拿着鞭子大呼小叫,不断提要求,这是骑驴的方法。千万不要用骑驴的方法去骑马,也不要用骑马的方法去骑驴。

诸葛亮是金子,到哪里都是发光的。其实,这句话很精彩,但也是陷阱。为什么呢?这里又要提到另一个高人——凤雏先生庞统庞士元。《三国志·庞统传》记载:先主领荆州,统以从事守耒阳令,在县不治,免官。吴将鲁肃遗先主书曰:"庞士元非百里才也,使处治中、别驾之任,始当展其骥足耳。"诸葛亮亦言之于先主,先主见与善谭,大器之,以为治中从事。

刘备刚见到庞统时首先表现得很震惊,因为庞统的外形不那么好。按照《三国演义》的记载,庞统的样子是"浓眉掀鼻,黑面短髯,形容古怪",意思是说庞统翻鼻孔、窄脑门儿、小眼睛、大龅牙,满脸烂胡子茬,长相丑陋。刘备看着庞统,心情就像流行歌曲唱的,"只因为在人群中多看了你一眼,再也没能忘掉你容颜",因为庞统太难看了。所以刘备就把庞统打发到边境小县耒阳县(今湖南省耒阳市)去当县令。结果庞统在耒阳县的政绩非常差,在县不治,终日饮酒,把地方治理得乌烟瘴气。刘备很生气，准备对庞统动用组织手段。结果关键时刻，鲁肃与诸葛亮都劝说刘备，说庞士元万里之才，做不了百里事，你应该让他当副军师、副总参谋长。现在你让他来当这个小小的县令，无法发挥他的才华。

既然是金子到哪儿都会发光，为何庞统这块金子在耒阳县就不能发光呢？原因很简单，庞统还称不上是金子。人才有两种：一是通才，比如诸葛亮，干什么事都能干得好，大事干得漂亮，小事也干得漂亮。有的人，你让他订飞机票火车票、端茶倒水、点个饭菜，他能干得好；你让他搞政治、经济、军事、外交、安邦定国，他也能干得好，这叫可上可下、能大能小，这种人叫"通才"。二是专才，比如庞统这种人，只擅长某一方面的工作，只能做专门的、针对性的工作，安排对了他会做得特别漂亮，安排错了他可能就表现得不好。

通才是金子，是金子到哪里都发光；而专才是铜，放对了地方会发光，放错了地方就会生锈。庞统和孔明不一样，他是专才。对于这类人才，需要精心安排，用对了他就是资源，用错了他就是垃圾。任用专才最要紧的一句话是，先看安排后看表现。表现不好先别淘汰，先看看你安排得对不对。正所谓"好马能历险，耕田不如牛"，赶鸭子上架、撵鸡下河都是不对的。狗要看门，猫要捉老鼠，各有各的分工。所以大家看《西游记》会发现，师徒四人，人干人的活，马干马的活，猪干猪的活，猴干猴的活，安排得很有针对性。这叫作：

管理智慧箴言

站在任务的角度看人才，安排合适就是人才，安排不合适就是阻碍。

现代管理学中有一个精彩的词可以用来描述这个策略——能岗匹配，即什么人做什么事，做什么事用什么人，能力不是绝对的，主要看的是任务的匹配度。

经过孔明的提醒,刘备恍然大悟,他明白这个道理了,连忙把庞统从耒阳县调回来,跟他谈了谈天下大事,果真发现庞统很有才华。刘备大喜,把庞统提拔成了副军师。后来,庞统在刘备入川的过程中发挥了巨大作用。

至此,刘备的文武班子都配齐了。刘备坐镇荆州,文有诸葛亮、庞统,武有关羽、张飞、赵子龙,事业可谓"如鱼得水,蒸蒸日上"。随着实力的不断增加,刘备的眼光逐渐转向了西面刘璋治理下的益州(今四川盆地和汉中盆地一带)。正是"英雄所见略同",此时此刻,羽翼渐丰的孙权也把目光转向了益州。孙刘二人的远见是一致的。不过有些一致带来的是合作,有些一致带来的却是冲突。比如咱俩都喜欢下围棋,这种一致带来的是合作,也可能是竞争。孙刘二人共同的远见给他们带来的是合作还是冲突呢?我们来看一看。

站在旁人角度考虑出路

首先我们特别强调,一个领导者最重要的素质就是远见。远见就是站在未来看现在,在众多可能性当中找到合适出路的技能。

举个例子,有人准备新开一个冰激凌店,请问是夏天开店还是冬天开店?有人说夏天业务量大、需求多,当然是夏天。其实,一个有远见的人,也会考虑冬天。理由如下:首先,可以有充足的时间培训、学习,在业务生疏的时候,业务量正好比较小,可以充分练习、仔细磨合;其次,可以培养忠诚客户,在冬天光临冰激凌店的人一定会是来年最忠诚稳定的客户;再次,存货风险小,卖不出去损失也较小;最后,最重要的是提升战斗力,每年都有冬天,在这个冬天积累的东西可以保证我们以后熬过每一个冬天。夏天开店叫抓住机会,冬天开店叫充分准备。一个有远见的人不管做什么事情,都要同时有这两条,既得抓住机会,也要有充分准备。

很多人之所以在成功的路上昙花一现,不是因为他没有遇到夏天，而是因为他缺乏属于自己的一个冬天。

管理智慧箴言

创业的挑战有三种类型，第一种是没有准备也没有机会，这叫盲目式创业；第二种是准备不充分，机会却来了，这叫慌乱式创业；第三种是根本不准备，一开始创业就急于抓住机会，这叫自杀式创业。

有准备的人到了草原上会找到食物；没准备的人到了草原上会变成食物。很多人都说，成功要趁早，早起的鸟儿有虫吃，但是大家再想想，早起的鸟儿有虫吃，那早起的虫子还被鸟吃呢。当我们不是鸟的时候，千万不要按照鸟的思维去做事情。在我们身边，很多急于求成、按捺不住的人，最终都成全了别人的早餐。在老虎吹着口哨、打着漂亮领结去赴宴会的时候，小鹿最好躲在家里练跑步。如果小鹿也学着大老虎的样子，打个领结、吹着口哨去赴宴会，而且一路上全体老虎都起立鼓掌，那它真正的悲剧就来了！对老虎来说，这掌声是精彩盛宴的开始；对于小鹿来说则是悲剧的发生。

这就是从不同角度看问题。没有角度，就没有出路；没有准备，就没有机会。一个人做事情，要有两个思想准备：第一，春天一定会来的，要树立信心，要相信未来；第二，冬天一定会来的，要有危机意识，要提前部署。

对于领导者是否有远见的考验几乎每天都会发生。是否要联合出兵益州，这个问题对于刘备来说就是一个巨大的考验。

赤壁大战之后，孙权提出联合刘备一起去夺西川，当时刘备凭借自己的力量，确实不足以达成这个战略目标，那么要不要和孙权联合作战呢？

每一个合作都要经历风险的考验，也要经历利益的考验。

管理智慧箴言

风险能让人走到一起，利益可以让人分道扬镳。盟友不一定是朋友，盟友可以一起打狼，但不一定能一起打兔子。应对风险的时候盟友是可靠的，追求利益的时候就不一定了。

曹操是狼，刘备和孙权可以一起打；刘璋是兔子，刘备和孙权不能一起打。同样是孙刘联盟，打曹操是可靠的，打刘璋却是靠不住的。基于这样的战略判断，刘备断然拒绝了孙权的要求。

史书《献帝春秋》记载了"孙刘三不听"的故事。孙权欲与备共取蜀，遣使报备曰："米贼张鲁居王巴、汉，为曹操耳目，规图益州。刘璋不武，不能自守。若操得蜀，则荆州危矣。今欲先攻取璋，进讨张鲁，首尾相连，一统吴、楚，虽有十操，无所忧也。"

备欲自图蜀，拒答不听，曰："益州民富强，土地险阻，刘璋虽弱，足以自守。张鲁虚伪，未必尽忠于操。今暴师于蜀、汉，转运于万里，欲使战克攻取，举不失利，此吴起不能定其规，孙武不能善其事也。曹操虽有无君之心，而有奉主之名，议者见操失利于赤壁，谓其力屈，无复远志也。今操三分天下已有其二，将欲饮马于沧海，观兵于吴会，何肯守此坐须老乎？今同盟无故自相攻伐，借枢于操，使敌承其隙，非长计也。"

权不听，遣孙瑜率水军住夏口。

备不听军过，谓瑜曰："汝欲取蜀，吾当被发入山，不失信于天下也。"使关羽屯江陵，张飞屯秭归，诸葛亮据南郡，备自住孱陵。权知备意，因召瑜还。

孙权给刘备写信说，张鲁要投降曹操，双方要进兵西川，不如我们一起占据西川，消灭张鲁，给曹操来个左勾拳。刘备的反应是"欲自图蜀，拒答不听"。刘备没有接受孙权的建议，而是回了一封信说张鲁爱说瞎话，不一定跟曹操联盟。刘璋是汉室宗亲，守益州守得挺好，现在天下的国贼是曹操，我们大家应该一起联合起来对付曹操。

放着敌人不打，回过头去打盟友，这会导致两败俱伤，让敌人得到好处，这事我们不能干。刘备拒答不听后，孙权的反应是"权不听，遣孙瑜率水军住夏口"。也就是说孙权不同意刘备的意见，他派了大将孙瑜带了水军进兵到了夏口（今湖北武汉市汉口）。面对孙权的一意孤行，刘备的反应是什么呢？"备不听军过。"刘备不让孙权的部队经过，而且安排关羽、张飞、诸葛亮摆开了架势，你要过我就打。孙权看到刘备的决心，没有办法，只好组织退兵了。

这个"孙刘三不听"的故事，很好地反映了刘备对孙刘联盟的态度——对待强大的敌人曹操，孙刘是可以联合的；但是对待弱小的刘璋，自己还不能把他当成敌人，即使将来当成敌人，也得我自己来打。刘备的思路很清晰，有的事得联合，有的事就不能联合。

刘备在拒绝孙权的过程中，前后听取了多方面的意见。一开始刘备确实有心和孙权合作进取西川，不过有高人殷观向他提了建议。《三国志》记载：

权遣使云欲共取蜀，或以为宜报听许，吴终不能越荆有蜀，蜀地可为己有。荆州主簿殷观进曰："若为吴先驱，进未能克蜀，退为吴所乘，即事去矣。今但可然赞其伐蜀，而自说新据诸郡，未可兴动，吴必不敢越我而独取蜀。如此进退之计，可以收吴、蜀之利。"先主从之，权果辍计。迁观为别驾从事。

主簿殷观提出了一个重要的建议，"若为吴先驱，进未能克蜀，退为吴所乘，即事去矣"。意思是，咱们要跟东吴联合，往前打占据不了西川，往后退又会被人抄了老窝，两头没着落。殷观一句话便揭示了问题的本质，刘备恍然大悟。所以后来才有"三不听"的故事，才有拒绝跟孙权联盟的决定。

所以我们讲，一个领导做重要决策，要听取四种人的意见：

一是听听高人的意见，可以发现未知的领域；

二是听听俗人的意见，可以少犯常识性错误；

三是听听外人的意见，可以消除偏见；

四是听听敌人的意见，避免走进陷阱和死胡同。

管理智慧箴言

高人出点子，俗人过筛子，外人是尺子，敌人当镜子。

很多大公司在制定重大方案的时候，都会征求门卫、保安、司机、警卫员的意见，为什么？这就是听听俗人的意见，防止犯常识性的错误。所谓"兼听则明，偏听则暗"，一个高明的领导，不能搞一言堂，一定要倾听来自各方面的声音。得全票的方案不是骗局就是偏见，人人都伸大拇指，那么这件事反而存在重大问题。重大决策一个人说了算，往往都会埋下隐患。任何一个领导都要善于倾听不同意见，如果没有不同意见，可以使用"名义反对派"的策略，找几个聪明人组成一个假设的反对派，让他们提提不同意见，保证我们自己不犯糊涂。刘备是一个善于倾听的人，关键时刻选择了正确的道路。

刘备执掌荆州之后，一方面广收人才、发展生产，一方面招兵买马、积草屯粮，实力发展非常迅速，自身的执政能力和决策能力也有显著提高。如果说徐州是刘备事业的成长阶段，那么荆州就是刘备事业的成熟阶段。随着实力的增长和根据地的稳定，刘备开始谋划下一步更大的战略，就是进取西川。就在刘备苦于找不到突破口的时候，一个关键人物出现了，他为刘备打开了进取西川的大门。那么这个人是谁？刘备又是怎样实现自己的战略意图的呢？请看下一讲。

第十一讲

笼络人心善造势

在这个按照社会规范运作的世界里，要想取得成功，处理好人际关系是非常关键的。刘备一直非常看重自己的人际关系，当他需要进一步扩充自己的实力时，他是怎么做的？他的行动是否能收到良好的效果？在与人建立关系的过程中，刘备的策略和执行方式对于今天的我们来说有哪些值得参考的地方？

这里先问大家一个小问题——和别人初次见面的时候，要不要主动握手？握手和不握手，对未来关系的发展会有影响吗？有人做了一个研究，同样在餐厅里做服务员收小费，有的人收到的小费多，而同样一个餐厅，同一个时间段，有的人收到的小费就没那么多。进一步研究发现，收小费多的服务员都有一个很有效的策略：在递账单或别的物品的时候，会很自然地轻轻碰一下客人的胳膊。身体的触碰会增加对方的认同感，增加顾客给小费的机会。因此我在这里给大家一个建议，和别人初次见面一定要握手，有了手的温暖触碰，彼此的认同感增加了，将来的关系会朝着良好的方向发展。握手的时候，力度要适中，手指不要乱动。

人跟人的交往是有很多技巧和注意事项的。刘备在事业发展的过程中，一次又一次遇到同样的问题，就是如何抓住关键人物，短时间之内与对方建立可靠的互信关系。刘备在这方面的做法很值得我们分析和探讨。下面我们从一个特殊人物谈起。

张松见曹操

话说自刘表的小儿子刘琮投降曹操，曹操因此得到了荆州。之后，曹操便踌躇满志，每日聚三五谋士，规划商讨下一步的打算。这一天，忽有手下人来通报，说是西川刘璋派使节求见。

曹操有点纳闷，因为之前刘璋刚刚派过使节前来纳贡，自己还封了来人广汉太守的职衔，怎么没过几天又来人了，莫非蜀中有变？于是曹操传令请来使进见。

在礼宾的引导之下，这位西川使节上了堂，只见此人生得额窄头尖，鼻偃齿露，身短不满五尺，通俗地讲就是来人尖脑袋小脑门，翻着一只朝天鼻，露着满嘴大板牙，身高不到一米五。曹操差点没笑出声来。这个形象不用化妆就能演《西游记》了。

此人乃是益州别驾，姓张名松[1]。曹操见了张松的相貌，心里就先生出几分嫌弃，加上张松态度不恭、言语冒犯，曹操干脆来了一个中途退场，扔下张松，自己一个人就走了，留下办公室主任杨修和张松聊。张松心里不痛快，他没想到曹操对自己的态度这么差，本来指望在曹操面前施展一下自己的才华，获得一个任命，也能成为一个呼风唤雨、坐镇一方的大员，可是没想到曹操连话都懒得和他说。自己抱着热火罐进来，却被泼了一瓢冷水。

曹操从心里边就瞧不起张松。这里给大家推荐一个人际关系的原则，就是：

> **管理智慧箴言**
>
> 低平台要关注出众的，高平台要关注不顺眼的。

低平台上选人得关注出众的，比如现在北京西客站站台上，我们要选一个人当助理，放眼望去，三千多号人当中，看到哪个小男孩、小女孩往这儿一站，亭亭玉立、玉树临风，那你选他吧，肯定错不了，不是有特殊能力，就是有特殊资源。但是在高平台上一定要关注那不顺眼的。比如参加一个企业家年会，一个高级管理者俱乐部，四百多号人一起吃饭，现场要交一个新朋友，请问你交谁？赵老师推荐大家一个经验，和长相最不起眼的人交朋友。原因有二：第一，他长得这么难看，一定没人搭理他，你跟他交往，他一定特别珍惜。第二，那么多长得帅的、长得好看的人都混不到这个圈层里，他长得这么难看却能混到这个平台上来，他一定有三倍的能力、五倍的资源、十倍的才华，他一定是个特殊之人。

张松连一般人的长相都赶不上，就能当益州别驾，而且在四川这个藏龙卧虎、人才辈出的地方，他能脱颖而出，一定有五倍的才华、十倍

---

[1] 张松（？—公元212年），字子乔，东汉末年蜀郡成都（今属四川）人，益州别驾，是益州牧刘璋的部下。

的能力。但曹操没有这样敏锐的意识。其实曹操应该有，为什么他没有呢？因为他成功了，自大了，敏感性降低了。所以，谦虚是一种战略资源，谦虚是一种战略素质。一个成功的人，只有谦虚、低调、不自大，才能保持自己的领先优势。一旦自大了，人就变得麻木了。

曹操拂袖而去之后，留下办公室主任杨修接待了张松。《三国演义》里是这么写的：

（杨修）呼左右于箧中取书一卷，以示张松。松观其题，曰《孟德新书》。从头至尾看了一遍，共一十三篇，皆用兵之要法。松看毕，问曰："公以此为何书耶？"修曰："此是丞相酌古准今，仿《孙子》十三篇而作。公欺丞相无才，此堪以传后世否？"松大笑曰："此书吾蜀中三尺小童亦能暗诵，何为《新书》？此是战国时无名氏所作，曹丞相盗窃以为己能，止好瞒足下耳！"修曰："丞相秘藏之书，虽已成帙，未传于世。公言蜀中小儿暗诵如流，何相欺乎？"松曰："公如不信，吾试诵之。"遂将《孟德新书》从头至尾朗诵一遍，并无一字差错。修大惊曰："公过目不忘，真天下奇才也！"

后人有诗赞曰：

　　　　古怪形容异，清高体貌疏。
　　　　语倾三峡水，目视十行书。
　　　　胆量魁西蜀，文章贯太虚。
　　　　百家并诸子，一览更无余。

这是《三国演义》中记载的张松见曹操的详细过程，也是著名的"一目十行，过目不忘"的故事。《三国志·刘璋传》则是这样记载的：

璋复遣别驾从事蜀郡张肃送叟兵三百人并杂御物于曹公，曹公拜肃为广汉太守。璋复遣别驾张松诣曹公，曹公时已定荆州，走先主，不复存录松，松以此怨。会曹公军不利于赤壁，兼以疫死。松还，疵毁曹公，劝璋自绝。

按照《三国志》的记载，前面所说的"过目不忘，一目十行"都是没有的。不过有一点和小说里一致，就是曹操的冷漠和嫌弃刺激了张松的自尊心。张松一心盼望自己也能像兄长张肃[1]一样获得一个任命，结果"不复存录"，因而张松心怀怨恨。张松回蜀后，便劝刘璋与曹操断绝关系，并说服刘璋与刘备交好。

史书上说张松"为人短小放荡，然识达精果"。大家注意"放荡"这个词的使用，这足以说明张松是一个没有底线，可以做出越级出格、意想不到的举动的人。让这样的人担任重要的管理岗位，也足见刘璋用人的失察。

失衡的自尊心

张松是一个有目的、有贪欲的人，曹操没有满足他的要求，尤其是伤害了他的自尊心，这一次外交上的摩擦直接导致张松倒戈和刘备入川。日常生活中，人与人打交道也存在一个相互尊重的问题。

人的自尊心由两个基本部分组成：一个是关系自尊，就是"我很可爱"；一个是能力自尊，就是"我很有能力"。这两个因素如果彼此平衡，人的心理就会比较稳定，一旦其中一个因素下落了，出现了一高一低的现象，人的自尊心就会失去平衡。

管理智慧箴言

不平衡有两种，一个是"我很可爱但是我没有能力"，另一个是"我有能力但是我不可爱"。这两种不平衡的状态都会导致人际敏感和异常行为出现。

给大家举个例子，前几天我们学校举办了一个演讲比赛，请我去当评委。有几个学生大一时是我带过的，见我来了之后就说："老师，咱们合个影吧！"于是我就跟他们照相。在合影的过程中，从门口进来一

---

1 张肃（生卒年不详），东汉末期的人物，字君矫，广汉太守，张松之兄。

个漂亮的女生，走过来说："老师，我也想跟你照张相。"正准备要照的时候，我的手机突然响了。我一看有急事，旁边又有很多人等着，就改变了策略，说："来来来，咱们大家一起照一张合影，回去分享一下就可以了。"

合影完，我就出去接电话了。回到教学楼，一进门就发现那个女生在门口等着我，眼圈通红，一脸的不痛快，而且非常激动。我不知道出了什么事。她迎上来跟我说："老师，你是不是对我有意见？"我说："我都不认识你，怎么可能对你有意见呢？"她说："老师，那刚才你为什么跟别人照相，就不跟我照呢？"仅仅为了照相这件事，她竟会这么敏感。我安慰了她两句，她噘着嘴走了。

这个女生明明是大家都喜欢都欣赏的一个美女，却特别没有自信。这是为什么呢？这是一种典型的自尊失衡的现象。选班干部的时候，因为这个女孩形象好，她被大家选中当了班干部；参加比赛的时候，因为她形象好，一路直接冲进决赛。周围同学和老师的特殊照顾更强化了她的一种印象，就是"我很可爱，可是我没什么能力"，于是她就会变得十分敏感和脆弱，对周围的一切风吹草动都会表现出过度的紧张。

所以我提醒大家，不要对身边长得漂亮、长得帅的人，总是强调"只要形象好就行了"这样的话，这会让他很容易心理失衡的。如果孩子形象特别好，你得跟他强调"人的形象好很重要，是优势，但是也得有能力才行"，这样他才能心理平衡。漂亮女生容易人际敏感、不自信，就是心理失衡造成的。这类女生的心理就属于"我很可爱但我没能力"的类型。

另外还有一种类型，就是张松这种类型，即"形象不好但是很有能力"，从小心里就埋着根深蒂固的一个理念，就是"我很有能力，但是我不可爱，没人喜欢我"。这种思想会给他带来极大的压力，他会特别敏感，这种失衡状态最终导致了曹操和张松的冲突。而且心态失衡的人为了获得尊重，容易做出很多极端的事情。

形象和能力有反差的人，往往容易心理失衡。跟沟通有关的岗位在安排人选的时候要考虑心理平衡这个因素，比如谈判代表、外交使节、发言人、客户经理，不能安排心理失衡的人。

一个人的自尊和自信对他的人生和事业都是至关重要的。研究发现，成年人对孩子的态度，特别是家长和老师对孩子的态度决定了孩子的自尊程度。基于心理学的研究，我们提出以下四个建议。

第一，使用积极的语言评价孩子。用什么语言评价孩子，孩子就会变成什么样子。如果儿童从成人那里经常得到的是赞许、表扬，是肯定的态度，那么，儿童就会认为自己是一个有能力的人，他们的行动表现为情绪积极、稳定有自信。相反，如果孩子经常受到批评贬低，他们会感到自己是一个无能的人，变得畏缩胆小、依赖性强、缺乏自信。

第二，教育过程要保持民主。领导要让员工说话，家长要让孩子发言，给他发言的机会，哪怕他说得不对，你也得让他说。这样能保证他自尊心的充分发展。

第三，不要包办代替。孩子能吃饭的时候就别喂，能系鞋带就不用替他系，能走路的时候，就让他自己走。我们现在的模式是爸爸妈妈、姥姥姥爷、爷爷奶奶围着一个孩子转，叫"非常6+1"，什么事都替他包办代替。孩子都是十八九岁的大小伙子了，父母长辈还总是担心他这不会、那不会，活儿我替你干、东西我替你准备、作业我替你写、男朋友我替你找。过分的包办代替是不对的，这等于告诉孩子，你是没能力的，还会削弱孩子的自尊心，让他觉得"我很可爱但是我没能力"，于是他就凡事都要找拐棍，自尊心就会变得特别不平衡。

第四，不要提过高的要求。过高的要求导致的结果就是每次都达不到，这种长期的挫折感会打击自信心，最后造成自我否定和退缩。应该多提合理目标，让他经常获得成功的体验，一点一点积累成功的自豪感，形成稳定的自尊和自信。

运用互惠获取支持

回过头来说张松，作为一个长相不好的孩子，他的成长过程当中只有挫折打击，没有足够的支持，所以他变得特别敏感。刘璋让一个心理特别敏感、自尊心失衡的人去搞外交，这是不对的。外交的本质就是人跟人打交道，我们应该找一个心理状态足够平衡稳定的人去搞外交。所以诸葛亮对刘璋的评价是"刘璋暗弱"，暗于察人、弱于用人。曹操的冷淡、刘璋的暗弱，加上张松的敏感，成全了一个人——刘备。刘备决定采用跟曹操完全不同的策略来拉拢张松，这个策略叫作"运用互惠获取支持"。

张松来见刘备的过程符合四个字——远接近迎。我们经常说，你来吧，我去迎接你。大家注意，"迎"和"接"是两回事。什么叫"接"？你到机场了，我在接机口等着你，这叫"接"。你进了三元桥了，我在三元桥边等着你，这叫"迎"。所谓迎接，就是在远处安排一拨人接你，然后在门口安排一拨人迎你，这两条都有了，才叫"迎接"。有些人是只有接没有迎；有些人是只有迎没有接；还有人是迎、接都没有，这是很失礼的。

刘备准备得特别充分，先让关羽和赵云到远处去接。张松来了，关羽、赵云特别热情地把张松送进馆驿，准备了丰盛的酒宴、热乎乎的洗澡水，张松美美地睡了一觉。第二天早起进城，上马走了不到三五里，只见一簇人马赶到，乃是刘备带领诸葛亮、庞统亲自来接，锣鼓喧天地把张松迎进了府中。

接着刘备对张松还有一段表态，说得特别肉麻。刘备说："久仰大夫高名，如雷贯耳，恨云山遥远，不得听教。今日一见三生有幸，光临寒舍，蓬荜生辉。倘蒙不弃，到荒州暂歇片时，以叙渴仰之思，实为万幸！"刘备说完之后，所有人热烈鼓掌。张松看着这个场面，心里全是温暖。你看曹操是什么态度，你再看刘备又是什么态度，这一高一低、一冷一热，让张松有了完全不一样的感受。此时此刻，我们可以用一个比喻来形容张松的心情，就是刚出锅的热年糕，前面是热乎乎、软绵绵的，后面也是热乎乎、软绵绵的，而且中间还夹着一个甜丝丝的糖心，滋味美极了。

《三国志》（裴松之注本）中关于刘备见张松的描述比较简单，只用了十二个字："厚以恩意接纳，尽其殷勤之欢。"通过这十二个字，可以看出刘备确实是下功夫了，由此可见《三国演义》的描述应该是很合理、很形象的。

刘备殷勤招待张松，令张松非常感动，于是他把西川的重要情报都报告给了刘备。以此为标志，刘备入主西川、成就霸业的大幕才徐徐拉开。而这个拉开大幕的人，就是这位形象很差的"龅牙哥"张松。

刘备和张松的交往体现了一个重要的人际沟通策略，叫作"互惠策略"。这个策略虽然简单，但却是人际交往的基础。俗话说"人情一把锯，有来必有去""投桃报李，滴水之恩，涌泉相报"，这两句说的都是一个道理——你给了我好处，我一定回报你更多的好处。不管是古人的外交，还是现在的市场营销，互惠策略都是基本的策略。如果你去商场，售货员让你试吃、试穿、试玩，你只要试了，就很有可能买他的商品，因为你的互惠机制被启动了。有人说："那也未必，我可以尝了不买，拿了以后我再拒绝，这不行吗？"

我给大家讲一个亲身经历，借这个案例我们可以分析一下互惠策略的威力有多大。

"非典"期间学校封闭了大半年之后，我去一个商场买东西，心里非常高兴，进入商场后迎面是一个立柱，立柱旁边很规矩地站了两个美女，个头一般高，穿着统一的制服、丝袜、高跟鞋，一样的头饰。我进门之后她们就冲我微笑。我稍微迟疑了一下。她们一见我迟疑，就走上来了，对着我规规矩矩地鞠了一个躬，说："先生您好，请问您要擦皮鞋吗？免费的。"

各位猜一猜，这俩人是干什么的？销售高价鞋油的。那么请问，她要给你擦皮鞋，你擦还是不擦？学生对我说："老师，你就擦，有什么了不起的,擦完以后站起来就走,她总不能抢吧。"你给我使糖衣炮弹,我啃了糖衣不要炮弹。

你如果是这个想法你可以试试看,但现实往往不可能是那样的。只要啃了糖衣,一定要中炮弹。为了弄明白这个策略到底有多强大,我决定舍身炸碉堡,亲自试一下。于是我说:"好,费心帮我擦擦吧!"

话音刚落,一个女孩像变戏法一样,从后边拿出一个小马扎,搁到地上,俩人把我按到马扎上坐着,对着大门,一左一右紧贴着我,拿出擦皮鞋的东西,开始用略带夸张的手法给我擦皮鞋。人来人往的门口,很多人一进来,见有两个美女按着一个男人坐在这儿,大家很好奇,就围过来看。还有很多人拿起手机拍照,我羞得只好低着头。我跟她们商量,能不能换个隐蔽点的地方,俩美女说:"不用不用,这儿光线好。"

两个人擦了一会儿之后,有一个人站起来,使了个眼色,然后就到后边去了。干吗去了?拿高价鞋油去了。剩下这个美女又给我擦了两下,然后站起来问我:"先生,您看您满意吗?"你要敢说不满意,她恐怕会跪到地上抱着你的腿给你擦鞋,直到你说满意为止。于是我赶紧点头说:"满意满意,挺好的。"

这时,后边那个美女也回来了,两个人站到我对面。两个美女站在对面,第二次给我鞠了一躬,鞠完躬俩人说:"先生您看,大夏天的我们给您擦皮鞋,挺认真挺辛苦的,我们也不容易,我们两个人是鞋油厂的下岗职工,单位不景气,没有收入来源,我们在这儿免费擦皮鞋,给大家提供一点服务,也请您考虑到我们的难处,也能买我们两管鞋油,周济一下我们的生活。在这里,我们向您表示深深的感谢,谢谢啦!"

说完,两个人第三次规规矩矩给我鞠了一个躬。鞠完躬以后,她们就站到我对面,睁着楚楚可怜的大眼睛,忽闪忽闪地看着我。我本来是下定决心站起来要走的,可是站起来以后我发现,身体转过来,腿居然迈不动。原因有两个：第一，周围群众都看着呢，一定会议论"占完人家便宜转身就走，这男人还是人吗"，我丢不起这个人；第二，她们真的擦得很干净，大夏天也确实不容易。占了人家的便宜就这么走了，良心上过得去吗？

在良心和面子的双重作用下，我懵懵懂懂就买了两管鞋油。大家注意，这两管高价鞋油攥在手心里，前边看不到头，后边看不到尾，就跟宾馆提供的一次性牙膏一样大。推销鞋油的女孩儿用的策略很简单，就是互惠策略。当众尊重你、关心你，认真给你服务；享受了免费服务之后，你必然会掉到陷阱当中，这就是互惠策略的威力。所以，应对互惠策略，我给大家两个方面的建议。

第一，在重大的交往和商业谈判当中，不要接受别人的小礼物，不要吃别人的饭，"吃人嘴软，拿人手短"，只要互惠机制启动了，谈判能力就会降低，这是肯定的。

第二，对于一件东西，你没有想好买还是不买之前，尽量减少免费的试吃、试用。只要试过了，往往就会懵懵懂懂地全盘接受，这就是互惠的威力。

我们来分析一下互惠策略的原理。其实，互惠在本质上是人性的需求，人有三个最基本的需要：需要关心，需要尊重，需要认可。而互惠策略恰恰能满足这三个基本的需要。所以互惠机制一旦启动，就会产生意想不到的好效果。

刘备认认真真、实实在在地给了张松所期待的尊重和认可，还有张松想要的丰厚的财物。按照互惠原理，张松知恩图报，主动做贡献，不但把西川的主要情报给了刘备，而且还为下一步刘备入川做了重要的铺垫工作。

《三国志·刘璋传》记载了"张松三献策"。的故事

一献策，建议刘璋北拒曹操。松还，疵毁曹公，劝璋自绝。

二献策，建议刘璋东联刘备。因说璋曰："刘豫州，使君之肺腑，可与交通。"璋皆然之，遣法正连好先主，寻又令正及孟达送兵数千助

先主守御，正遂还。

三献策，建议刘璋迎刘备入川，加强川北防务。后松复说璋曰："今州中诸将庞羲、李异等皆恃功骄豪，欲有外意，不得豫州，则敌攻其外，民攻其内，必败之道也。"璋又从之，遣法正请先主。璋主簿黄权陈其利害，从事广汉王累自倒县于州门以谏，璋一无所纳，敕在所供奉先主，先主入境如归。

尽管有黄权、王累等人的苦劝，刘璋还是听信了张松的建议，决定迎刘备入川。这真是小绵羊请大老虎当保姆。大家想想，如果当初曹操对张松态度好一些，也采取互惠的方式，给张松一些尊重和认可，那三国的形势就有可能完全不同。真是得一人安天下，失一人丢天下。

这件事也从另一个方面提醒我们，即使我们事业成功了，春风得意、大权在握，也不应该骄傲自大、瞧不起别人。成功的人都有一个重要的品质，就是时时刻刻有一颗成全别人的心。成全别人也就成就了自己。

基于比较，建立满意

张松下决心迎接刘备入川，为了实现这个目标，他拉了一个强有力的帮手，就是好朋友法正法孝直[1]。《三国志·法正传》记载：松于荆州见曹公还，劝璋绝曹公而自结先主。璋曰："谁可使者？"松乃举正，正辞让，不得已而往。

两个人还唱了一出双簧，张松推荐法正出使荆州。法正假装拒绝，反复辞让，最后貌似不得已才接受了任命。这样做当然都是为了避免刘璋起疑心。

---

1 法正（公元176—220年），字孝直。扶风郿县（今陕西眉县）人，为东汉末名门法氏之后，是三国时期蜀汉重臣。本为刘璋部下，后投归刘备；屡划奇谋，深受刘备信任。刘备在世时，唯独法正有谥号，死后追谥为翼侯。

法正在荆州同样受到了刘备的热情接待，其规模和水平应该和张松是一个级别的。所以，《三国志·法正传》中记载：正既还，为松称说先主有雄略，密谋协规，原共戴奉，而未有缘。法正和张松成了刘备的铁杆拥护者，商定寻找机会帮助刘备入主西川。

其实法正与其说是为了帮助刘备，不如说是为了帮助自己。当时法正的处境并不好，他和张松还是有点区别的。从前面的内容当中我们也看到，张松身居要职，刘璋对张松言听计从。黄权稍微提了一点不同意见，就直接被贬官到乡下去了，这件事可以证明张松当时的权势之大。不过法正不太一样，他在刘璋集团中是一个被冷落的角色。《三国志·法正传》记载：

建安初，天下饥荒，正与同郡孟达俱入蜀依刘璋，久之为新都令，后召署军议校尉。既不任用，又为其州邑俱侨客者所谤无行，志意不得。益州别驾张松与正相善，忖璋不足与有为，常窃叹息。

法正的情况可以用三个要点来概括：一是职位低微，能力得不到发挥；二是人际关系不好，总被身边同事打击；三是感觉跟着刘璋干事业没有前途。

此时，借助张松的成全，法正结交了刘备。刘备给法正的感觉完全不一样。首先是刘备尊重认可法正，言谈举止中透着发自内心的喜爱，让法正感觉到了温暖。知识分子最看重是否得到足够的尊重，你可以瞧不起我的人，但是你得瞧得起我的才华学问，知识分子基本都是这样的。而刘备给法正的感觉就是刘备不仅尊重学问，更尊重法正本人。法正那冰冷的心得到了温暖。其次就是刘备对法正不仅仅是尊重认可，他行为上有表示，嘴上有承诺，让法正看到了未来，感觉跟着刘备干更有前途。

中国有句老话，"人比人得死，货比货得扔"。没有比较就评不出优劣。单独看刘璋，他还是个不错的领导，但是跟人家刘备一比，那真是天壤之别。可以说在荆州与刘备相处的几天给法正带来了很大的心理冲击，最终促成了他倒向刘备阵营。

人力资源干部管理上经常提到一个词，叫"职业满意度"。法正就是一个职业满意度偏低的员工，他决心从刘璋公司跳槽到刘备公司，并且帮助刘备打开占领四川市场的大门。

现代管理学研究显示，这个满意度其实并非事实，满意度是一种由比较产生的感受。

假如说，企业请我去讲课，讲了一天课，给了我一笔丰厚的酬金，总额人民币现金税后一百万元。从来没见过这么多钱，我挺高兴，拿着一百万元高高兴兴往外走。结果走到门口，发现同事王教授从楼上下来，他也讲了一天课，背着三个麻袋，脖子上还挂着一个包，一边走一边喘气。我问他："您这是怎么回事？"王教授说："你不知道，给他们讲课的好处是给的钱多，缺点也是给得太多，讲一天课就给了两百万元，沉死我了。"

看着他远去的背影，我立刻愤怒了，凭什么都是讲一天课，给他两百万元，给我一百万元，这也太不公平了。我越想越愤怒，越想越不满意，你说我这一百万元应该怎么花？买吃买喝买汽车，剩下零钱买把水果刀，谁给我发钱，我得把他捅死。这就叫"端起碗吃肉，放下碗骂娘"，不满意都是比出来的。所以大家看，"比"字怎么写？两个"匕首"的"匕"，这叫比字两把刀，伤人又伤己，一个爱攀比的人，他的生活方式就是每天早晨睁开眼睛，手拿两把刀，一把刀对着别人，一把刀对着自己，受的都是内伤。

在日常的满意度和公平感的管理中，请大家十分注意"比较"这两个字。假如我们手下有哪个员工不满意了、有意见了，要做两件事：第一，帮他选一个正确的比较对象。第二，让他不要光看收入，要比一比投入。你如果觉得自己拿一个、人家拿两个不公平，那么你知道人家付出了多少吗？人家付出一个太平洋，得到一个西湖，你付出一瓶水又得到一瓶水，你有什么不满意的？所以这种"先看付出，后看收入"的方法，能够帮人们建立心理平衡，这是一种智慧。

《伊索寓言》当中有一个故事特别有意思。有一群绵羊冬天走远路去吃烂草,吃完之后,辛辛苦苦往村里边走,走得筋疲力尽。到了村口,夕阳已经贴着山头了,在灿烂的阳光下,村口有个猪圈,猪圈里面有一群猪,吃饱喝足了在泥里面打滚,幸福得直哼哼。小绵羊很生气,跟老绵羊说:"妈妈,真不公平,我们走这么远的路,吃这么差的食物,你看这群死胖子,过得多开心!"老绵羊很平静地说:"孩子,你真傻,我们走远路吃烂草,过年给点毛就行了。你看这群死胖子过得很开心,过年他们是要玩命的。"

大家看看,光看收入、光比待遇是不对的。当你羡慕人家收入高的时候,你得想想人家投入的是什么。所以我们特别强调,在满意度管理当中,第一,要选择正确的比较对象;第二,要先看投入再比收入。

法正通过反复比较,觉得自己在刘璋集团当中,有才华有能力,同平台的人都过得很好,只有自己过得不好,而且自己还付出了那么多,却没有得到回报。反观刘备,他对自己这么好,刘璋对自己这么差,经过从里到外、从前到后的反复比较,法正就得出一个结论,跟着刘璋干不如跟着刘备干。于是法正下决心要追随刘备成就霸业。

心怀大局,坚持底线

就在张松和法正都在为寻找机会帮助刘备而费脑筋的时候,机会来了。

此时,曹操已经在西凉作战当中打败了强大的对手马超[1],然后准备率领部队进攻汉中的张鲁。汉中一旦被占领,西川门户大开,曹操就能一路进兵成都。消息传到成都,朝野震动,刘璋很紧张,急忙把张松请来。张松说:"现在天下唯一可以依靠的人就是刘备刘玄德,他讲仁义、讲感情,又能打败曹操,我们不如把他请来当外援,让他跟

---

[1] 马超(公元176—222年),字孟起,扶风茂陵(今陕西省兴平东北)人,东汉末年及三国时期蜀汉著名的将领。

咱们一起战斗。"刘璋说："好！"《资治通鉴》中是这样记载的：

会曹操遣钟繇向汉中，璋闻之，内怀恐惧。松因说璋曰："曹公兵无敌于天下，若因张鲁之资以取蜀土，谁能御之！刘豫州，使君之宗室而曹公之深仇也，善用兵。若使之讨鲁，鲁必破矣。鲁破，则益州强，曹公虽来，无能为也。今州中诸将庞羲、李异等，皆恃功骄豪，欲有外意。不得豫州，则敌攻其外，民攻其内，必败之道也。"璋然之，遣法正将四千人迎备。

于是刘璋第二次派法正到荆州来见刘备。熟人第二次见面，法正就跟刘备商量，说刘璋这人不足以守住西川，成都沃野千里，兵精粮足，里边有张松做内应，外边我给您出主意，里应外合，夺了他的西川，以后您就能成就霸业。此话正中刘备下怀，而且这也是当年跟诸葛亮定的战略。刘备决定进西川，安排得很充分，留关羽、张飞、赵云、诸葛亮镇守荆州，棋胜得顾家，先把根据地守牢。然后刘备带着剩下的人进了西川。

刘璋带着一拨人来见刘备，双方有一个重要的历史性的会面。刘备带了两万多人，刘璋带了三万多人。大家想，哥俩儿见面带这么多人干吗？这哪里是见面，这是阅兵。刘备是为了展示自己的实力，刘璋也是为了展示自己的实力。

在两个人见面之后，刘备集团中就发生了一次激烈的争论，张松、法正、军师庞统三个人异口同声给刘备提建议，让他借见面的机会对刘璋下手，一举定大局，拿下西川，这叫"斩首行动"。用我们现在的眼光看，这招挺狠，而且简单直接，速度快、效果好。但是刘备更简单，直接说不行。刘备为什么拒绝呢？理由是现在西川的民心还没获得，在西川的人气还不足，如果贸然对刘璋动手，会背骂名，以后的局势会不稳定。在没有得民心之前，不能下狠手。所以大家会看到，在眼前利益和长远目标发生矛盾的时候，刘备选择的是长远目标，他是从战略上考虑问题的，而不是从战术上考虑问题的，不能因为眼前这件事而阻碍长远的发展。

我给大家举个例子。探险队在黑暗的山洞当中迷了路，大家焦急地四处去找出口。洞里地形复杂，为了不摔跟头、不磕脑袋，人们把火把点着了。但是老向导却严厉地要求大家必须把火把熄灭。理由很简单，那个小洞口光亮是微弱的，如果点着火把，眼前的光亮把洞口的光亮给掩盖了，我们一辈子都不可能走出这个山洞。因此在山洞里找出路的时候，我们要做的是熄灭火把、关掉手电。虽然眼前磕磕碰碰，容易摔跟头，但是有利于找到出路。这个策略可以概括成一句话：

> **管理智慧箴言**
>
> 做事要有大局观和长远打算，不要为了眼前的顺利影响将来的出路。

管理上往往出现这样的局面，为了解决眼前的小问题，为了图一时的痛快，采取了一些不应该采取的措施，反而最后毁了大局。一个有长远眼光的管理者是了不起的，他能为了长远发展，不走捷径，不找方便，眼前主动担责任、主动担风险，这都是一般人做不到的。刘备就是这样的管理者，他的思考更有高度，斩了刘璋会失了民心，是非常不利于长远发展的事情，所以他选择站稳脚跟，慢慢积攒力量，广施恩义，等条件成熟了再寻机占领成都。《三国志·先主传》中记载：张松令法正白先主，及谋臣庞统进说，便可于会所袭璋。先主曰："此大事也，不可仓卒。"

于是刘备、刘璋双方在良好的气氛中见面，宴饮百日之后，和平分手。刘璋带着人马回成都，刘备整顿人马转而向北，一路北进前往葭萌关（今四川省广元市境内），这是刘璋的势力跟张鲁的势力接壤的地方，属于最前线。兵到葭萌关，刘备并没有组织战斗，而是发展生产、关心民生、广施恩惠、收拢民心，这符合刘备的做事风格，就是我们前面讲过的"济大事以人为本"。刘备一直坚信，做大事最重要的是找人才、攒人品、聚拢人气，关心人心、人性、人际关系，围绕人来做文章，这样的思路永远是一个非常棒的战略，刘备在这一点上做得很好。

俗语说"人在屋中坐，祸从天上来"，虽然刘备不准备打仗，但是仗自己找上门来了。在葭萌关，有一个惊天动地的艰苦战役正在等着刘备。远离根据地，没有关羽、张飞、赵云，他乡作战的刘备能不能经得起这个考验，能不能在关键战役中取得决定性的胜利呢？请看下一讲。

第十二讲

顺风顺水抓大局

刘备有一句名言:"勿以恶小而为之,勿以善小而不为。"无论从史书的记载,还是小说的描写来看,刘备都是个十分在乎名节的人,行事始终高举道义的旗帜。他为何如此注意自己的形象?是在假意表演,还是另有打算?在维护形象方面,刘备有没有失误的时候,他又是如何进行"危机公关"的?对今天的管理者而言,他的做法有哪些值得借鉴的地方?

这里先和大家聊聊信誉的话题。夏天，我和同学去学校南门外吃西瓜，校园南门的小店里西瓜卖 1.2 元一斤，门口大马车上西瓜卖 1 元一斤。想想看，大家是买门口马车上的，还是买小商店里的？我选择的是商店里的。为什么这么选呢？其实这反映了博弈论的规律，即在"一次性博弈"和"重复博弈"这两种博弈当中，人们会采取不同的策略。我们分析一下。和路边流动摊位交易属于一次性交易，路边流动摊位今天在这里，明天不知道在哪里，产生的交易是砂锅捣蒜一锤子买卖。即使缺斤短两，事后你也没办法找摊主理论。但如果是一个固定摊位，情况就不一样了，这次缺斤短两，下次可以找他算账，以后再也不去了。固定摊位的摊主为了维护长远利益就会提供好的产品和服务。这就是我宁可多花一点钱也选择固定摊位交易的原因。根据重复博弈的思路，长期固定的摊位更珍惜声誉，更可靠。

有人说刘备在乎名声是伪善的表现，是假仁假义。其实，根据上述分析，刘备是准备在西川长期扎根发展的，他不想做"流动摊位"，他期待的是百年大计，基业长青。所以，他在乎声誉和民心是非常明智的，这样做最符合他的长久利益。所以刘备在乎名声并非伪善，而是一种长期发展的战略远见。正是基于这样的考虑，他没有急于对刘璋下手，而是决定先经营一小块根据地，等待时机，再图进取；先收民心，再得天下。

张松之死

东汉建安十七年，即公元 212 年的冬天，成都一派太平景象，刘璋刘季玉坐镇成都，每日欢歌宴饮，心情不错。成都可是个休闲的好地方，好吃的、好玩的可不少，特别是那两年来，西川一带太平无事、风调雨顺，收成也不错，唯一让他担心的是北面的张鲁。自从刘璋和张鲁反目之后，张鲁也曾派遣大将庞义数次出兵，但是都损兵折将、无功而返。幸好，现在有刘备驻扎葭萌关，刘璋就完全放心了。

有了刘备这个大老虎，不怕张鲁玩粗鲁。刘璋的心情美滋滋、乐颠颠的，每天都像过小年，遥望中原烽火狼烟，回看自己风景这边独好。

他发自内心地佩服自己的父亲刘焉，父亲太有远见了，在成都这个好地方发展事业，太英明了。同时刘璋也有点自得，他把刘备请到川北对抗张鲁，借别人家的板砖修自己家的城墙，省心省力省成本。

就在这个时候，忽然有人来报，川北的刘备有紧急信件。这下刘璋有点紧张了，担心川北出大事。打开信一看，刘璋有点放心，又有点担心起来。

放心的是，川北太平无战事，张鲁没有轻举妄动；担心的是，刘备来信说要走，理由是曹操进攻江东和荆州，刘备要求放弃当面之敌，救援荆州。到底放不放刘备东归呢？这令刘璋很纠结。不过，还有一个人比刘璋更加紧张纠结，这个人就是张松。

对于刘备要走这件事，如果说刘璋是辗转反侧，那张松就是如坐针毡。自从刘备入川，张松确实做了几天美梦，他的小算盘就是把刘备请进来，里应外合夺取西川，自己也能当个开国元勋，大富大贵就在眼前。可是万万没想到，刘备居然没有任何作为，就要东归荆州，哪有进了苹果园一个苹果也不摘，转身就走的道理？张松越想越着急，甚至有点生气了。刘备不光错失了重大的机会，而且还毁了自己的前程。"不成，一定得劝劝他！"张松下定决心之后，就提笔给刘备写了一封信。信还没有写完，家人来报，张松的哥哥张肃来了，张松连忙出迎。兄弟二人同时在刘璋手下做事。前不久，刘璋派张肃为代表去拜访曹操表达善意，沟通效果很好，曹操还授予张肃一个太守的职位，这可是他们全家上下的大喜事。不过后来张松去见曹操，就没有哥哥这么幸运了，曹操嫌弃张松相貌丑陋、举止傲慢，没有给张松任何好处。张肃和张松虽是亲兄弟，但是相貌却截然不同，张松身材矮小、相貌丑陋，而张肃却身材高大、一表人才。有时候，张松真的有点嫉妒自己的这个哥哥。

兄弟两个人吃饭闲聊、纵论天下局势，张松疏忽了一件事，桌子上给刘备的信就摊在那里，一个没留神就被张肃发现了。张肃一开始也没太介意，以为是弟弟写的文章，但仔细一看，禁不住大吃一惊，原来是张松给刘备写的密信，上边赫然写着："刘皇叔今大事垂立，如何释此去乎！"

张肃看完信的内容，一下子明白了，自己的弟弟是刘备的内应，要里应外合夺取西川。看来黄权、王累这些大臣的担心是对的，引狼入室的叛徒竟然是自己的亲弟弟。

这件事情要是败露了，那可是要灭门的，全家都要跟着挨刀。怎么办？张肃一咬牙，心想：你能卖主求荣，我就敢大义灭亲。张肃连夜到刘璋那里把张松给举报了。刘璋震怒，他万万没有想到自己这么信任的人居然吃里爬外。张松还想争辩几句，但是哪还有争辩的机会，立刻就被满门抄斩。后人感叹："一览无遗世所稀，谁知书信泄天机。未观玄德兴王业，先向成都血染衣。"《资治通鉴》中是这样记载的：

及曹操攻孙权，权呼备自救。备贻璋书曰："孙氏与孤本为唇齿，而关羽兵弱，今不往救，则曹操必取荆州，转侵州界，其忧甚于张鲁。鲁自守之贼，不足虑也。"因求益万兵及资粮，璋但许兵四千，其余皆给半。备因激怒其众曰："吾为益州征强敌，师徒勤瘁，而积财吝赏，何以使士大夫死战乎！"张松书与备及法正曰："今大事垂立，如何释此去乎！"松兄广汉太守肃，恐祸及己，因发其谋。于是璋收斩松，敕关戍诸将文书皆勿复得与备关通。

示范的力量——给希望给未来

其实张松死得挺冤的，冤在他根本就不理解刘备的思路。

张松、法正、庞统三个人的思路是比较一致的，就是利用入川见刘璋的机会，冲上去，"咔嚓"一下把刘璋拿下，所谓擒贼先擒王，只要控制了刘璋，西川唾手可得。这样简单直接、省事省力，是最有效的成功手段。可是刘备偏偏就是不下手，几个人都忍无可忍了，一遍又一遍催促刘备：主公，你倒是出牌啊，我们等得花儿都谢了！

其实不但花儿都谢了，连张松的命都搭上了，可是刘备就是不动手。为什么呢？有人说那是因为刘备不忍心夺同宗基业。一般小说里为了树立刘备的正面形象都这么说。不过大家想想，不夺同宗基业，刘备结交法正、张松做什么？来西川干什么？

无利不起三分早，刘备大老远从荆州跑过来，水陆并进，耗费巨资，难道只是为了搞一个老乡见面会吗？肯定不是。上饭店就是为了吃饭，不吃饭难道是来睡觉的吗？刘备也是要夺西川的，而且他夺西川的愿望肯定比张松、法正、庞统这些人都强烈。不过，刘备有远见和大局观。《三国志·庞统传》记载：益州牧刘璋与先主会涪，统进策曰："今因此会，便可执之，则将军无用兵之劳而坐定一州也。"先主曰："初入他国，恩信未著，此不可也。"这里可以看出，张松他们几个人一致认为，要对刘璋下手，抓了刘璋就得了西川了。刘备觉得时机不成熟，不可以下手。刘备看得更深远，他的思路就是，抓刘璋易，得西川难，如果贸然行动，抓了刘璋，未必能得西川，而且很有可能给最终得到西川制造更多的障碍。这就是战略眼光。

夺权容易，得民心难。刘备担心自己贸然行动，搞突然袭击，引发西川军民百姓的联合反对，到那时，民众一起来打他这个强盗，自己纵有实力，也难以控制局面。

所以，刘备一定要先获得西川军民百姓和地方实力派的支持与认可。有了这个资源，回过头来随时都可以对刘璋动手。于是，刘备选择进军葭萌关。不过，到了葭萌关，刘备并没有真的和张鲁开战，而是集中精力开始了另外一场更为主要的战役。

《三国志·先主传》记载：先主北到葭萌，未即讨鲁，厚树恩德，以收众心。刘备在葭萌关地区搞了一个小的经济特区，在这里发展生产，改善民生，广施恩惠，树立形象，扎扎实实搞起了民心工程。这是刘备认为确保入川的最重要的战役。有人会问，西川那么大的地盘，单纯只是把葭萌关周围那一点儿地方治理好，让一小部分人满意，能有多大价值呢？这个问题背后隐藏着一个重要的管理策略，在这里要和大家分享一下。这个策略叫作"示范效应"。

我给大家讲一个农场的故事。农场里养了两千只母鸡，地方小，盖了两层楼的鸡舍，楼上楼下阴暗狭窄，母鸡在鸡舍里边，产蛋量急剧下降。开农场的老爷子急了，把养鸡专家鸡博士给请来了。鸡博士转了一圈，点点头，说："问题明摆着，办法也很简单，明天上午九点钟我就来，半天就能解决。"第二天上午九点，红日东升，艳阳高照，鸡博士来了。老爷子打开门一看，"扑哧"一声就乐了。只见鸡博士怀里抱着一只大公鸡，公鸡长得非常漂亮，冠子通红、羽毛光亮，几条尾翎特别长，而且脚上染了五颜六色的指甲油。老爷子说："你这个学者养宠物都这么另类啊？"鸡博士说："别闲聊，赶紧干活吧。"

老爷子问："怎么干活？"鸡博士说："你去把鸡舍的门、窗、天窗，所有能打开的都打开。"老爷子带几个工人把门窗都给打开了，阳光立刻照亮了整个鸡舍。这些小母鸡在灿烂的阳光照耀下都醒了，大家交头接耳，这是为什么啊，没开灯怎么还这么亮呢？

鸡博士抱着大公鸡，走到鸡舍前面的空地上，把大公鸡往空地上一搁，说："来，宝贝，走两步。"大公鸡迈着模特步，在两千只母鸡的注视下，"咔咔"地走了几步。所有的母鸡眼睛都亮了："看，帅哥！"大家瞪着眼睛上下打量，越看越高兴。老爷子着急地说："你看你看，让你给我解决干工作的问题，现在你整来一帅哥，那些鸡更不干工作了。"鸡博士说："你别着急，我还有呢。"

就在母鸡都盯着公鸡看的时候，鸡博士走到鸡舍里打开笼子，从里边拎出两只母鸡，一手一个，往公鸡身边一扔。俩母鸡落地那一瞬间就站直了，赶紧抖搂抖搂羽毛，梳理梳理冠子，在帅哥面前得注意形象啊。接着三只鸡开始聊天，越聊越开心。过一会儿再看，母鸡的冠子红了、羽毛顺了，毛梢亮了，眼睛终于有了青春的光彩——恋爱中的母鸡，从外形就能看出来。鸡博士高兴地对老爷子说："效果很好，明天你这只鸡就得下蛋。把咨询费给我，我先走了。"

老爷子说:"你先别走,来看合同——解决两千只母鸡的产蛋问题。你现在才解决两只,其余的母鸡呢!"鸡博士说:"我都给你解决了。"老爷子说:"这不就是两只吗?"鸡博士说:"走,咱们去鸡舍里看看。"

两个人进了鸡舍。令人震惊的场景发生了,整个鸡舍一派繁忙。所有的母鸡都在那儿忙着梳理羽毛。有的还办起了彩妆培训班、礼仪沟通培训班,一派欣欣向荣的景象,所有母鸡冠子都红了,毛梢都亮了。

老爷子不明白了,说:"你就扔出去了两只母鸡,为什么所有的母鸡都这么高兴呢?"鸡博士说:"我给你讲一个道理,你看你这鸡舍阴暗潮湿,两千只母鸡在里边辛辛苦苦地工作,没人在乎它们的喜怒哀乐,没人在意它们的生老病死,一线员工不容易啊。而你又没有那么多的资源和时间去关心它们。怎么办呢?我带来一只大公鸡,两只母鸡跟公鸡恋爱了,这个故事就发生在大家眼前。于是所有母鸡就得到了一个信息,原来鸡也可以那样生活,原来一线员工也能那么幸福。这叫作'虽然没看见待遇,但是看见了希望'。因为有了希望,所以状态就都改善了,效率也就提高了。"

所以,激励团队的基本规律就是:不怕没有眼前,就怕没有未来。不怕没有待遇,就怕没有希望。在资源、时间都有限的情况下,我们只要给几个有代表性的人一点待遇,一点幸福感,让所有人看到,只要你努力你也有机会,这样就可以激励一群人了。

管理智慧箴言

不给待遇给希望,关心几个人,温暖一群人。用一个点可以激励一个面,示范效果是威力无穷的。

刘备没有条件去治理西川全境,也缺乏足够的资源去改善每个人的生活,所以刘备舍大取小,集中力量去治理葭萌关周围的地区。葭萌关就是一个示范区,通过治理示范区,刘备一下子就让很多人感到了温

暖、看到了希望、找到了方向。有一个童谣可以证明这一点，当时在成都的闹市里，孩子都会唱一首小童谣："若要吃新饭，需待先主来。"连井市街头的小孩都想着追随刘备，大家想想示范的威力有多么巨大。

保持形象，得意时不失态

接下来事态如何发展呢？《三国演义》中是这样描述的：

刘璋既斩张松，聚集文武商议曰："刘备欲夺吾基业，当如之何？"黄权曰："事不宜迟。即便差人告报各处关隘，添兵把守，不许放荆州一人一骑入关。"璋从其言，星夜驰檄各关去讫。

却说玄德提兵回涪城，先令人报上涪水关，请杨怀、高沛出关相别。杨、高二将闻报，商议曰："玄德此回若何？"高沛曰："玄德合死。我等各藏利刃在身，就送行处刺之，以绝吾主之患。"杨怀曰："此计大妙。"……

却说杨怀、高沛二人身边各藏利刃，带二百军兵，牵羊送酒，直至军前。见并无准备，心中暗喜，以为中计。入至帐下，见玄德正与庞统坐于帐中。二将声喏曰："闻皇叔远回，特具薄礼相送。"遂进酒劝玄德。玄德曰："二将军守关不易，当先饮此杯。"二将饮酒毕，玄德曰："吾有密事与二将军商议，闲人退避。"遂将带来二百人尽赶出中军。玄德叱曰："左右与吾捉下二贼！"帐后刘封、关平应声而出。杨、高二人急待争斗，刘封、关平各捉住一人。玄德喝曰："吾与汝主是同宗兄弟，汝二人何故同谋，离间亲情？"庞统叱左右搜其身畔，果然各搜出利刃一口。统便喝斩二人。玄德还犹未决，统曰："二人本意欲杀吾主，罪不容诛。"遂叱刀斧手斩杨怀、高沛于帐前。

黄忠、魏延早将二百从人先自捉下，不曾走了一个。玄德唤入，各赐酒压惊。玄德曰："杨怀、高沛离间吾兄弟，又藏利刃行刺，故行诛戮。尔等无罪，不必惊疑。"众各拜谢。庞统曰："吾今即用汝等引路，带吾军取关。各有重赏。"众皆应允。是夜二百人先行，大军随后。前军至关下叫曰:"二将军有急事回,可速开关。"城上听得是自家军,即时开关。大军一拥而入,兵不血刃,得了涪关。

这段描述和历史上的真实情况是基本吻合的。《三国志·先主传》记载:璋敕关戍诸将文书勿复关通先主。先主大怒,召璋白水军督杨怀,责以无礼,斩之。乃使黄忠、卓膺勒兵向璋。先主径至关中,质诸将并士卒妻子,引兵与忠、膺等进到涪,据其城。一切进行得都非常顺利,刘备不免喜出望外。这一高兴不要紧,没想到却出了一点小状况。刘备和庞统发生了冲突。好端端的,一向好脾气的刘备怎么会和军师庞统发生冲突呢?

《三国志·庞统传》记载:

即斩怀、沛,还向成都,所过辄克。于涪大会,置酒作乐,谓统曰:"今日之会,可谓乐矣。"统曰:"伐人之国而以为欢,非仁者之兵也。"先主醉,怒曰:"武王伐纣,前歌后舞,非仁者邪?卿言不当,宜速起出!"于是统逡巡引退。先主寻悔,请还。统复故位,初不顾谢,饮食自若。先主谓曰:"向者之论,阿谁为失?"统对曰:"君臣俱失。"先主大笑,宴乐如初。

在庆功宴会上刘备喝了点酒,有点失态了,他得意扬扬地对身边的庞统说:"今日之会,可谓乐矣。"意思就是说,老庞你看,今天好开心啊。庞统很平静地说了一句闯祸的话:"伐人之国而以为欢,非仁者之兵也。"意思是,把人家的东西抢到手,还这么兴高采烈,这可有点不像话。刘备一听就急了,说:"周武王打败了商纣王,也唱歌也高兴,那不是仁义之师吗?你说话这么不得体,你给我出去。"庞统就被赶了出去。

刘备的失态说明了两个问题:一是他压抑了很久;二是终于实现了自己的愿望,他很兴奋。

庞统被赶了出去,无奈地退出帐外,《三国志》用的词是"逡巡引退","逡巡"就是左右徘徊、心神不宁,说明庞统也没有想到刘备的反应这样激烈,有点不知所措。也许有人会觉得庞统小题大做,胜利了以后喝点小酒、唱唱歌划划拳，发泄一下，有什么不可以的呢？

其实，这一次庞统比刘备有大局观。领导是吃形象饭的，有姿态就会有号召力，一旦不小心失态了，就会失去号召力，而且一旦失去号召力，再想重新树立可就不容易了。宋代有个故事叫"吕夷简缓步"，很能说明问题。

故事

宋仁宗年间有个著名的宰相吕夷简，身上发生了很多管理故事。有一次仁宗皇帝生了小病，也就是发烧感冒，有几天没处理朝政。生病期间积压了很多政务，仁宗立刻派手下人，急召吕夷简入宫，另外又召来几个大臣想赶紧商量商量国事。结果这吕宰相，安安稳稳、不急不慌，一步三摇，面带微笑，就跟逛街一样，老半天他也不来。皇帝和其他大臣都挺着急，觉得吕夷简傲慢。等吕夷简来了之后，仁宗皇帝有点不高兴，说："你怎么这么慢呢？"吕夷简讲了一个特别重要的道理。他说："大家都知道皇上病了，我作为一个宰相，如果现在慌慌张张、上气不接下气地往皇宫里跑，人们就会以为您病情加重、出大事了，居心叵测的人就会趁机作乱，阴险奸诈的人就会煽风点火，不明真相的人就会左右摇摆，这叫小病会引起大乱。现在我不着急不着慌，一步三摇、面带微笑，就等于告诉大家一个信息，没什么大不了的。你看，宰相这么轻松自如，皇上肯定没事，人心一安稳，政局就稳定了，天下就太平了。"

管理智慧箴言

形象就是影响力，形象就是号召力，作为一个主持大局的人，你周围的人是根据你的形象来判断局势的，越是有重要事情的时候，越不能举止失常。

一个主持大局的领导者，要经得起喜怒哀乐的考验，经得住事业大起大落的考验。无论发生什么情况，都要乐观积极、沉静专注，表现出足够的价值观和责任感。

刘备毕竟是刘备，他很快就意识到了自己的错误。《三国志》说"先主寻悔，请还"，就是说刘备立刻意识到自己的失态失言，赶紧站起来把庞统给请了回来。

庞统表现得特别好，没有不依不饶、哭天抢地，"统复故位，初不顾谢，饮食自若"，不放大矛盾，不纠缠，不计较。在领导身边做事情，受了点委屈之后，最怕的是纠缠计较。人家都真诚道歉了，您还不依不饶，会搞得双方都没有台阶下，往往容易把局面弄得更糟糕。刘备很感激庞统，同时这件事也给自己上了一课，他暗暗下定决心以后要特别注意保持领导形象。

善拐大弯，顺利时不急于求成

刘备的民心工程收到了丰厚的回报。进军成都的一路上，不但地方老百姓支持，刘璋手下的大将也纷纷归顺刘备。刘璋派出了第一波五员大将，分别是刘璝、泠苞、张任、邓贤、吴懿，都被刘备打败了，而且吴懿投降了刘备。这个事情非同小可，吴懿是刘璋的姻亲，这说明连刘璋的亲戚都带头归顺刘备了。紧接着，刘璋又构建绵竹防线，派出了两员干将——南阳李严、江夏费观，这两个人二话没说也在阵前归顺了刘备。刘璋的军心已经乱了，兵无斗志，将无战心。

这种局面给刘备顺利执掌西川创造了最有利的条件。回想当初，如果刘备不搞民心工程，不搞群众工作，急功近利，上来就打刘璋搞斩首行动，那么肯定不会有这么多人归顺的。相反，会有很多人揭竿而起，到那时再想占据西川难度可就大了。在条件具备的时候，不急功近利，不急于求成，站得高，看得远，等得起，这是一种本事。

我们生活在一个浮躁的时代，大家做什么事都想越快越好！这里推荐一种做事情的方法,叫作"拐大弯"。车跑得特别快的时候,如果拐急弯,就可能出事故。所以,要慢慢来,拐一个大弯。同理,在一切都欣欣向荣、特别顺利的时候,如果我们要做重要的战略转变,不能立刻就转过来,需要一点一点慢慢来。这样才能降低风险,增加可靠性。

比如刘备,进西川的时候和刘璋是盟友,夺西川的时候和刘璋是对手,在从盟友变为对手的过程中,慢慢地一点一点来,始终不着急,考虑接受程度,考虑事情的火候。

战略上的转变、制度上的变革、角色上的调整,都要使用拐大弯的智慧。

慢是一种态度,慢是一种能力,慢是一种境界。在一番积蓄力量之后,刘备势如破竹、锐不可当,《资治通鉴》记载:璋遣其将刘璝、泠苞、张任、邓贤、吴懿等拒备,皆败,退保绵竹;懿诣军降。璋复遣护军南阳李严、江夏费观督绵竹诸军,严、观亦率其众降于备。"此后,"备军益强,分遣诸将平下属县。刘璝、张任与璋子循退守雒城,备进军围之。任勒兵出战于雁桥,军败,任死。"

雒城战役成了刘备占据西川的关键战役。这一段就是《三国演义》中的落凤坡。实际上,刘备集团和刘璋集团已经到了生死存亡总决战的时候,但在这样的关键时刻,刘备拐大弯的智慧再次爆发,他一次又一次放慢节奏,给刘璋留了退路。

这里我们首先需要探讨一个问题,就是在激烈的对抗当中是否应该给对手留退路。兵法上有一个原则叫"围三阙一"。为什么要这样呢?为的是不把对手逼到绝路上,让对手有一条出路,他就不会殊死搏斗,在他败退的路上我们再设伏兵,胜利就会比较容易取得。

我小时候在农村生活,农村山里边有土豹子,一种大型的猫科动物。有时候它会跑到村民家里来咬猪抓羊,村民打这只豹子的时候,一定要把后门打开,给它留个出路。假如你把门锁得牢牢的,豹子没有出路,就会咬老人孩子。给对手留条出路,就不会把我们自己逼上绝路。

从博弈论的角度来分析，如果对手知道自己没有退路、必死无疑，一定会抱定鱼死网破的决心，这样的话，夺取胜利就会很艰难，即使胜利了，代价也会比较大。如果给对手留一些余地、留一条退路，他就不会铤而走险采取同归于尽的非常手段。这样，我们的风险就会降低，胜利的代价就相应变小了。

管理智慧箴言

给对手留了退路，就不会把自己逼上绝路。

基于这样的思路，刘备在全面进攻之前，首先授意法正给刘璋写信，表达善意，同时也进行一下试探。法正写书信给刘璋，陈明厉害，劝刘璋早做归顺的打算，但是法正的信没有得到回音。雒城战役开始了，刘循拼死守城，刘备损兵折将，用了一年的时间才拿下雒城，而且谋士庞统也在战斗中战死。即使在这样的情况下，刘备也没有放弃对刘璋的劝降。而且后来，在刘循投降后，刘备也没有追究刘循对庞统战死的责任，封刘循做了奉车都尉的官职。

拿下雒城，刘备合兵一处包围成都。这时刘备并没有急于猛烈攻城，依然给刘璋留了机会，依然给和平留了出路。北面的刘备带领黄忠[1]、魏延，南面的诸葛亮带领赵云，再加上东面的张飞，把成都围得跟铁桶一样。在占据战略优势的情况下，成都战役并没有打响。刘备使用了另外一套方法，仍然是拐大弯的思路，用三个词总结，叫作"一吓""二劝""三安"。

"一吓"是说——

---

[1] 黄忠（？—公元220年），字汉升，荆州南阳郡（今河南省南阳市）人，三国时期蜀汉的著名将领。本为东汉末年群雄刘表部下中郎将，长沙太守韩玄部下将领，后成为刘备部将，历任讨虏将军、征西将军，官至威武后将军，去世后谥号为刚侯。

管理智慧箴言

高人不战而屈人之兵，不是把敌人打趴下，而是把敌人吓趴下。不用打人的手段取得胜利，而是用吓人的手段取得胜利。

刘备要运用吓人的策略震慑成都守军，他把这个任务交给了西凉大将马超。马超在西南、西北地区声威赫赫，刘备通过李恢劝说马超。马超很明智，投了刘备。刘备做了一件非常高明的事，半路上截住了马超。因为马超来投诚，身边就几十个亲兵，不足以震慑成都，刘备半路上专门驻扎一支军队，告诉马超："这是你的本部人马，我给你准备好了。"这支军队穿西凉兵的铠甲，打马超的旗号，然后浩浩荡荡向成都进发，而且绕城一圈，屯扎在成都的近处。这就相当于战斗打响之前，先搞一次盛大的阅兵。战士们盔甲鲜明，踢着正步，喊着口号，围着成都转一圈，这个效果极好！《资治通鉴》是这么记载的：超到，令引军屯城北，城中震怖。"震"是震惊，"怖"是恐怖，听说马超来了，带了那么多军队，兵无战心，民心动摇。

在这种情况下，刘备还是没有打，他的第二个策略叫"劝"。刘备派简雍带着书信入城，以和平使者的身份向刘璋示好，给刘璋指明出路，向刘璋表达善意。

刘璋真的投降之后，刘备的第三招是"安"，没有追究，没有报复，给刘璋配了振威将军的印信，让他带着自己的亲信还有金银珠宝，直接到公安（今湖北省公安县）去了。《资治通鉴》记载：备围城数十日，使从事中郎涿郡简雍入说刘璋。时城中尚有精兵三万人，谷帛支一年，吏民咸欲死战。璋言：'父子在州二十余年，无恩德以加百姓。百姓攻战三年，肌膏草野者，以璋故也，何心能安！'遂开城，与简雍同舆出降，群下莫不流涕。备迁璋于公安，尽归其财物，佩振威将军印绶。

事实证明，刘备给对方留出路的策略是非常明智的。郑度[1]给刘璋提过建议，建议刘璋坚壁清野、深沟高垒、守而不战，把沛水以东所有的粮草、物资全都烧光，把老百姓撤回来，这样刘备的一万多人没吃没喝，最后后勤给养不济，就得回荆州老家，半路上刘璋再截击。进攻的时候刘备是强者，撤退的时候刘备就是弱者，一战即可生擒刘备。这个策略可把刘备吓坏了，相关资料记载，刘备吓得一宿没睡着觉。但是法正给刘备吃了定心丸，说这个策略刘璋一定不会用。

刘璋为什么不用呢？除了自身的性格原因，还有一个重要原因就是刘璋有退路，刘备给刘璋吃了安慰剂，刘璋觉得还没到那个地步，既然有退路就犯不上坚壁清野，把那么大一块地方都烧光。所以此事再一次印证了，给对手留退路，自己就不会被逼上绝路的道理。刘备的大局观帮助他以一种看似比较慢的方式，其实很快地取得了政权。我们都以为很多事太慢太慢，其实春种秋收，十年树木，百年树人，慢才是正常的，太快了就会导致拔苗助长的恶果。

多样化用人，胜利后宽容对手

刘备取得政权之后，没有报复对手、搞大清洗大清算，而是广收人才，对曾经跟自己作对的人，都实施了宽容政策，并且吸收了其中很多人加入了自己的管理团队，甚至把这些人安排到关键岗位。这也是刘备具备大局观的地方。

我们可以把刘备搭班子的策略总结为十六个字：德才并重，论功行赏，因能授职，重用分开。

这里讲两个人，一个叫董和。董和，字幼宰，是南郡枝江人。他的祖上本是巴郡江州人。东汉末年，董和率领家族西迁。后来，他先后被益州牧刘璋任命为牛鞞、江原县长及成都县令。蜀地物产丰富，

---

[1] 郑度（生卒年及字均不详），广汉郡（今属四川）人。仕刘璋，官至州从事。

当时风气盛行奢侈，经商之家穿戴如同王侯，饮食如玉液琼浆，到婚娶丧葬时几乎倾尽家财来铺张办理。董和以自身的节俭行为来为众人做出表率，粗衣素食，处处以符合礼制为行为准则，当地奢侈风气于是大为改变，大家都对其心存畏惧而不敢冒犯。县里的一些豪强因害怕董和的严厉，鼓动刘璋调任董和为巴东属国都尉。但没想到成都县中的官吏百姓扶老携幼，挽留董和的有几千人，刘璋只好让董和留任两年，再转升为益州郡太守。董和在太守任上仍与过去一样清廉节俭。他与周围少数民族打交道时，总是以诚心相待，故此深受南方少数民族的信任和爱戴。

董和这个人真的是懂和谐、懂和气、懂和平。董和有两个特点：第一个特点是清正廉洁。他吃素食、穿布衣，在他去世的时候，家里连一石粮食都没有。大家注意，董和一直跟诸葛亮共同执掌政权，算个副总理级的人物，去世的时候家里连粮食都没有，这么清廉，令人崇敬。第二个特点是爱民如子。董和不仅懂得爱民，而且懂得富民。老百姓跟着他都能过好日子，所以他在益州百姓中有很高的威信。

建安十九年（公元214年），刘备平定益州后，征召董和为掌军中郎将，与军师诸葛亮共同主持管理左将军、大司马府的事务，董和就做了诸葛亮的副手，参与军国大事二十多年，发挥了重要作用。

第二个人叫糜竺。糜竺对刘备有重大贡献，他曾经是徐州的副手，当年刘备陷入绝境时，糜竺把手下两千人送给刘备，把全部家产捐给刘备。最重要的是糜竺还把自己的妹妹嫁给了刘备。这对刘备来说是非常非常大的支持。

所以刘备进入成都之后，封糜竺做安汉将军，级别在诸葛亮之上，糜竺第一，诸葛亮第二。虽然地位这么高，但是糜竺不会带队伍，也不懂军事，所以刘备只让他做安汉将军，地位虽高但并不掌握实权。这就叫"论功行赏，因能受职"。

《三国志·先主传》记载：董和、黄权、李严等本璋之所授用也；吴懿、费观等又璋之婚亲也；彭羕又璋之所排摈也；刘巴者宿昔之所忌恨也；皆处之显任，尽其器能。由于刘备采取了正确的战略和政策，西川地区呈现出一个前所未有的好局面，这个局面叫"有志之士，无不竞劝，益州之民，是以大和"（《资治通鉴》）。就是有点水平、有点理想的人，都竞相到刘备这里来求职找工作，整个西川欣欣向荣、蒸蒸日上。用现代流行词来说简直是"喜大普奔"。能做到这一点，确实体现了刘备的高超管理能力和领导眼光。不过刘备毕竟从来没有掌握过这么大的事业和这么多的资源，从偏安一隅的小公司项目负责人，一下子变成了世界500强的大公司董事长，刘备难免有点发蒙，他的整个思维模式都面临着巨大的考验。那么刘备能不能经受住这份大事业、大责任的考验呢？请看下一讲。

第十三讲

转变思维能成事

生活中我们常常看到，有些人虽然白手起家，干出了一番事业，然而，当事业发展到一定程度的时候，却因为思维模式固化，使进一步的发展受到限制。刘备在得到西川之后，做出了一个错误决定，差点断送了大好前程。在这个关键时刻，他是怎样转变思维模式，完成自我拯救和自我成长的呢？我们从这个过程中又能获得怎样的启示？

在这一讲的开头，我想跟大家从"思维模式"这个概念聊起。

举个例子，快餐店老板想把店里的饮料换成大杯装，遇到了一个问题，那就是一旦换大杯盛饮料，如果不兑水的话，成本会增加，要赔钱。可如果兑水，这就属于坑蒙拐骗。这时候老板咨询了经营方面的专家，专家给他的建议是，不要加水，改成加冰——饮料兑水属于坑蒙拐骗，加冰却属于优质服务。于是，一切难题都迎刃而解。

这个小案例提醒我们一件事，很多时候，换个思维模式，办法立刻就有了。什么是差距？有同样的资源，同样的打算，有的人就是思维模式还差那么一点点，所以没做成事，这就是差距。

刘备从涿州起家的时候，家底薄，本钱少，属于贫困型创业者。到了荆州，终于有了地盘，有了根据地，这个时候属于温饱型创业者。占据了西川之后，情况完全变了，刘备一夜之间从温饱型变成了富裕型、豪华型创业者，拥有了很多土地，成了名副其实的"土豪"。这种变化让他有点措手不及。

其实，如果一个人的思维模式不转变的话，资源的增加有可能会带来一大堆问题，甚至灾难。

管理智慧箴言

人的成长规律就是，一定要等到心理成熟了，才能驾驭资源和机会。在长出结实的翅膀之前，就拥有了整个天空，那会让人摔死的。

所以，有时候资源和机会会给一个没有做好准备的人带来灾难。作为管理者，刘备在还没有充分准备的情况下拥有了大量的资源和本钱，在这种情况下，他的思维模式发生了哪些转变呢？

刘备滥赏

东汉建安十九年（公元214年），刘备的三路大军将成都围得跟铁桶一样。特别是西凉名将马超的到来，起到了极大的威慑作用——关、张、赵、马、黄这五虎大将中除了关羽还在荆州，其余均已云集于此，阵容之强大足以令城中军心动摇。成都的大门马上就要打开了，最后关头，需要一个伸手去推这扇大门的人。刘备选中了手下的谋士简雍[1]。简雍可不是一般人。他本姓耿，而幽州人将"耿"读成"简"，后来便改为姓简。河北耿氏是当地的名门望族，这位简雍也是一位人才。他年少时便与刘备相识，从涿州起家的时候就追随刘备，不避艰险，出生入死，对刘备忠心耿耿。

简雍生得中等个头，浓眉大眼，爱说爱笑，性格开朗，擅于辩论、议事。性情简单直接、不拘小节。除诸葛亮外，他跟谁说话的时候都独占一榻，卧姿对话，从不屈就于人。简雍最拿手的绝活就是讲段子，哪里有简雍，哪里就有一片笑声。用咱们现在的话说，要是请他演段相声或小品，春晚语言类节目一定很出彩。简雍的语言能力使他成为了刘备麾下的一名说客。当年在荆州结盟刘表的时候，简雍就是重要的说客和使者。现在到了益州要结盟刘璋，同样需要发挥简雍沟通上的特长。

能把一个人打趴下，这是低水平；能把一个人说趴下，这才是高水平。尽管在军事方面无甚建树，简雍却是一个绝佳的外交人才。建安六年（公元201年），刘备来到荆州，简雍与糜竺、孙乾同任左将军从事中郎，常常担任说客的职务。建安十六年（公元211年），刘备入益州（今四川盆地和汉中盆地一带），简雍也同行，刘璋与他一见如故，两个人的私交很好，很投脾气。关键时刻，刘备准备利用简雍能言善辩、和刘璋私人关系好这个特点，说服刘璋开城投降。

简雍果然不辱使命，进城的时候单人独骑，出城的时候和刘璋坐了一辆车——刘璋听了简雍的话，直接坐着车和简雍就出城投降了。真的是三寸舌顶得上百万雄兵。后来刘备论功行赏，拜简雍为昭德将军，简雍治理四川颇有政绩，四川的赖简山、赖简池，还有简阳这些

---

[1] 简雍（生卒年不详），字宪和，涿郡（今河北省涿州市）人（据《三国志·简雍传》）。

地名，据说都和简雍有点关系。

　　在进占成都之前，刘备听从孔明等人的建议，为了防止刘璋旧部再生变故，给刘璋留了条后路——把他迁至公安。将财物归还于他，再佩振威将军印信。把这件事做完了，刘备高高兴兴组织大军入城。《三国志》记载：备入成都，置酒，大飨士卒。取蜀城中金银，分赐将士，还其谷帛。那场面，真的是大说大笑，大喊大叫，大碗喝酒，大秤分金银。

　　而《资治通鉴》对此事做了更为详细的记载：成都之围也，备与士众约："若事定，府库百物，孤无预焉。"及拔成都，士众皆舍干戈赴诸藏，竞取宝物。

　　这段文字告诉我们，刘备的部队并不是列成整齐的队伍，打着鲜明的旗号，威武雄壮地进入成都的。他们是怎么进入的呢？史书给我们提供了一个非常真实而令人震惊的破城场面：刘备在入城之前跟手下人说，如果成都拿下来的话，府库里的金银财物、各种值钱的东西，全都是大家的，你们可以随便拿。这等于下达了"抢劫令"。于是，进了成都之后，士兵们干脆把刀枪弓箭都扔在一边，蜂拥而上，直扑政府要害部门，见到什么拿什么，什么值钱抢什么。成都内外一片混乱。

　　明眼人都能看出来，刘备的这个命令有点失当，直接导致了入城之后的治安混乱，他所领导的政府和军队刚进入成都，在百姓中的威望便大打折扣，特别是给新政府带来了严重的财政困难。库存财物、值钱的东西都被当兵的抢走了，就等于抢劫了自己。今后新政府要正常运转，却没有足够的经费。

　　但更要命的是，刘备似乎被胜利冲昏了头脑，他不但没有看到问题的严重性，而且变本加厉，下了一道更加过分的命令——把成都的好房子、好地都赐给手下人做奖品。手下人是高兴了，可老百姓怎么办呢？

　　关键时刻，有没有人站出来劝阻刘备不要做这样的蠢事呢？有，这个人就是赵云赵子龙。所以，我特别敬佩赵云，不仅仅是喜欢，而是敬佩，因为赵云不仅年轻、英俊、武艺高强，而且深谋远虑、有头脑、有眼光，在关键时刻，那么多文臣武将都默不作声的时候，赵云能站出来给刘备纠偏，替老百姓说话。《资治通鉴·汉纪》记载：

赵云曰："霍去病以匈奴未灭，无用家为。今国贼非但匈奴，未可求安也。须天下都定，各反桑梓，归耕本土，乃其宜耳。益州人民，初罹兵革，田宅皆可归还，令安居复业，然后可役调，得其欢心，不宜夺之以私所爱也。"备从之。

赤胆忠心的赵云站出来告诉刘备，现在我们是胜利者，要让老百姓安居乐业，跟着咱们定基业、打天下。你现在把他们的房子和地都给抢了，老百姓怎么办？夺人所爱，以后谁会爱戴你？刘备这时候才意识到命令的不妥，于是听从了赵云的劝告。此前他是以破坏者，而不是以建设者的心态去面对成都的。实际上，在取胜之后，刘备迫切需要转变思维方式，完成从破坏者到建设者的思维转型。

炫富心理分析

刘备进入成都之后的所作所为，让我想起了北方人常说的一个词——烧包。这个词描述的是一种常见的现象：一个人忽然之间富裕起来了，就大手花钱，大肆挥霍，根本不考虑后果，拼命向别人展示自己多么有钱，多么阔绰，以满足自己的虚荣心。互联网上把这种行为叫作炫富。如今，有人炫耀自己的跑车，有人炫耀自己的别墅，有人炫耀自己的手表，还有人炫耀自己的包。无论是当官的，还是年轻小姑娘，他们当中有很多人都因为炫富坑害了自己，也连累了别人。

大家想一个问题，既然很多时候炫富的后果不堪设想，为什么还是有人特别喜欢大肆挥霍，向别人炫耀自己有钱呢？

心理学家认为，炫耀的背后往往隐藏着一颗曾经受伤的心。因为缺什么就会想什么，炫耀意味着渴望被人尊重、被人认可。所以如果一个人渴望被尊重，说明他长期缺少的就是被尊重、一个炫富的人，往往也是长期被人忽视，得不到周围人的尊重和认可的人。炫耀行为暴露出的是压抑、自卑和缺乏安全感。一个人以前生活得不如意，甚至被人看不起，一旦因为机缘巧合获得了金钱或者权力，就会忍不住要爆发一下——一旦熬过了以前那段不被尊重的日子，就忍不住要用大肆挥霍来驱赶自卑和不安全感。然而事与愿违，炫耀本身并不能治疗压抑和自卑，反而会带来更大的空虚和失落。

管理智慧箴言

炫耀的背后往往隐藏着一颗曾经受伤的心，然而炫耀不但不能治疗压抑和自卑，反而会带来更大的空虚和失落。

只有让自己的精神世界更加丰满、更加充实，人才能找到尊严和自信。这是所有的炫耀者都应该明白的一个自我拯救的良方。今后再遇到在网上或者生活中大肆挥霍、大张旗鼓炫富的人，我们就能明白，这样的人内心一定是十分压抑和自卑的，这时候就得语重心长地告诉他："这是病，得治。"

刘备不考虑后果，一掷千金，大肆分钱花钱，这本身也是一种炫富行为，说明他的心中也积累了太多的压抑和自卑，而且无法从精神层面获得解脱。幸好赵云等人适时提醒了他，才没有让刘备铸成大错，成都百姓也得以幸免于难。

刘备进入成都之后的一系列错误决策也说明，他还没有做好充分准备。他的思维模式还停留在一个破坏者、一个争夺者的角色上，尚未进入应该属于他的那个治理者和执政者的角色。

不过刘备毕竟是刘备，而且，他拥有由诸葛亮、赵云等一大批心态平稳、头脑清醒的文臣武将组成的精英团队。在大家的共同努力下，刘备迅速地完成了思维模式的三个基本转变。

转变一：事业壮大后，从感情建设转向制度建设

刘备是在桃园三结义的基础上起家的，起家时靠的是朋友之间的感情建设，但感情建设是不足以支撑大事业、大局面的，管理学对此早有证明。为了说明这个道理，我来给大家讲一个"七人分粥"的故事。

话说小岛上有七个人，每天要吃一锅粥，粥每天都不够吃。怎么办？谁来分粥才能让大家吃饱呢？大家商量着找了个有经验的人来分。这个人每天把粥分得又好又快又利索，但蹊跷的是，他每次分完粥都直接往厕所跑。经过调查，众人发现，这个分粥的人每次给七个人分十碗粥，端出六碗给大家喝，自己喝剩下的四碗，然后撑得上厕所。这说明，没有监督，权力就是贪婪和腐败的温床。

于是大家又商量找个人品端正、平时表现积极的人来分粥，于是选出了一个积极分子，让他来分。这个人最开始确实挺认真的，但是后来情况就变了。一听说他有权力了，亲戚、朋友、同乡、同学都来了，所谓"穷在闹市无人问，富在深山有远亲"，大家借他的名义，走他的门路、托他的关系、打他的旗号，三下五除二，一帮人把分粥搞得乌烟瘴气。人的本质是社会关系的总和，一个掌握权力的人，往往因为社会关系失控而做了不该做的事情。

既然大家发现积极分子也开始有作弊行为了，于是就集体决定，干脆每个人轮流分。这样做相当于一人掌一天权，公平合理。这个方案倒是简单直接，带来的结果就是，每个人这一个星期都有六天挨饿——在别人掌权分粥的六天里；有一天吃得撑到走不动，就是在自己掌握分粥权力的那一天。每个人挨饿的时候，都蹲在墙根运气，咬着牙说："等老子掌权了，一定多多喝粥，往死里喝。"这下可好，不仅粥没分好，后备干部的根也都烂掉了。

这几个人实在没法子，只好请专家帮忙。专家了解了他们的情况之后，给出了一个很简单的解决方案，就是给他们的分粥工作设计一个合理的制度。

第一，谁负责分粥，谁就得最后一个拿粥，这叫利益的顺序；

第二，分粥活动在一楼大厅进行，阳光政策，接受监督，这叫过程公开；

第三，任何人都可以举报不公平的分粥行为，举报者有资格代替作弊的人来分粥，这叫机会均等；

第四，公平分粥的人可以得到一个咸鸭蛋，这叫付出者有回报。

这简单的制度设计，让一个有私心杂念的人也只能好好地把粥分给大家。

所以，管理理论强调，制度建设是一切管理的起点。一个人的问题是个人问题，几个人的问题是领导问题，一群人的问题就是制度问题。人少的时候讲感情，人多的时候靠制度。

> **管理智慧箴言**
>
> 如果发现一种不良现象或者不良行为存在蔓延趋势和普遍趋势，那么就一定要从制度入手，才能根治。好的管理一定要以制度建设为突破口和立足点。

刘备掌握西川政权之后，在诸葛亮等人的提醒下，深刻地认识到了制度的重要性，紧急推动了各方面的制度建设，最典型的例子就是编制《蜀科》。

《蜀科》是三国时期蜀汉的法律，根据《三国志·蜀书·伊籍传》记载，诸葛亮、法正、伊籍、刘巴、李严等人"共造蜀科"以推行"以法治蜀"的主张。《蜀科》的内容已不可考，据《三国志·蜀书·诸葛亮传》记载，蜀国执法虽严峻，但公正公平，百姓无怨。刘璋执政时期的许多不良现象都得到了纠正。

《三国志》的作者批评刘焉、刘璋父子治蜀"德政不举，威刑不肃"，《法正传》更明确地指出，刘璋治理蜀地，士大夫多挟其财势，欺凌小民，使蜀中之民思为乱者，十户而八。为彻底扭转此乱局，诸葛亮厉行"先理强，后理弱"的策略。"理强"指力行法治，限制和打击"专权自恣"的官僚及豪强;"理弱"则是努力扶植农民发展生产。法制和教化相结合,威德并行,为劝诫及训励蜀国官员将士,制定了八务、七戒、六恐、五惧等执行条章。经过这样的"法治革新"运动,蜀汉政权的工作效率明显提高,吏治也逐渐清明。

这一过程中还爆发了一场著名的辩论,就是诸葛亮与法正关于法制建设宽严尺度的讨论。法正提出用当年汉高祖入关与民约法三章之事向诸葛亮进言,认为成都初定,宜"缓刑弛禁",放宽约束。但诸葛亮认为不能盲目沿用汉初的法度,应当因时制宜,懂得变通,于是写了封《答法正书》给法正,晓以大义,告诉其更深一层的意思。《答法正书》这样写道:

君知其一,未知其二。秦以亡道,政苛民怨,匹夫大呼,天下土崩,高祖因之,可以弘济。刘璋暗弱,自焉以来有累世之恩,文法羁縻,互相承奉,德政不举,威刑不肃。蜀土人士,专权自恣,君臣之道,渐以陵替;宠之以位,位极则贱,顺之以恩,恩竭则慢。所以致弊,实由于此。吾今威之以法,法行则知恩,限之以爵,爵加则知荣;恩荣并济,上下有节。为治之要,于斯而著。

诸葛亮的回信让法正无法不拜服,因为他说得有理。制度或宽或严,应当因时因事而异,决不能拘于一道。在暴政之后,要施以宽仁,使民休养生息;而在"德政不举"的乱国,必须严明法制,使人畏法而不敢胡为,才能由乱入治。诸葛亮辅佐刘备治蜀,虽主张严明法制,但在具体问题处理上则有猛有宽,或以猛济宽,或以宽济猛,而不是一律都用重典。在诸葛亮等人的辅佐下,刘备对他的属地从感情建设转向了制度建设,这是一个人事业做大的标志,也是一个人成熟的标志,说明刘备的思维模式成熟了。

转变二:在优势的情况下,懂得掌握主动

刘备掌握政权之后,还做了一件重要的事情,就是保护刘巴[1],善

---

[1] 刘巴(?—222年),字子初,荆州零陵烝阳(今湖南邵东)人。三国时期蜀汉尚书令。祖父刘曜曾任苍梧太守。父刘祥,曾任江夏太守、荡寇将军。

待黄权[1]，主动与刘璋的旧臣拉近关系。

刘巴少时素有才名，刘表屡次推举，他都推辞不愿出仕。曹操下荆州时期，刘巴归顺曹操，受命招纳长沙、衡阳、零陵、桂阳，不想四郡为刘备所得。诸葛亮劝刘巴留下，刘巴不从，刘备深以为恨。刘巴脱离荆州入蜀，后刘璋招刘备入蜀，刘巴坚决反对，他劝告刘璋说："备，雄人也，入必为害，不可内也。"（《三国志》裴松之注本引《零陵先贤传》）刘备讨伐张鲁，刘巴又说："若使备讨张鲁，是放虎于山林也。"（《三国志》裴松之注本引《零陵先贤传》）刘璋没听刘巴的逆耳忠言，刘巴于是闭门称病。张松暗通刘备的事情败露后，刘璋才明白刘巴当初的意见是正确的。刘备包围成都的时候，刘巴是坚决的主战派。

所以，刘巴可以说是刘备一贯的反对者和仇敌。不过，刘备表现出了一个领导者应有的姿态。进入成都之前，刘备首先告诫三军，绝不能加害刘巴，也不能为难他的家人。备攻成都，令军中曰：其有害巴者，诛及三族。（《三国志》裴松之注本引《零陵先贤传》）而后又主动向刘巴伸出橄榄枝，按照诸葛亮的建议，任命刘巴为左将军西曹掾。刘备自立为汉中王后，刘巴为尚书，后代替法正为尚书令。刘巴为人节俭，不愿与人交往，只重公事。刘备登基时，所有文诰策命都出自刘巴之笔。

黄权的情况和刘巴类似，他也是忠心耿耿维护刘璋，从一开始就敌视刘备的人。建安十六年（公元211年），刘璋的别驾张松建议，应该迎接刘备，使他讨伐张鲁。黄权劝谏说："左将军刘备有骁勇声名，现在请他来蜀，想用部下之礼对待他，则不能满足他的心愿；想以宾客之礼对待他，则一国不能容下二位君王。如果客有泰山般的安稳，则主人就会有累卵之危了。现在尽可守紧边境，等待时局的稳定。"刘

---

[1] 黄权（？—240年），字公衡，东汉益州巴西阆中人（今四川省南充市阆中市），东汉末年及三国时期人，三国蜀汉将领，原是刘璋部下。刘备称帝，爆发夷陵之战时，黄权劝刘备不要伐吴，但刘备一意孤行，刘备战败后，退路被断，黄权不得已与庞林一起投魏。

璋不听，派法正去迎接刘备，而将黄权外放为广汉长。

建安十七年（公元212年），刘备开始进攻益州，派将领分别攻下郡县，各郡县都望风归顺，而黄权却仍闭城坚守。刘备并没有为难黄权，没有组织强攻硬打，在刘璋投降之后也接受了黄权的投降，对过往的事情一律不加追究，而且任命黄权做了偏将军。

刘备在取得政权后，对待以刘巴、黄权为代表的刘璋旧部，绝大部分都采取留用和提拔的办法。刘备对这些人的态度可以用两个词概括：宽容、主动。所谓宽容，就是既往不咎，不计较过去的恩怨，不翻旧账。所谓主动，就是积极示好，热情地伸出橄榄枝，放下胜利者的架子，真诚邀请对方加盟自己的事业。

在这里，我们来分析一下，刘备在取得胜利、居于优势的情况下，为什么还这么低姿态、这么主动？按照一般人的想法，本来都应该是这些败军之将来巴结刘备才对。

其实，刘备和《水浒传》里的宋江有点像，在每次胜利之后，都主动向敌方将领表示友好。宋江的做法似乎更"过分"一些——对小英雄作揖，对大英雄磕头，动不动就跪下磕一个。有人据此嘲笑宋江，说他根本不是宋公明，完全是一个"宋公公"，像奴才一样。其实，这样说的人都没有明白采取主动的奥妙所在。这里边有个很有意思的规律，我们不妨用"美女找舞伴"和"唐伯虎点秋香"的例子来做进一步的说明。

当年学博弈论的时候，我的老师给我提了一个问题，现在我也问一问大家：假如现在不上课了，全班同学到操场上搞一个盛大的舞会。请问，什么样的女生最不容易找到舞伴？答案是：最漂亮的女生最不容易找到舞伴。这叫优势资源滞后配置。在信息不对称的情况下，优势过盛的人反而容易被耽误。那么怎么办呢？解决方案就是唐伯虎点秋香。秋香对着唐伯虎做了一个经典的动作，就是"三笑"。这个规律就是：

管理智慧箴言

拥有优势的人,要懂得主动,因为只有采取主动,才不会错过机会。

秋香懂得主动,所以她得到了爱情;宋江和刘备都懂得在优势的情况下要主动,于是他们也都得到了优秀的人才。前文提到,由于刘备得意忘形,大肆发放钱财,以致府库空虚、新政府财政困难。在被动的局面下,刘巴技高一筹,向刘备提出了铸造大面额货币的建议,使刘备度过了危机。《三国志·刘巴传》注引《零陵先贤传》记载:军用不足,备甚忧之,巴曰:"易耳。但当铸直百钱,平诸物贾,令吏为官市。"备从之。数月之间,府库充实。

刘备跟刘璋手下的大部分人此前并没有进行深入的交流,也没有沟通,信息不对称。而且长期处于防备和对立的状态下,假如不主动示好,结交刘璋手下的能人,如何获得安定团结的局面,如何打造一个团结的班子?所以刘备采取了对典型人物适度主动、放下身段的做法。事实证明,这是非常奏效的。

转变三:把握亲近尺度,善于调整人际关系的距离

刘备在取西川的过程当中,他身边最为倚重的两位谋士,一个是庞统,另一个就是法正。法正善于筹划奇谋妙策,因此深得刘备信任和赏识。

在取得成都之后,法正被委以重任,然而他却做了出格的事情。

《三国志·法正传》记载,刘备以正为蜀郡太守、扬武将军,外统都畿,内为谋主,可见法正当时地位之高。然而接下来史书却也记载了法正此时的为人以及别人对他的评价:

一餐之德,睚眦之怨,无不报复,擅杀毁伤己者数人。或谓诸葛亮曰:"法正于蜀郡太纵横,将军宜启主公,抑其威福。"亮答曰:"主公之在公安也,北畏曹公之强,东惮孙权之逼,近则惧孙夫人生变于

肘腋之下；当斯之时，进退狼跋，法孝直为之辅翼，令翻然翱翔，不可复制，如何禁止法正使不得行其意邪！"（《三国志》）

法正为什么会在胜利之后出现这种公报私仇的过分行为呢？

这里我想给大家介绍一个有趣的理论。人际关系中有一个重要的理论，叫作"人际距离理论"。这个理论对人和人交往的时候彼此之间的距离，做了一些有趣的研究，内容大致是这样的：一个人以自我为中心，向周围延伸，两臂左右的距离是陌生人的距离，一臂左右是熟人，半臂左右是亲人，一个手的距离是亲密的距离。人际关系的基本规律就是，一旦有陌生人闯入你亲人的距离之内，你就会觉得非常不舒服。例如，在教室里上课的人，基本上都是彼此隔着几个座位坐下。如果有一个不认识的人紧挨着你坐下，你就会觉得别扭。为什么呢？因为他侵犯了你的空间和领地。这种现象也叫"气泡现象"，就是说一个人站在这儿，周围会有一个"大气泡"，他希望这个"气泡"里边没有人。

这样解释，大家也就明白了为什么拥挤的地铁让人特别不舒服，因为每个人的空间都被别人侵犯了，在你亲密的距离上存在着一个你根本不认识的陌生人。所以有人会闭着眼睛坐地铁，这样会大大降低由于别人侵犯空间带来的紧张感和不适感。所以，告诉各位一个小窍门，在乘坐火车、地铁或者电梯的时候，如果空间特别拥挤，可以闭上眼睛来增加舒适感。

根据人际距离理论，如果你跟一个人关系特别亲密，就应当缩小距离；但如果你跟一个人关系一般，离人家太近是不太礼貌的。所以我们走进餐厅去吃饭的时候，看到一个座位已经有人了，就不会倾向于坐到这个人的旁边，因为你不愿意侵犯别人的人际距离。特别是当周围很多空座位的时候，如果你径直走过去坐到那个人的旁边，人家会狠狠地瞪你一眼，意思是"别占我地盘"。如果你挤过夏天北京早高峰的地铁，比如从国贸上车，你一上来就会发现，所有的男士一律双手上举，做投降状。这是为什么呢？是为了防止和身边的女生发生误会。夏天女孩子都穿得比较清凉，在亲密的距离中，男士把手举高一点，放在大家都看到的地方，被人误会的可能性就会降到最低。这样的现象也是由人际距离导致的。

当然，人与人之间的距离不仅仅包括物理距离，还有一种心理距离，这个概念专门用来指代人与人之间的认同感。一般来说，这种认同感由三个部分组成：一是感情认同，二是价值观认同，三是利益认同。三条都具备的双方或多方，心理距离就会比较近。比如刘备和关羽、张飞、赵云，就是心理距离非常近的人。

生活中，人们会有一种不自觉的追求，就是一定要找到几个心理距离近的人，待在他们身边，这样才会觉得不孤单、不苦闷。正所谓"花间一壶酒，独酌无相亲"，喝酒的时候，身边没有了心理距离近的人，那是多么苦恼苦闷的一件事啊！不过，管理学家还总结了这样一个基本规律，那就是心理距离近的人，物理距离太近并不是好事。比如，过年的时候，一大家子人本来好不容易聚到一起，不见面的时候特别思念，可是一见面，没过几天各种矛盾就都冒出来了。这也是亲人之间物理距离太近造成的。有句话说得好，"小别胜新婚，久别会离婚"，这句话很生动地表述了物理距离和心理距离之间的辩证关系。因此，注意把握尺度，适当地调整物理距离，可以拉近人与人之间的心理距离。

在这里，我推荐给大家一个管理学规律：事业做大之后，亲人不可太近，太近则生上怨；近人不可太亲，太亲则有下祸。

首先，工作中让亲密的人待在身边容易产生摩擦。事业做大了以后，如果你安排一个非常亲密的人做你的助手或者副手，由于平时关系很亲近，他就可能言行随意、散漫，对别人傲慢，不但影响制度的严肃性，还会影响你的形象，别人也会效仿。其实，在远端发展的位置，你更需要一个可靠的人去主持大局。所以很多人在事业做大之后，会选一些亲密的人做远端分公司、事业部的负责人，但并不倾向于把他们安置在自己的办公室里担任副职，这叫"亲人不可太近"。亲人太近了，就容易产生摩擦，天长日久，这些小摩擦、小分歧也会消磨彼此间亲密的感情。

其次，领导和身边人不可以太亲密。太亲密了，下属容易得意忘形，到基层就容易做出格的事情。比如大家看《西游记》，在唐僧取经路上作恶的妖精，小妖精都是本地产的，老妖精都是天上来的，比如菩萨的坐骑，就像大领导的司机。这些领导身边的人下放到基层后往往容易做不该做的事情。所以吴承恩也在提醒我们，领导干部要管好自己身边的人，要给他们立规矩、定天条，防止他们没大没小、无法无天。

> **管理智慧箴言**
>
> 人际关系就像抓一把沙子，用劲太大它会跑光的，不用劲它也会跑光的。只有不松不紧地抓着，掌握好一个度，它才会稳固，才会长久。

规律讲完了，我们回过头来看看刘备是怎么做的。取得政权之后，刘备派遣张飞防御北方，派遣关羽驻扎荆州，让自己最信赖的人在远端做风险工作，成全了工作，也成全了彼此之间的美好关系。在身边的核心班底，一方面选择的是许靖、刘巴、彭羕、廖立这样心理距离比较远，不是很亲，甚至不是很顺眼的人；另一方面又与身边的人保持适度距离，不轻易发展亲密关系。这样就防止了身边人利用特殊身份到基层为非作歹。

亲而不近，近而不亲。这样的思路是管理队伍的一个很有效的手段。入主成都这一时期，刘备身边又亲又近的人只有一个，就是法正。"外统京畿，内为谋主"，而法正也确实利用这个特殊身份做了公报私仇的过分的事情。诸葛亮也看到这个问题了，他旁敲侧击地提醒刘备，亲的人太近，近的人太亲，往往会出现失控的状况，要迅速地把当年创业时候亲密无间、靠情感推动的人际关系，转变为适度拉开距离、树立一定权威、靠制度规范的人际关系。这样的思维模式的转化，才能对事业的可持续发展起到支撑作用。

总体来看，刘备在思维模式的转化方面做得还是可圈可点、比较成功的。他从四处奔波给别人打工，做到了扎根一个小县城、组建小公司，再到控制大西南，成立了三分天下的大公司，每一次成长都伴随着思维模式和做事风格的相应变化。随着事业成长，管理者自己也在成长。用目前一个时髦的词来形容，刘备和他的团队基本上做到了"与时俱进"。就在刘备占据西川、实力不断壮大的同时，北边的曹操和东边的孙权都坐不住了——天下就这么大，资源就这么多，眼看刘备这个对手在西川崛起得轰轰烈烈，并发展壮大，这意味着自己的势力在削弱，这怎么能行呢？于是，孙权和曹操不约而同都迅速采取了军事行动。那么他们会采取怎样的措施，会威胁到刘备的安全吗？刘备又会怎样同时应对来自两个强大对手的挑战呢？请看下一讲。

第十四讲

逃离情绪远陷阱

遇到烦心事，每个人都会有情绪波动，但对一个做大事的人来说，良好的情绪控制能力非常关键，因为只有在沉着冷静的心态下，人才能应对各种变故。夺取西川之后，刘备与曹操展开角逐，他在获得一场大胜之后紧接着就遭遇了一场大败。这种大起大落让一向沉稳冷静的刘备突然有些情绪失控。在这种情况下，他和他的团队能否渡过难关？刘备有哪些值得我们学习的掌控情绪的方法？

这一讲要从与信心有关的话题开始。1952年7月4日，34岁的英国人弗洛伦丝·查德威克要进行一次冒险，她准备从卡塔林纳岛出发，横渡海峡，游到对面的加利福尼亚海滩。那天雾很大，冰冷的海水冻得她全身发麻；她在海水中坚持游了15小时55分钟，可是抬头朝前望去，除了浓雾什么也看不到。又累又冷、筋疲力尽的查德威克绝望了，她选择了放弃这次挑战，可是等人们把她拉上船之后，她才知道她离胜利的终点只有不到一公里的距离。

当一个人或者一个团队朝着设定的目标努力前进的时候，往往都会遇到两个基本的问题，即信心不足和情绪波动的问题。把这两个问题处理好，就离成功不远了；如果处理不好，往往就会功亏一篑，在离成功最近的时候失去机会。

当我们要做成一件事情的时候，所面临的困难当中，任务挑战是一部分，还有一部分叫情绪挑战和信心挑战。当一个人情绪波动、没有信心的时候，他真的有可能在离成功最近的时候放弃。古人云"行百里者半九十"，意思是说，在任务挑战快要完成的时候，情绪挑战和信心挑战却会变得非常棘手。古往今来真正成大事的人，一定都是能把情绪问题和信心问题妥善解决的人。

现代管理学理论强调，在"最后一公里"，一定要充满信心，情绪稳定。在进军汉中的过程中，刘备就遇到了"最后一公里"的问题。刘备占据西川之后，意气风发，踌躇满志，准备干一番大事业。可是紧接着，麻烦就来了。先是东面的孙权背弃盟约，出兵荆州，公然以武力威胁提出领地要求；接着是北面的曹操占据汉中，虎视眈眈，而且大将张郃的部队从汉中出发，一路进攻，一直深入到达县境内。刘备在稳住了东线之后，决定整顿军马，兵发汉中，消除来自北面的威胁。

黄忠刀斩夏侯渊

建安二十四年（公元219年）春天，刘备的军队和曹操镇守汉中的大将夏侯渊[1]、张郃带领的军队对峙在阳平关（今陕西省勉县境内）附近。在几次正面进攻不能得手的情况下，刘备抓住敌军主将夏侯渊好勇斗狠的特点，采取了法正的策略，叫"阳攻张郃，暗算夏侯渊"——先急攻侧面的张郃，引诱夏侯渊分兵救援侧翼，再派一支小部队，去破坏夏侯渊大营的外围防御工事，引诱夏侯渊出战。

夏侯渊不知这是刘备的圈套，他只带着少数部队前来保护鹿砦，而周围山头早早都埋伏好了蜀军的精锐骑兵。夏侯渊刚一出现，就听惊天动地一声炮响，喊杀声震天响起，山头树起一面大旗，上书大汉讨虏将军，中间斗大一个"黄"字，旗下闪出一位老将军金盔金甲青骢马，花白胡须飘洒胸前，正是老将黄忠黄汉升。黄忠一马当先，带领精锐骑兵，凭高而下，势如破竹，夏侯渊还没缓过神来，黄忠已经到了近前，老将军抖擞精神大喝一声，只一个回合就斩夏侯渊于马下。

走马谷刀斩夏侯渊一战，刘备一方取得胜利，主要靠的是法正的智谋、黄忠的勇猛，以及刘备的用人得当、筹划有方。而夏侯渊方面失败，主要是因为他冒进轻敌，有勇无谋。其实，对于夏侯渊的缺点，曹操是有清醒认识的，曹操也认真告诫夏侯渊，不可一味地卖弄勇气，无视风险。曹操常提醒夏侯渊，"为将当有怯弱时，不可但恃勇也。将当以勇为本，行之以智计；但知任勇，一匹夫敌耳"（《三国志·夏侯渊传》）。意思是，作为一名将领，应当有知道自己的弱点并懂得适时退却，不可只凭借武力一味冒进。应该以勇力为基础，行动时使用谋略；只知道依靠武力，就只不过是一个有勇无谋的匹夫罢了。曹操很冷静地警告夏侯渊，不可逞强好胜、用力过度。

曹操看人是比较准的，然而他最担心的事情还是发生了。夏侯渊的问题在于，他将自己勇猛的优点用得过度了。所以我们在这里特别

---

1 夏侯渊（？—公元219年），东汉末年名将。字妙才，沛国谯县（今安徽省亳州市）人。夏侯婴之后，夏侯惇族弟，擅长轻兵急袭，出其不意。又因为夏侯渊本非能用兵者，在军中又被呼为"白地将军"。汉中之战中，恃勇轻敌打算攻取刘备军营，但攻持不下反遭夜袭。最后分兵救援张郃，自己与部下修理鹿角时，被蜀将黄忠居高临下砍杀，死后追谥为愍侯。

要强调一下，懂得适度，才有精彩，如果优点发挥过头了，所有的精彩都会变成灾难。

成功者要懂得超越过去

> **管理智慧箴言**
>
> 很多人都败在自己擅长的事情上。做擅长的事情也要留有余地。

夏侯渊靠着勇猛无敌，曾经横扫陇右地区，每战必胜，所以在汉中战役中他也希望复制自己的成功模式，但是他忽略了自己的对手已经不是陇右的小军阀了，用打兔子的方法去打狮子肯定是要出问题的。这让我想起了"救命船"的故事。

故事

一个旅行者独自走远路，半路上碰到了强盗。旅行者在前面没命地跑，强盗在后面拼命地追。跑着跑着，旅行者发现一条大河拦住了去路，幸运的是河边芦苇深处藏着一只独木舟，这简直就是救命船啊！这个人迅速地跳上船，划动双桨，脱离了险境。强盗追到岸边，找不到别的船，只能绕路过河。旅行者暂时脱险，划着船到了对岸。上了岸以后，他想：小船这么重要，万一再遇到河流的时候，肯定用得上，我可不能把它扔了。

于是他就把这小船从水里拉上岸，拖着船继续赶路，因为小船十分沉重，所以他的速度非常缓慢，不久就被绕路的强盗赶上了。在被杀之前，旅行者看着独木舟，叹息道："曾经救我一命的东西，现在却为何又要了我的性命啊！"

这个故事告诉我们，过去让你成功的东西，将来有可能害了你。

人要有勇气和魄力超越过去。古往今来，所有的成功者都有一个共同的优点，就是不断地否定过去，不断地超越过去。如今，在各行各业中，我们都会看到一些成功人士，他们的事业曾经很辉煌，他们也一直在坚持走既定的道路，发挥积累的优势。但是每个人都会面临一个挑战，叫作"因人而异，因地制宜，与时俱进"。一切都在改变，人不能老是用过去的那一套在变化了的环境中生存。

中国民营企业的成长过程往往是这样的：第一轮成长，靠的是机遇或资源；第二轮成长，靠人脉和平台，在成功赚到人生的第一桶金之后，只要有人和、人脉、人气，还能继续赚钱；第三轮成长，则要靠制度化、规范化、标准化、流程化，变人治为法治；第四轮成长，靠的是团队和企业文化。就这样一步一步往前走，每一步都有核心和主题。如果固守赚来第一桶金的工作方式和经营方式，认为第一个五百万元就是这样赚的，以后赚一个亿、十个亿也得这样赚，那就错了。

成功的团队领袖要学会在前进的路上不断"否定过去的成功"。我们的事业就像一个孩子，不能用管五岁孩子的方法管十五岁的孩子，因为在孩子成长的同时，家长也需要成长。企业成长的时候，企业家更需要成长，谁都不能守住过去的东西不放。

管理智慧箴言

一个成功的人要善于否定过去的成功，要不断地审时度势，千万不能不加选择地复制过去的成功模式，或者别人的成功模式。

建安二十四年（公元219年）春天，是刘备人生中的又一个关键时刻。这一年，刘备消灭了夏侯渊，打败了张郃，在汉中刚刚站稳脚跟，曹操统率的大军就来了，这就是有名的汉中之战。汉中之战是刘备和曹操人生中的最后一次军事交锋，也是刘备军事生涯中唯一一次在没有盟军的情况下，独立和曹操开战。刘备会采取哪些策略来应对来势汹汹的敌人呢？

策略一：克服情绪失控，避免急躁冒进

刘备和曹操争夺汉中的战役进行得很艰苦。曹操那边攻得猛烈，刘备这边也守得坚决，双方都付出了重大人员伤亡的代价。在这场汉中战役中，刘备并没有带军师诸葛亮，这一点，史书和《三国演义》的记载有点差别。史书上说，刘备留诸葛亮在成都治理地方，并且负责后勤保障，安排张飞掩护侧翼，刘备自己带领谋士法正和大将赵云、黄忠、魏延，组成了汉中兵团，从正面抵挡曹操的进攻。

不过刘备不甘心死守，面对曹操的攻势，他也组织了一次强大的反攻，然而反攻进展很不顺利，进攻部队很快被曹操击溃，战况急转直下。刘备身边的文臣武将都明白，在这种情况下，军队必须要撤退了。关键时刻，刘备牛脾气上来了——大怒之下，不肯后退，根本听不进去任何的劝谏。想一想，一向沉稳的刘备怎么会失控？每一次遇到危险的时候，他总是能在第一时间选择转身，为什么这一次却不跑了？

这里边蕴含了一个日常生活中我们经常会用到的基本规律，叫作每个人都要经历波动的考验。关于这个规律，我给各位准备了一个小故事，叫"魔鬼打赌"。

有一个人平静顺利地过着日子，心里充满了快乐和幸福，这引起了魔鬼兄弟的嫉妒。兄弟俩打赌，怎么个赌法呢？在不改变这个人的任何生活方式，也不拿走他任何东西的情况下，看看能不能让他由幸福变得痛苦。结果魔鬼兄弟想了很多办法，都没成功。于是这两个魔鬼就来找他们的师父老魔头。老魔头经验丰富，说："看我的。"第二天，老魔头忽然之间就给了这个平静生活的人很多意外之财，以及名誉、地位。这个人的生活一夜之间就彻底改变了，于是他喜出望外：这么多宝贝，这么好的平台，这么多的荣誉！正当这个人沉浸在意外惊喜之中的时候，没过两天，老魔头又在

一夜之间把给他的这些东西都拿走了。第二天早上，这个人坐在门口失声痛哭，泪流满面，心里全是痛苦，一点幸福的痕迹都没有了。这时，老魔头就跟自己的两个徒弟说："来，你们看看，其实他现在的境遇跟几天前是一样的，什么都没增加，什么都没减少，但是他的幸福感已经完全没有了。"

管理智慧箴言

人生最大的考验，不是富贵，不是贫寒，而是曾经富贵现在贫寒；不是辉煌，不是平淡，而是曾经辉煌现在平淡。这种波动没有几个人能扛得住。真正要成就大事业的人，可能一辈子总要经历这么几次波动，最终才能成功。

回过头来我们再看看刘备。《三国志·法正传》（裴松之注本）记载：先主与曹公争，势有不便，宜退，而先主大怒不肯退，无敢谏者。矢下如雨，正乃往当先主前，先主云："孝直避箭。"正曰："明公亲当矢石，况小人乎？"先主乃曰："孝直，吾与汝俱去。"遂退。

曾经那样善于逃跑的刘备，这次情绪失控的原因很简单：好不容易打败夏侯渊，好不容易占领阳平关，好不容易取得战役的主动权，就这么一仗，一眨眼胜利的优势就都丧失了，还没做好心理准备，情绪就要崩溃了。这就是曾经拥有又突然失去的感觉，一起一伏一波动，人的情绪肯定就失控了。

这时敌军骑兵、步兵分路来袭，箭若飞蝗，刘备身边不断有人中箭倒地，情况万分危急。关键时刻，谋士法正站到刘备的前面，用身体替他挡箭。

刘备大喊："孝直避箭。"法正说："明公亲当矢石，况小人乎！"意思是，您是领导，您都不怕死，那我怕什么！来吧，既然你不愿意走，那我们就一块儿都死在这里算了。

刘备只得说："孝直，我和你一起走。"于是全军终于在最危急的时刻得以撤退，避免了灭顶之灾。

后人总结这次战斗的时候，基本上会用到三个字。

第一个字是"亲"，就是说刘备确实特别喜欢法正，关心法正的安危甚于关心自己的安危。

第二个字是"智"，法正在众人都无法劝阻刘备的情况下，急中生智，利用刘备对自己的关心，舍身劝谏，终于防止了全军溃败、指挥部被消灭的危险。

第三个字是"急"，这是我们今天要重点分析的。刘备是属牛的，他也有股子牛脾气，情急之下，任何正确的意见都听不进去，就是要铤而走险、孤注一掷。这种丧失理智的做法，差一点导致灭顶之灾。

我们先来分析一下原因，刘备为什么会这么着急。

第一，机会难得。曹操占领汉中、消灭张鲁之后，并没有乘胜进入西川，而是留下有勇无谋的夏侯渊镇守汉中，自己率兵原路返回许昌，此时正是刘备进攻汉中的好机会。

第二，代价巨大。为了应对曹操的威胁，避免双线作战，刘备忍痛割让了荆州的一半给孙权，换来了东线的暂时和平。

第三，形势好转。最开始战役进行得十分不顺利，侧翼张飞进攻固山（今甘肃省成县南山），扬言要断曹洪军后路。曹洪进击张飞、吴兰。吴兰战败被杀。张飞、马超引兵退走。在正面战场，刘备派将军陈式断绝马鸣阁，结果陈式被徐晃精锐击溃，死伤惨重，很多蜀兵从栈道上掉下来，坠入深谷而死，场面极其惨烈。在这种被动的情况下，靠着后方的支持、将士的勇敢，特别是利用夏侯渊的骄傲轻敌，刘备和法正联合策划了一个声东击西、出其不意的进攻方案。刘备主力避开阳平关正面，在定军山（今陕西省勉县境内）预设战场，老将黄忠神勇无比，一战刀斩名将夏侯渊，终于扭转了被动局面，获得了战役主动权。

就在形势出现转机的情况下，曹操大军到来，刘备反攻不利，眼见付出了这么大代价得到的胜利成果又要化为泡影，刘备怎么能不着急？本来不占优势，经过努力终于占据优势了，眼看又要失去，一向做事沉稳的刘备变得情绪失控，产生了要跟曹操拼命的不理性想法。

情绪失控是如何发生的，又有什么危害？我们再分享一个小故事——野马之死。

故事

在非洲草原上，有一种不起眼的动物叫吸血蝙蝠。它身体极小，却是野马的天敌。这种蝙蝠靠吸动物的血生存，它在攻击野马时，常吸附在马腿上，用锋利的牙齿极敏捷地刺破野马的腿，然后用尖尖的嘴吸血。野马受到这种外来的挑战和攻击后，马上开始蹦跳、狂奔，却总是无法驱逐这种蝙蝠。蝙蝠却可以从容地吸附在野马身上，落在野马头上，直到将血吸饱吸足，才满意地飞走。野马则常常在暴怒、狂奔、流血中无可奈何地死去。动物学家在分析这一问题时，一致认为吸血蝙蝠所吸的血量是微不足道的，远不至于让野马死去，野马的死亡是它自己的狂奔所致。对于野马来说，蝙蝠吸血只是一种外界的挑战，是一种外因，而野马对这一外因的剧烈情绪反应，才是导致自己死亡的真正原因。

情绪失控是非常可怕的，一个情绪失控的人会表现出明显的冲动，失去理性。

一哭二闹三上吊、拍桌子瞪眼睛、大喊大叫，都是情绪失控的反应。一个人在情绪激动的情况下，往往会表现出和日常判若两人的样子。人的行为应该是有目的、有计划、有意识的。人作为高级智慧生物，区别于其他动物的最大特点就在于行为的理性。但是，情绪化行为的一个重要特征，往往就是缺乏理性。

我们应当如何避免情绪失控呢？最重要的是修炼心境。心境是一种背景式的主观体验，它反映了一个人平静而持久的情绪倾向。心境具有弥散性，它不是对某一特定关系的体验，而是以同样的态度体验和对待一切事物。

假如现在春天来了，满城的花都开了，天蓝了，水绿了，燕子也飞回来了。试问，这种景象是否会影响一个人的心情？肯定会。在来电视台录节目的路上，我看到花朵盛开，惠风和畅，会一边走一边给玉兰花拍张照片，再念一念"暮春三月，江南草长，杂花生树，群莺乱飞"；念一念"采采流水，蓬蓬远春。柳阴路曲，流莺比邻。碧桃满树，风日水滨"，此时心情就会格外好。带着这种愉悦，做什么事情都特别痛快，看谁都特别顺眼，即便是见了陌生人也会忍不住嘴角挂着三分笑，这就是心境。心境是一种情绪的倾向，是一种情绪的背景。我们经常会发现，人逢喜事精神爽，遇到点好事接连几天都特别高兴。但是如果早晨就遇到一件特别不开心的事，比如坐地铁跟人吵了一架，那么这一天恐怕看谁都不顺眼、干什么事都没劲头。因此，一个人要想保持情绪稳定，做好心境管理特别重要，不要轻易被外界的不良情绪干扰。

在京剧舞台上，诸葛亮有一句戏词我很喜欢，唱的是"我本是卧龙岗散淡的人"，这就是一种心境。如果一个人一直心里装着鸟语花香的卧龙岗，装着门前的小桥和竹林，装着茅屋里木桌上的那杯清茶，即使面对万丈红尘、功名利禄、起落沉浮，也能保持心态的平稳，不会情绪失控。

管理智慧箴言

一个人能把眼前的事情做到什么程度，取决于他心里装着什么场景。态度上要投入，心境上要超脱，这是顺利完成紧张的挑战任务的关键所在。

要学会控制情绪，除了修炼心境，常用的办法还有：转移法（换个环境，听听音乐，做一点自己喜欢的事），承认法（承认自己的缺点

和不足，尊重比自己强的对手），运动法（适当进行适合自己的体育锻炼），倾诉法（找到合适的沟通对象，诉说自己的内心世界），等等。

在汉中之战当中，刘备用到了自己常用的方法，叫作"阻断法"，当情绪失常的时候，他能保证身边随时可以有人告诫和提醒他，帮他从坏情绪中迅速解脱出来。这也是一种非常有效的管理方法。

"不识庐山真面目，只缘身在此山中。"当事人自己解不开的疙瘩，放不下的包袱，对一个局外人来说，可能是非常容易看清楚的，天空飘着五个字：那都不是事。成大事者，泰山崩于前而面不改色。情绪稳定是成功者应该具备的优秀品质。《庄子》里有一个著名的"呆若木鸡"的故事，说的就是这个道理。

> 这个故事说的是周宣王好斗鸡，请大师纪渻子帮自己驯鸡。过了十天，周宣王来问："鸡已驯成乎？"纪渻子说："您的鸡心高气傲、斗志昂扬，情绪上的反应还不过关，请您再等等。"又过了十天，周宣王问："鸡已经训练好了吗？"纪渻子说："您的鸡听到叫声就大叫，见到影子就奔跑，在行为反应方面还不过关，得请您再等一等。"过了十天，周宣王又来问："纪先生，我的鸡行了吗？"纪渻子说："您的鸡现在顾盼迅疾、意气强烈，在表情上还没有过关，您再等等。"又过了十天，周宣王问纪渻子。纪渻子说："行了，您的斗鸡现在不管见到什么样的鸡，都能稳稳当当往那儿一站，没有任何反应，没有任何表情，就跟木雕的一样，它已经可以纵横天下了。"果然，这只斗鸡一上场，别的鸡都不敢斗，转身就跑了。

有很多人读过《庄子》当中的这个故事，但是并没有读懂它。大家看到了，这个故事的内涵非常深刻，给我们揭示一个道理——情绪平稳才是真正的实力，在激烈的冲突或者斗争中，情绪平稳会成为战斗力的来源和胜利的基础。

当一个人深陷情绪旋涡之中不能自控的时候，周围人的提醒和帮助就显得非常关键。有了法正的强力阻断，刘备总算从情绪陷阱中挣脱出来。刘备在法正的劝说之下，调整策略，放弃了野战进攻的方式，改为占据险要、组织防御，为长期消耗战做好准备。

心情平稳，智慧就会产生。刘备在进入汉中与曹操交战时，就明白了一个道理：要想获得此次战役的最终胜利，队伍必须有高涨的士气和必胜的信心。那么，刘备鼓舞队伍士气，增强将士们信心的办法又是什么呢？

策略二：宣传以往胜利，展示必胜的未来

刘备的具体策略就是宣传以往的胜利，展示必胜的未来。其实汉中之战，刘备在曹操到达战场之前，就提前预测了胜利结果。在和曹操的数次交锋当中，刘备从来没有提前做过如此明确的预测。以前都是不打就跑，或者打了就跑。这一次，刘备不但没有跑，而且还预测曹操会跑。

首先，在曹操到来之前，刘备取得了重大的胜利，就是消灭了夏侯渊。

曹操亲自统率大军从长安出发，来夺取汉中。刘备则是在定军山胜利之后、曹操到来之前做的预测。这个时间很关键。

先主遥策之曰："曹公虽来，无能为也，我必有汉川矣。"（《三国志·先主传》）

刘备预测己方胜利，其实是稳定军心、增强士气的一个常用手段。我们把这个策略叫作愿景规划——展示必胜的未来。

我们可以通过一个"保龄球实验"来看用愿景规划稳定军心所能起到的作用。

红队和蓝队两组队员进行保龄球比赛，在各位队员上场之前，研究人员在暗处放了一台摄像机，让两队的每个队员试打十个球。此

外，研究人员还事先与在场观众交代，红队队员上场时，要使劲欢呼尖叫；蓝队上场练球时，即便他们打得再精彩，观众也要当作什么都没发生一样，如果他们有谁打得不好，观众可以大声起哄挖苦。放在暗处的摄像机记录下了观众们欢呼尖叫和起哄唾弃的镜头。在正式比赛开始之前，休息室中的闭路电视循环播放这些镜头，本来两队队员水平相当，可在准备上场的这段时间，因为闭路电视里播出的内容，红队队员看到自己一记漂亮的全中引得观众一片喝彩，顿时兴奋起来，出场的时候也是信心满满，比赛中表现得特别好。蓝队队员则完全不同，一看闭路电视里自己没能打到球瓶、观众起哄唾骂的样子，不禁黯然失色，队员一个个垂头丧气地登场，连续三轮比赛，蓝队都大比分失败。

红队心里装着胜利的场面，充满了必胜的信念；蓝队心里装着失败的场面，担心失败甚至心灰意冷。最后的结局就这样被决定了。

这是一个非常有趣的心理学现象——提前看到自己胜利的人，更容易取得胜利。描述未来的成功，回顾过去的成功，都有利于眼前的成功。所谓"士气"，就是战斗意识，只有提前对胜利充满信心，相信自己一定会胜利的人才拥有士气。有了士气，才有机会成功。

刘备深谙在重要战役之前有效鼓舞士气的方法。在预测成功的同时，他还广泛传播自己部队的胜利战果，增强部队的信心。汉中战役中，刘备部队最传奇的胜利，莫过于赵云巧用空城计。《资治通鉴·汉纪》对此有记载：

三月，魏王操自长安出斜谷，军遮要以临汉中。刘备曰："曹公虽来，无能为也，我必有汉川矣。"乃敛众拒险，终不交锋。操运米北山下，黄忠引兵欲取之，过期不还。翊军将军赵云将数十骑出营视之，值操扬兵大出，云猝与相遇，遂前突其陈，且斗且却。魏兵散而复合，追至营下，云入营，更大开门，偃旗息鼓。魏兵疑云有伏，引去；云雷鼓震天，惟以劲弩于后射魏兵。魏兵惊骇，自相蹂践，堕汉水中死者甚多。备明旦自来，至云营，视昨战处，曰："子龙一身都为胆也！"

刘备向全军宣传了经典胜利场景"赵子龙大战汉水"。大家知道一句话：功高莫若救驾，计狠莫若绝粮。曹操把粮食都屯到北山，刘备就派黄忠去绝敌人的粮道，结果黄忠去了很久都没有消息，赵云不放心了，带着几十骑兵（相当于一个警卫排）前去接应。结果赵云刚出营走了不远，就遇到了铺天盖地而来的曹操几万主力部队。一个排跟一个军怎么打？赵云有办法，他先组织骑兵撤退，自己单枪匹马且战且走，一直退到营中。而且赵云下了个奇怪的命令：营门大开，偃旗息鼓，不做任何防守。这才是真正的空城计。曹军到了营门口，不敢进去，担心营门大开、声息皆无，可能是有埋伏。正在曹军惶惑之间，赵云大营内突然旌鼓震天，万箭齐发。曹军前边的士兵往后退，后边的士兵往前冲，自相践踏，有很多人落到汉水当中，全军一下就溃败了。赵云所带的兵力却毫发无损。刘备得到消息，亲自到战场上来视察，来看看赵云是怎么打的。看完战场的情况之后，刘备感叹着说了一句话："子龙一身都是胆！"当天晚上，刘备在大营当中为赵云摆设酒宴，全军庆功。于是大家给赵云起了个外号叫虎威将军。

刘备广泛宣传定军山刀斩夏侯渊、赵子龙空营退敌的重大胜利，然后预言道：我们一定可以赢得这场战斗的胜利！这和刚才讲的打保龄球时红队胜出的思路是完全一致的。通过这件事情，我们可以总结出的心理学规律就是：

管理智慧箴言

心里装了胜利的图景，提前看到胜利的人，更容易取胜。因为胜利是一种信念。

在法正的谋划之下，刘备改变了策略，把进攻策略改为相持策略。曹操与刘备对峙了一个月，刘备收缩兵力，扼守险要关口，始终不出兵与曹操正面交战。这种策略果然奏效，曹操军队中逃亡的人数

越来越多，军心涣散，大有失控的趋势。五月，曹操大举后撤，率领所有进攻汉中的军队返回长安，刘备终于占据了汉中。曹操和刘备的最后一次交锋，以刘备胜出而告结束。《三国志·先主传》记载：及曹公至，先主敛众拒险，终不交锋，积月不拔，亡者日多。夏，曹公果引军还，先主遂有汉中。

　　刘备和曹操打了这么多年仗，汉中战役是刘备取得的最完全、最彻底的一次重大胜利。从汉中凯旋的一路上，刘备极尽风光，《典略》记载：备于是起馆舍，筑亭障，从成都至白水关，四百余区。这句话是说，从白水关到成都这一路上，刘备设了四百多处行宫馆舍，一路上浩浩荡荡，走走停停，军民百姓夹道欢迎，真可谓普天同庆、奔走相告。刘备在艰苦奋斗了三十多年之后，终于尝到了胜利果实的甜美。就在刘备汉中大胜的同时，东线战场也传来了好消息：刘封、孟达兵不血刃，占据上庸（今湖北省竹山县），曹魏守将全军投降。这真是双喜临门。好消息像长了翅膀一样传遍全军，尽管刘备一向沉稳，但此刻也禁不住有点飘飘然了。不过，在大军凯旋、返回成都之前，刘备乘着胜利的喜悦，在文武群臣的支持下，紧锣密鼓谋划了一件他自己期待已久的大事。这件大事是什么呢？请看下一讲。

第十五讲

树立权威讲策略

　　新官上任三把火，一位新领导上任，首先要解决的一个问题就是如何增强自己在团队中的威信。刘备刚拿下西川、汉中，就面临着这样一个严峻的考验。与荆州相比，西川和汉中要大得多，要想在新地盘上当好管理者，刘备必须尽快提高自己的威信。然而，刚刚经历大战，他并不了解所有归降之人的底细。面对如此复杂的局面，刘备是怎样树立权威、获得认可的呢？他有哪些经验值得我们学习和思考？

我问大家一个小问题：路口的红灯变绿了，前边的车还不启动，你会按喇叭催促他吗？他要是还不动，你会不耐烦地反复按喇叭吗？很多人都说，那当然会啦。那我再问大家一个问题：你不耐烦甚至发火的程度，和前边是一辆什么牌子的车有关系吗？前边是一辆劳斯莱斯，或者是一辆出租车，哪一个更让你生气窝火呢？

1968年，研究者通过一个有趣的心理学实验发现，在交通灯变绿后，如果拖延不走的是一辆破旧的车，后车的司机会马上按喇叭；而如果前面停着的是一辆崭新的豪华车，后车的司机却愿意等得久一点。人们对低档轿车几乎没有什么耐心，大多数人不止一次地按喇叭，实验中有两个人甚至把自己的车顶到了前面车的后挡板上。但名车却有着足够的威慑力——一半的后车司机都安静地等候，碰都没有碰一下喇叭，直到它开动起来。这个研究说明一个现象，名车是一种符号，它显示了充分的权力，容易让人产生顺从感和服从感。这种权力符号现象在我们的生活中广泛存在。

回到主题，刘备出身普通家庭，自幼织席贩履，在几番大起大落之后，终于占据了益州，又从强敌曹操手中夺取了汉中。刘备准备要称王称霸了，此刻，增加权威性也是他关注的一个重要问题。我们来看看刘备是怎样建立自己的权力符号的。

刘备称王

东汉建安二十四年（公元219年）秋七月，曹操大踏步撤退，把防守阵线一直撤退到了陈仓（今陕西省宝鸡西南）附近，刘备一鼓作气，全面占领了汉中。刘备此时意气风发、壮怀激烈，跟曹操作战能取得这样的辉煌战果，是此前没有的事情，即便是天下英雄也没有几个人能做到。打退曹操、占据汉中之后，刘备开始着手称王。称王称霸是古往今来纵横天下的每位英雄的梦想。有人会问，刘备为什么非要去汉中称王，他已经占领成都了，为什么不当成都王呢？

这里边有一个奥妙。汉高祖刘邦就是在汉中称王的，先当上汉中王，然后才建立了汉家天下。所以刘备选择在汉中称王，是想借助这件事增加自己的权威性和合法性，刘备要告诉天下人的信息就是——我是高祖后人，我做了和高祖一样的事业，我才是国家的法定继承者。

刘备设坛场于沔阳（今陕西省勉县），举行了隆重的称王仪式。《资治通鉴·汉纪》中用了十九个字来描述当时的场景：陈兵列众，群臣陪位，读奏讫，乃拜受玺绶，御王冠。刘备把封王的地点设在沔水河畔，高筑坛台，旌旗招展，鼓乐齐鸣，军队排列成整齐的方阵，群臣跪拜，口称千岁，刘备穿戴王服，黄袍玉带，上绣金龙，佩戴汉中王的印玺绶带，头戴私人定制的王冠，整个仪式恢宏大气，令所有的参与者都热血沸腾。刘备本人更是激情洋溢，热泪盈眶。

大会上还宣读了一百二十名大臣联名给汉献帝写的推刘备为汉中王的《劝进表》。《三国志·先主传》记载了这个文件的全文：

平西将军都亭侯臣马超、左将军（领）长史镇军将军臣许靖、营司马臣庞羲、议曹从事中郎军议中郎将臣射援、军师将军臣诸葛亮、荡寇将军汉寿亭侯臣关羽、征虏将军新亭侯臣张飞、征西将军臣黄忠、镇远将军臣赖恭、扬武将军臣法正、兴业将军臣李严等一百二十人上言曰：

昔唐尧至圣而四凶在朝，周成仁贤而四国作难，高后称制而诸吕窃命，孝昭幼冲而上官逆谋，皆冯世宠，藉履国权，穷凶极乱，社稷几危。非大舜、周公、朱虚、博陆，则不能流放禽讨，安危定倾。

伏惟陛下诞姿圣德，统理万邦，而遭厄运不造之艰。董卓首难，荡覆京畿，曹操阶祸，窃执天衡；皇后太子，鸩杀见害，剥乱天下，残毁民物。久令陛下蒙尘忧厄，幽处虚邑。人神无主，遏绝王命，厌昧皇极，欲盗神器。

左将军领司隶校尉豫、荆、益三州牧宜城亭侯备，受朝爵秩，念在输力，以殉国难。睹其机兆，赫然愤发，与车骑将军董承同谋诛操，将安国家，克宁旧都。会承机事不密，令操游魂得遂长恶，残泯海内。臣等每惧王室大有阎乐之祸，小有定安之变，赵高使阎乐杀二世。王莽废孺子以为定安公。凤夜惴惴，战栗累息。

昔在虞书，敦序九族，周监二代，封建同姓，诗著其义，历载长久。汉兴之初，割裂疆土，尊王子弟，是以卒折诸吕之难，而成太宗之基。臣等以备肺腑枝叶，宗子藩翰，心存国家，念在弭乱。自操破于汉中，海内英雄望风蚁附，而爵号不显，九锡未加，非所以镇卫社稷，光昭万世也。

奉辞在外，礼命断绝。昔河西太守梁统等值汉中兴，限于山河，位同权均，不能相率，咸推窦融以为元帅，卒立效绩，摧破隗嚣。今社稷之难，急于陇、蜀。操外吞天下，内残群寮，朝廷有萧墙之危，而御侮未建，可为寒心。臣等辄依旧典，封备汉中王，拜大司马，董齐六军，纠合同盟，扫灭凶逆。以汉中、巴、蜀、广汉、犍为为国，所署置依汉初诸侯王故典。夫权宜之制，苟利社稷，专之可也。然后功成事立，臣等退伏矫罪，虽死无恨……

原文比较长，我们只分析其中一小段。"臣等以备肺腑枝叶，宗子藩翰，心存国家，念在弭乱。自操破于汉中，海内英雄望风蚁附，而爵号不显，九锡未加，非所以镇卫社稷，光昭万世也。"这段话翻译成现代汉语的意思就是：我们认为左将军刘备是大汉皇族、金枝玉叶，是国家栋梁，是擎天白玉柱，是架海紫金梁。他一心一意保卫国家，消除动乱。刘将军在汉中打败了国贼曹操，海内英雄纷纷投奔，就像蚂蚁爬上大树一样。可是他只是一个宜城亭候，权威性还不大，不能号召天下，保卫社稷，所以我们想推他为汉中王。

大家看到，刘备称王之前，有个重要的准备工作就是"劝进"。诸葛亮、许靖、法正、关羽、张飞、马超等一百二十名大臣联合上表劝刘备称王。这一劝进的流程曹操称王的时候也用到了。

为什么要群臣劝进呢？主要有三个好处：第一，向天下人充分展示功勋。《劝进表》的主要篇幅都是描述功绩的。在中国人的价值观里，人是不可以自夸的，缺点自己说会减半，优点别人说会加倍。劝进的模式符合这样的价值观。第二，展示众人的支持与认可。《劝进表》在结尾处都会以群臣的口吻来说，因为与朝廷信息不通，而情况又很紧急，我们就行权宜之计，推举左将军进位汉中王，这样做也是有先例可循的。第三，增加封王的合法性。如果一个人自封为王，未免有点可笑，但是等待上级给机会又等不到，那就只能借群众的名义说话，通过劝进向所有人表示"我不是自己称王，是被手下人推举为王"的，这样做是得民心、顺民意的事情。劝进可以借群臣之口陈述自己的业绩和称王的理由。

劝进结束之后，第二件事情就更值得关注——筑坛，并且要按照汉朝建立初期的规格准备礼器和标准的大礼服。为什么要这样做呢？

仪式与权力符号

前段时间，机场流行"空姐快闪舞"，舞蹈非常好看，空姐也非常漂亮。请大家想一个问题，为什么所有航空公司的空姐都要穿标准的服装，而且对空姐的外表要求很类似——制服、丝袜、高跟鞋、盘发、化淡妆。

有这个必要吗？咱们换个别的模式不行吗？比如空姐穿牛仔裤、T恤衫、旅游鞋，或者干脆穿一身运动服，这样的装扮有利于减轻劳动强度，增加灵活性和运动安全性，不是挺好吗？

空姐制服现象体现的是"过程仪式化"。在做一份事业的过程中，场面和仪式非常重要，充分到位的仪式能增加所有人的满意度和认可度，包括观众，也包括参与者。刘备进位汉中王、筑坛、穿礼服这些做法，和空姐穿戴展示女性美的丝袜、制服、跳舞，其本质是一样的，都是为了增加满意度、提高认同。

组织行为学研究早就发现，一个到位的仪式本身就是一种巨大的号召力。所以，即使在今天这样的信息时代，一些传统的、能体现我们民族历史与文化的仪式还是应该保留和弘扬的。比如端午节、中秋节、春节的很多仪式，能增加我们的文化认同感和民族凝聚力。仪式就是形象，仪式就是力量。

> **管理智慧箴言**
>
> 一个到位的仪式本身就是一种巨大的号召力，能增加我们的文化认同感和民族凝聚力。仪式就是形象，仪式就是力量。

就像开头我们提到的那样，一辆名车会成为一种符号，增加他人的认同和顺从感。服装、个人用品、场面、仪式和头衔都能起到类似的作用。我们把这些能增加权力影响的符号统称为"权力符号"。

对于认可程度低、身上负面信息多的下属，适宜采用高符号的策略。因此在给熟人当领导的时候，我们建议领导者，首先应该使自己的个人形象有一个明显改变，如换一身新衣服，理个新发型。言谈举止也要注意，多使用正式的语言，多谈工作上的事情，展示自己的专业知识。在第一次亮相的时候，一定要有一个标准的仪式。比如，把群众认可的老领导、老上级请来，首先请他们发言，在发言中认可你的能力、肯定你的业绩、宣传你的形象。这个办法叫"抬轿子"，利用大家都信服的人把你的形象抬上去。

所以，一个领导者到新环境中开展工作，在亮相之前要认真思考一下，这里的干部群众对自己的认知度、认可度怎么样。如果你在大家心中早就如雷贯耳、人人敬仰，那么最好的亮相办法就是轻装简从、平易近人、家长里短。这样既有了威信也有了亲切感。如果下属和群众对你的认知度、认可度都很低，甚至存在负面的认知，即人们心存质疑，又有一些不良信息和不良印象的影响，在这种情况下，你就需要强化权力符号。

除了仪式，还有两种权力符号。

一种权力符号叫作"头衔"。人们一方面对具有权威头衔的人一味盲从，另一方面也会对缺乏头衔的人机械地加以抵制。1982年，心理学家道格拉斯·彼得斯和斯蒂芬·赛西以发表学术论文为例，做过一个一针见血的实验。他们找出12篇在过去12到18个月中发表的由著名大学的作者写的论文，把作者的名字和工作单位改为从"三谷人力资源中心"拿到的无名小辈的名字和工作单位，然后再把这些文章以手稿的形式重新投给那些以前发表过这些文章的期刊。其中9篇经过这样改头换面的文章没有被这些期刊认出来，因此再次进入严格的评审程序。令人跌破眼镜的是，其中有8篇被退了稿，尽管就在不久前，这些文章由更有名的学校的更有名的作者投稿时，已经被这些期刊接受并发表过。可见职务、头衔一类符号的威力是多么强大。

另一种权力符号是服装和个人用品。比如剪裁合身的西服，在很多情况下相当能够赢得陌生人的尊敬。比如说，在美国得克萨斯州的一个实验中，研究者让一个31岁的男人在好几个地方违反交通信号穿过马路。在一半时间中，他穿着一套烫得很平整的西服，系着领带；而在另一半的时间中，他穿着劳动衬衫和长裤。研究者从远处观察，统计街角等着过马路的人中跟随他穿过马路的人数。结果发现，当他穿西装的时候，跟在他身后违反交规、汇入马路中的人趋之若鹜是他穿劳动衬衫时的3.5倍。

虽然衣着这种权威标志比头衔更看得见摸得着，但伪造起来也同样易如反掌。利用符号产生的权威感进行欺诈，这样的事情经常发生。这些骗子像变色龙一样，一会儿变成医生的白色，一会儿变成牧师的黑色，一会儿变成军人的绿色。哪一种服装打扮对他们最有利，他们就穿哪一种服装。当受害者意识到权威的服装并不能保证这层外衣覆盖之下的权威实质时，往往已经为时太晚了。

根据上述规律我们可以发现，刘备筑坛沔阳，举行了一个隆重的仪式，进位汉中王，属于很典型的使用权力符号增加自己的权威性的策略，场面仪式、职务头衔这些能用的符号他都用上了，而且效果很好。刘备进位汉中王以后，照例大封功臣。这份名单中最令大家意想不到的是对汉中督军的任命，这个人的名字叫——魏延。

打破常规树立新标准

魏延字文长，义阳（今河南省信阳市）人。本来只是荆州一员降将，追随刘备一起入川，因作战勇敢，善于带兵，机智果断，数有战功，被刘备任命为牙门将军。

随后，魏延以牙门将军的身份参加了夺取汉中的战役。这个身份要比同时期的黄忠、赵云等人低很多，和关羽、张飞更是没法比。用现在的话说，张飞是集团军司令，魏延也就是个旅长。但是，建安二十四年（公元219年），刘备于沔阳自称汉中王，并定治所于成都。随后，就要拔营起寨回师成都，那么，把哪位大将留下来镇守汉中呢？当时大多数人都认为张飞应当担任汉中太守，而张飞内心也渴望获得此职位，但是刘备却意外地提拔魏延为汉中都督、汉中太守，并将魏延从牙门将军升为镇远将军。这可以说是"平地一声雷，转眼大将军"，全军上下听闻此事一片震惊。

《三国志·魏延传》中是这样记载的。这一天，刘备大会群臣，魏延也接受了邀请，与很多自己以前的老领导、老上级坐在一起，位置还很靠前、很突出。刘备在酒过三巡、菜过五味之后，特意给了魏延一个展示自我的机会。

刘备问魏延道："文长，现在委任你做汉中太守，担负镇守汉中的重任，你有什么打算，简单给大家说说吧。"

魏延这个人形象不错，宽肩膀大个头，身材魁梧，浓眉环眼，三绺长髯，往前一站，像耸立的一座大山。魏延面对提问，当场朗声答道："若曹操举天下而来，请为大王拒之；偏将十万之众至，请为大王吞之。"

魏延慷慨激昂的陈词令刘备十分满意，群臣也十分赞赏魏延的英雄豪气。一颗蜀国历史上的新星就这样冉冉升起了。

说到这里，大家想问，为什么刘备不留张飞镇守汉中，非要破格提拔魏延呢？这个问题背后有一种现象，我们选人的时候，不光要看这个人的能力态度，还要看他的代表性。

魏延的身上至少有三个代表性：第一，他是荆州降将，代表半路参加革命加入刘备集团的人；第二，魏延地位低微，代表着刘备队伍当中那些默默无闻、兢兢业业、努力奋斗的草根人士；第三，魏延武艺高强、战绩卓越，代表着刘备团队中那些崭露头角的新生代力量。有了这三个特点，提拔魏延，其实就等于鼓励了他背后的所有人，让每个人都感受到被认可，并且看到了未来的希望。大家都得到一个信息，小人物只要努力奋斗，也是有机会大放光芒的。

另外魏延和张飞比较，还有一个优点。张飞这个人不太关爱下属，常常喝点酒就虐待手下，张嘴即骂，举手就打。魏延则不同，史书记载，魏延善养士卒，关爱下属，作战又勇猛，所以在队伍中很有威望。这样的领导风格对于镇守汉中也是非常必要的。前一讲提到，人们干事业是需要看到希望的，关心一个人可以温暖一群人，提拔一个人可以激励一群人。刘备重用魏延就是起到了这样的示范效果。提拔魏延这件事也体现了刘备独到的用人眼光和高明的领导策略。

这里介绍一个中国古代著名的故事"管仲论养马"。

故事

春秋五霸之一的齐桓公手下有一个高人叫管仲。齐桓公是一个特别会享受的领导，他有很多好马，有一次他带管仲去看马，之后就问管仲："仲父，我听说你以前养过马，养马需要刷、喂、饮、遛、添草、添料，请问哪个最难？"管仲回答："扎马的围栏最难。"齐桓公又问："马的围栏有什么难扎的？"管仲解释道："选择围栏的棍子很重要，如果第一根是直的，那么第二根也是直的，第三根还是直的，才能把围栏扎结实；如果第一根是弯的，第二根是直的……就很难扎结实了。"管仲话锋一转说，"我们国家用人也是一样，第一个人安排得不合适，以后安排合适了也没有用。"

我们把这个现象叫"排头兵现象"。刘备之所以这样安排魏延，就是想用魏延这个人的"正"给整个汉中的干部队伍打下牢固的基础。

刘备打破常规、敢于大胆提拔下级军官魏延担当重任的行为，极大地增加了他的权威性，同时鼓舞了那些基层将士，让大家看到了希望，有了干劲。

合理引导调和矛盾

处理完汉中问题，刘备开始进行成都的人事安排，任命许靖为太傅，法正为尚书令，关羽为前将军，张飞为右将军，马超为左将军，黄忠为后将军，其余人按照等级都有升迁。就在这个核心团队的任命过程中，新的问题产生了。

在实际工作中，我们经常会遇到这样的情况，一些新入职的员工由于种种原因，行为举止没有规范，说话没有分寸，在公开场合做出一些过分的言行，影响了领导的权威性。刘备遇到的这个人是大将马超。

裴松之注《三国志》引用《山阳公载记》，提到了西蜀大将马超的一段逸事，其真实性有待考证，但是其中的道理却非常值得我们回味。

超因见备待之厚，与备言，常呼备字，关羽怒，请杀之。备曰："人穷来归我，卿等怒，以呼我字故而杀之，何以示于天下也！"张飞曰："如是，当示之以礼。"明日大会，请超入，羽、飞并杖刀立直，超顾坐席，不见羽、飞，见其直也，乃大惊，遂一不复呼备字。

刘备以一个卖草席的小贩身份，靠着从刘璋手里顺手牵羊得到了四川这个地盘，终于当上了皇帝，心里多少是有些心虚的。上任伊始，他担心自己的威信树立得不牢固，在这种情况下，得不到下属马超应有的尊重，内心一定会比较郁闷。张飞的话说到了点子上，要"示之以礼"，这句话的含义就是，无论领导多么尊重你、赞赏你，作为一个下属，应该知道自己是谁，应该摆正自己的位置、约束自己的言行，不要做出格的事情，尤其不要当众做。因为一旦当众表现得过火了，就等于给领导拆台，直接损伤了领导的权威。领导尊重下属是应有的胸怀和气度，下属保持谨慎是应尽的职责，双方都应该做自己该做的事情。偏偏马超不明白这个道理，举止随意、言语怠慢。这让刘备感觉很不舒服。

不过，刘备没有使用惩罚的措施，而是绕了一个弯子，通过一个权力符号的技巧把马超搞定了。这个技巧就是借助关羽和张飞对自己的服从，展示自己的权威性。马超本来不把刘备当回事，结果看到名满天下的关羽、张飞在刘备的面前毕恭毕敬、捉刀而立，连坐的位置都没有，立刻对刘备的权威有了崭新的认识，从而改变了自己以前的傲慢言行。刘备的技巧可以称为让自己的孩子罚站，给其他孩子看，既起到了震慑作用，又没有留下心灵的创伤，这确实是一个高明的管理技巧。

刚处理完马超的问题，五虎大将又出事了，这一次是老将军黄忠。

黄忠字汉升，南阳人也。荆州牧刘表以为中郎将，与表从子磐共守长沙攸县。及曹公克荆州，假行裨将军，仍就故任，统属长沙守韩玄。先主南定诸郡，忠遂委质，随从入蜀。自葭萌受任，还攻刘璋，忠常先登陷陈，勇毅冠三军。益州既定，拜为讨虏将军。建安二十四年，于汉中定军山击夏侯渊。渊众甚精，忠推锋必进，劝率士卒，金鼓振天，欢声动谷，一战斩渊，渊军大败。迁征西将军。是岁，先主为汉中王，欲用忠为后将军，诸葛亮说先主曰："忠之名望，素非关、马之伦也。而今便令同列。马、张在近，亲见其功，尚可喻指；关遥闻之，恐必不悦，得无不可乎！"先主曰："吾自当解之。"遂与羽等齐位，赐爵关内侯。明年卒，追谥刚侯。子叙，早没，无后。(《三国志·黄忠传》)

黄忠被任命为后将军，惹恼了一个人，就是前将军关羽。《资治通鉴》记载：羽闻黄忠位与己并，怒曰："大丈夫终不与老兵同列！"不肯受拜。幸亏刘备早有准备，料到关羽会不服气，特意安排了费诗前去劝说。费诗对关羽说："夫立王业者，所用非一。昔萧、曹与高祖少小亲旧，而陈、韩亡命后至；论其班列，韩最居上，未闻萧、曹以此为怨。今汉中王以一时之功隆崇汉室；然意之轻重，宁当与君侯齐乎！且王与君侯譬犹一体，同休等戚，祸福共之。愚谓君侯不宜计官号之高下、爵禄之多少为意也。仆一介之使，衔命之人，君侯不受拜，如是便还，但相为惜此举动，恐有后悔耳。"（《资治通鉴》）

在费诗的一番劝说之后，关羽这才接受了任命。了解三国的人都知道，这位关二爷忠勇无双、义薄云天，是盖世大英雄，不过这个大英雄有一个毛病，就是太清高自傲。

这个毛病给关羽本人和后来蜀汉政权的发展带来了致命的打击。刘备在汉中打败曹操之后信心大振，按照当年《隆中对》的既定思路指挥关羽从荆州出兵，攻打驻扎樊城（今湖北省襄阳市）的曹仁。

《三国志·关羽传》记载：二十四年，先主为汉中王，拜羽为前将军，假节钺。是岁，羽率众攻曹仁于樊。曹公遣于禁助仁。秋，大霖雨，汉水汎溢，禁所督七军皆没。禁降羽，羽又斩将军庞德。梁、郏、陆浑群盗或遥受羽印号，为之支党，羽威震华夏。

关羽在这次进攻当中神勇无比，困樊城、败曹仁、擒于禁、斩庞德、水淹七军，威震华夏。就在一切都朝着胜利的方向发展的时候，危机爆发了。由于忽略了孙刘联盟的重要性，加上关羽性格比较高傲，与东吴的关系比较紧张，外交战线的失策使得关羽陷入了两面作战的境地。陆逊写信蒙蔽关羽，吕蒙白衣渡江偷袭荆州成功，关羽在一夜之间陷入了腹背受敌的被动局面，最后全军崩溃，丢失荆州，自己也被杀了。管理学经常强调一句话"性格决定命运"，关羽清高傲慢的性格最终给蜀汉政权带来了不可估量的损失。

刘备和关羽本是生死弟兄，关羽的死让刘备深受打击。还没等刘备缓过神儿来，第二个坏消息又来了，上庸（今湖北省竹山县）的孟达投降了曹魏政权。

当初刘备在汉中得手之后，就派遣宜都太守孟达从秭归（今湖北省秭归县）北攻房陵（今湖北省房县），孟达占领房陵，杀房陵太守蒯祺。为了加强对孟达的控制，刘备特意又遣养子、副军中郎将刘封[1]自汉中乘沔水下，"统达军，与达会攻上庸，上庸太守申耽举郡降"（《资治通鉴》）。刘备顺利地占领了上庸，在湖北北部开辟了进军中原的第二战场。

不料，随后关羽在进攻曹仁的过程中，屡次要求刘封、孟达派兵支援自己，都被这两个人找各种理由给拒绝了，最终关羽孤立无援、战死在麦城（今湖北省当阳市境内）。刘封、孟达眼睁睁看着荆州丢失、关羽惨死，居然贪生怕死，按兵不动。这件事惹恼了刘备，他正准备要处置这两个人，没想到孟达已经带领本部人马投降了曹魏。原因是刘封仰仗自己的特殊身份，凌辱孟达，剥夺了孟达的兵权。刘封见死不救、害死关羽、争权夺利、逼走孟达，刘备怒火中烧，开始考虑如何处理掉自己这个干儿子。

严格要求有特殊资源的人

《三国志·刘封传》记载：

刘封，本罗侯寇氏之子，长沙刘氏之甥也。先主至荆州，以未有继嗣，养封为子。及先主入蜀，自葭萌还攻刘璋，时封年二十余，有武艺，气力过人，将兵俱与诸葛亮、张飞等溯流西上，所在战克。益州既定，以封为副军中郎将。

初，刘璋遣扶风孟达副法正，各将兵二千人，使迎先主，先主因令达并领其众，留屯江陵。蜀平后，以达为宜都太守。建安二十四年，命达从秭归北攻房陵，房陵太守蒯祺为达兵所害。达将进攻上庸，先主阴恐达难独任，乃遣封自汉中乘沔水下统达军，与达会上庸。上庸太守申耽举众降，遣妻子及宗族诣成都。先主加耽征北将军，领上庸太守员乡侯如故，以耽弟仪为建信将军、西城太守，迁封

---

[1] 刘封（？—公元220年），东汉南郡枝江（今湖北省宜昌市枝江市）人，蜀汉开国之君刘备养子，官至副军将军。

为副军将军。自关羽围樊城、襄阳，连呼封、达，令发兵自助。封、达辞以山郡初附，未可动摇，不承羽命。会羽覆败，先主恨之。又封与达忿争不和，封寻夺达鼓吹。达既惧罪，又忿恚封，遂表辞先主，率所领降魏。……（魏文帝）遣征南将军夏侯尚、右将军徐晃与达共袭封。

申仪叛封，封破走还成都。……封既至，先主责封之侵陵达，又不救羽。诸葛亮虑封刚猛，易世之后终难制御，劝先主因此除之。于是赐封死，使自裁。封叹曰："恨不用孟子度之言！"先主为之流涕。

刘封是个有特殊资源的人。《三国志·刘封传》记载，刘封原来不姓刘，他姓寇，应该叫寇封。他是怎么跟刘备扯上关系的呢？刘封的母亲姓刘，所以他应该是老刘家的外甥。刘备刚到荆州的时候，见到老刘家的小外甥刘封，挺喜欢他，所以就收他做了干儿子。后来刘封长大了，成了一位性格刚猛、武艺超群的少年，他跟随刘备入川，屡建战功。攻破成都之后，刘备封刘封做了副军将军。

刘封在成都干得挺好，怎么后来又跟孟达混到一起去了呢？这里还有点特殊原因。孟达跟法正是好朋友，靠法正的关系，他与法正各自领兵两千联合迎请刘备入川，在入川这件事上，他也算是个功臣。刘备把法正带到成都之后，将这四千兵都交给孟达，封孟达做宜都太守，驻扎在秭归，孟达也算一方小诸侯了。后来刘备命令孟达出兵，占领房陵，《三国志》中就记载了一句话，说孟达在占领房陵的过程中，"房陵太守蒯祺为达兵所害"。请大家注意这里的"害"字，史官往往惜墨如金，每个词都有含义。当我们在打敌人，把敌人消灭了的时候，会用"害"字吗？不会，因为这个字是有贬义的。为什么孟达跟曹魏的人作战，把对方的指挥官给杀了，书上要用"害"字呢？为此，我们要分析其中特殊的人际关系。

蒯祺不是别人，正是诸葛亮的姐夫。诸葛亮有两个姐姐，一个嫁给老蒯家，一个嫁给老庞家，因此和这两家结成了姻亲关系。这个可恨的孟达不知深浅，不考虑这层关系，就把蒯祺给杀了。把人家姐夫给杀了，姐姐和弟弟当然不干，所以史官才用了一个"害"字。

这件事情发生之后，大家得到一个信息：孟达这个人反复无常，不听调遣，擅自行动，不顾大局。所以，为了控制孟达，把这个狂人管得乖一点，刘备和诸葛亮一商量，决定派干儿子刘封去监控孟达。结果没有想到的是，刘封刘封，比孟达还疯，一个狂人是问题，两个狂人就成了灾难。刘封本来是监控者，没想到他来了之后就把孟达的兵权给夺了。孟达本来是有组织有队伍的人，情急之下，只得带着手下人投降了曹魏，使整个房陵上庸地区得而复失。至此，刘备在整个东线完全陷入了被动。事情的来龙去脉就是这样的。

说到这里，我们来做个简单的分析。一般来说，完成任务的员工有三类：第一类人既有能力、也有态度。这类员工属于千里马，只要给平台、给信任，就会驰骋千里、业绩卓越。诸葛亮就是千里马，只要给他授权、给他信任就可以了。对千里马我们会说"你是专家我听你的"。

第二类人有能力，但是态度一般，缺乏工作热情。这类员工属于鸵鸟，腿长能跑，但是头钻进沙子里纹丝不动。我们要做的就是给他待遇、给他满足感，满足他的需求，他自然就前进了。孟达就是鸵鸟，有能力，但是需要待遇。上庸战役胜利后，刘备没有给孟达封赏，所以他就萌发了跳槽辞职的心思。

第三类人没有能力或者能力一般，但是态度极其热情，做事动机强烈，十分主动。这类员工属于猴，猴子上蹿下跳很有热情，但基本上都是在捣乱。这个时候就需要保护他的热情，增长他的本领。刘封就是猴子，缺乏独当一面的统御能力，但是很有热情、动机很强、好争权夺利，最后事情没做好，自己也倒了霉。一个懒惰的笨蛋还能容忍，一个勤奋的笨蛋是会害人害己的。

刘封刚猛好斗，又贪恋权力，这件事让刘备和诸葛亮都很警觉，最终刘备赐刘封自尽，彻底消除了隐患。

先丢掉荆州，又失上庸，两次失利使得蜀汉政权彻底失去了从东线出兵夺取中原的机会。刘备不肯轻易接受这个结果，他积攒力量，准备讨伐东吴，一来给二弟关羽报仇，二来重新夺回荆州，改变自己战略上的被动局面。对于出征东吴这件事，尽管身边的文武大臣出面劝阻，但是刘备还是蛮有信心的，他还没有从汉中战役胜利的兴奋中走出来。更加危险的是，他把有作战经验的下属都留在了后方，自己亲统五万大军气势汹汹就朝孙权杀来。而东吴方面，孙权早就做好了战争准备，先后调动了五万多人马水陆并进，孙权自己也把大本营特意从建业西（今江苏省南京市）迁到了武昌（今湖北省武汉市武昌区），并且任命了一个年轻将领担任前线总指挥官，这个人就是陆逊。一场决定三国后期基本态势的大决战即将开始。那么，风华正茂的少年将军陆逊和自信满满、气势汹汹的刘备，谁将是最终的胜利者呢？请看下一讲。

第十六讲

防范风险托后事

在企业内部，新旧领导交接工作虽然常见，但过程往往并不轻松。只有将交接工作安排好，企业才能实现平稳过渡、顺利发展。领导层应当如何选择接班人，从而让骨干员工继续像支持老领导一样支持新领导？公元223年，打拼一生的刘备即将走到生命的尽头，此时他最放心不下的就是儿子刘禅。如何才能让跟随自己打天下的兄弟们竭心尽力扶持刘禅呢？

很多人会在钱包里放家人的照片、小卡片或者护身符等物件。请问大家，如果你的钱包丢了，捡到钱包的人会因为钱包里有一张好看的照片而把钱包还给你吗？如果有可能，请问是一张大美女的照片更容易让别人归还钱包，还是一张胖娃娃的照片更容易让人归还钱包呢？对这个问题，有专家做了极其精细的研究，最后得出结论，钱包里如果放的是可爱的胖娃娃的照片，更容易被捡到的人归还。

为什么会出现这种情况呢？研究发现，绝大多数人在看一张可爱的婴儿的照片时，会产生愉悦感和怜爱感，会觉得婴儿很弱小，需要保护、照顾，这样的心理感受会促使他做出归还钱包的行为。

所以，在战场上受伤被俘的时候，向敌人展示自己刚满月的小宝宝的照片，其实是一个有效的自我保护策略。如果你能激发别人的关爱感、照料感、愉悦感，你将得到更多的支持和帮助。

要获得别人的关心和支持，就要运用相应的技巧。刘备就是一个非常会博取他人关心和支持的人，他的一些技巧值得我们分析。

出征东吴之前，刘备对于未来是充满信心的，他根本没有想到出征东吴会带来灾难性的结果，也不会预料到一旦离开成都，他就再也没有机会回来了。他的事业、理想还有家人，都要托付给别人去照料。在永安宫的病榻前，气息微弱的刘备把自己的胖娃娃儿子拉到诸葛亮的面前，让孩子管诸葛亮叫相父，这种做法和向捡钱包的人展示胖娃娃的照片是一样的，可以获得对方的同情和支持。但是如何使用更进一步的策略，让自己的孩子获得更多的支持和帮助呢？刘备想了一些办法，让我们从头说起。

火烧连营

公元221年7月，刘备称帝之后立刻组织了讨伐东吴的战役。当时，两国的国界已西移到巫山（今重庆、湖北边境）附近，刘备派遣将军吴班、冯习、张南率领约三万人（后期有沙摩柯等五溪蛮族加入，总兵力应达到五万）为先头部队，夺取峡口，攻入吴境，在巫地（今湖北省巴东县）击破吴军李异、刘阿部，占领秭归。为了防范曹魏乘机袭击，刘备派镇北将军黄权驻扎在长江北岸，又派侍中马良到武陵（今湖北省常德市境内）活动，争取当地部族首领沙摩柯起兵协同蜀汉大军作战。

孙权在面临蜀军战略进攻的情况下，奋起应战。他任命右护军、镇西将军陆逊为大都督，统率朱然、潘璋、韩当、徐盛、孙桓等部共五万人开赴前线，抵御蜀军；同时又遣使向曹丕称臣修好，以避免两线作战（所谓刘备前军四万人的说法，主要依据这时孙权向曹丕写的求救信上所说的"刘备支党四万人"）。

陆逊上任后，通过对双方兵力、士气以及地形诸条件的仔细分析，指出蜀军兵势强大，居高守险，锐气正盛，求胜心切，吴军应暂时避开蜀军的锋芒，再伺机破敌。陆逊耐心说服了吴军诸将，果断地实施战略退却，一直后撤到夷道（今湖北宜都）、猇亭（今湖北宜都北古老背）一线。然后在那里停止退却，转入防御，集中兵力，准备相机决战。这样，吴军完全退出了高山峻岭地带，把兵力难以展开的数百里长的山地留给了蜀军。

公元222年正月，蜀汉吴班、陈式的水军进入夷陵（今湖北省宜昌市）地区，屯兵长江两岸。二月，刘备亲率主力从秭归进抵猇亭，建立了大本营。这时，蜀军已深入吴境二三百公里，由于开始遭到吴军的扼制抵御，东进的势头停顿了下来。在吴军扼守要地、避而不战的情况下，蜀军不得已在巫峡、建平（今四川巫山北）至夷陵一线数百里地上设立了几十个营寨。为了调动陆逊出战，刘备遣前部督军张南率部分兵力围攻驻守夷道的孙桓。孙桓是孙权的侄儿，所以吴军诸将纷纷要求出兵救援，但陆逊深知孙桓素得士众之心，夷道城坚粮足，坚决拒绝了分兵援助夷道的建议，避免了分散和过早地消耗兵力的行为。

从正月到六月，两军仍然相持不决。刘备为了迅速同吴军进行决战，曾频繁派人到阵前辱骂挑战，但是陆逊均沉住气不予理睬。后来刘备又派遣吴班率数千人在平地立营，另外又在山谷中埋伏了八千人马，企图引诱吴军出战，伺机加以聚歼，但是此计依然未能得逞。陆逊坚守不战，破坏了刘备倚恃优势兵力企求速战速决的战略意图。蜀军将士逐渐斗志涣散松懈，失去了主动进攻的优势。

六月的江南，正值酷暑时节，暑气逼人，刘备把军营设于深山密林里，依傍溪涧，屯兵休整，准备等到秋后再发动进攻。由于蜀军是处于吴境二三百公里的崎岖山道上，远离后方，后勤保障多有困难，且加上刘备百里连营，兵力分散，从而为陆逊实施战略反击提供了可乘之机。

陆逊的破敌之法和当年周瑜打败曹操的策略是一样的，就是火攻。因为当时江南正是炎夏季节，气候闷热，而蜀军的营寨都是由木栅所筑成，周围又全是树林、茅草，一旦起火，就会烧成一片。陆逊即命令吴军士卒各持茅草一把，乘夜突袭蜀军营寨，顺风放火。顿时间火势猛烈，蜀军大乱。陆逊乘势发起反攻，迫使蜀军西退。吴将朱然率军五千首先突破蜀军前锋，猛插到蜀军的后部，与韩当所部进围蜀军于涿乡（今湖北宜昌西），切断了蜀军的退路。潘璋所部猛攻蜀军冯习部，大破之。诸葛瑾、骆统、周胤诸部配合陆逊的主力在猇亭向蜀军发起攻击。守御夷道的孙桓部也主动出击、投入战斗。吴军进展顺利，很快就攻破蜀军营寨四十余座，并且用水军截断了蜀军长江两岸的联系。蜀军将领张南、冯习及土著部族首领沙摩柯等阵亡，杜路、刘宁等卸甲投降。刘备见全线崩溃，逃往夷陵西北马鞍山（今湖北省石首市境内），命蜀军环山据险自卫。陆逊集中兵力，四面围攻，又歼灭蜀军近万之众。至此，蜀军溃不成军，大部死伤和逃散，车、船和其他军用物资丧失殆尽。刘备乘夜突围逃遁，行至石门山（今湖北省巴东市东北），被吴将孙桓部追逼，几乎被擒，后卫将军傅肜等被杀。最后依赖驿站人员焚烧溃兵所弃的装备堵塞山道，刘备才得以摆脱追兵，逃入永安城中（又叫白帝城，今重庆市奉节县东）。

这时，蜀军镇北将军黄权所部正在江北防御魏军。刘备败退后，黄权的归路为吴军所截断，不得已于八月率众向曹魏投降。同月，马良由南方往西北撤退时被步骘截击而死。

此战，刘备军几乎全军覆没，阵亡数万人，《傅子》更是记载吴军消灭蜀汉军八万余，刘备仅以身免。

刘备逃到白帝城后，吴将潘璋、徐盛等人都主张乘胜追击，扩大战果。但此时刘备收拢散兵以及赵云的后军来援，永安驻军接近两万，陆逊已经失去攻克永安的机会。再加上顾忌曹魏方面乘机浑水摸鱼、袭击后方，陆逊遂停止追击，主动撤兵。九月，曹魏果然攻吴，但因陆逊早有准备，魏军终于无功而返。次年四月，刘备恼羞于夷陵惨败，一病不起，亡故于白帝城。夷陵之战就这样结束了。

在夷陵之战中，陆逊善于正确分析军情，大胆后退诱敌，集中兵力，后发制人，击其疲惫，巧用火攻，一举击败气势汹汹的蜀军，创造了由防御转入反攻的成功战例，体现了高超的指挥艺术和军事才能，表明他不愧为一位杰出的军事统帅。至于刘备的失败，也不是偶然的。他"以怒兴师"，恃强冒进，犯了兵家之大忌；在具体作战部署上，他又不察地利，把军队主力摆在难以展开的、林木茂盛的崎岖山道上，并且采取了无重点处处结营的办法，终于陷入被动，导致失败。

有人会说，东征东吴的战役，既然一开始就是错误的，进攻过程也是错误的，刘备手下的文臣武将就没有人提出过反对意见吗？这个人还真有，就是赵云赵子龙。

激动的时候缺乏判断

《资治通鉴》记载：汉主耻关羽之没，将击孙权。翊军将军赵云曰："国贼，曹操，非孙权也。若先灭魏，则权自服。今操身虽毙，子丕篡盗，当因众心，早图关中，居河、渭上流以讨凶逆，关东义士必裹粮策马以迎王师。不应置魏，先与吴战。兵势一交，不得卒解，非策之上也。"

赵云主张攻打曹操而不是孙权。但是，刘备恨关羽为吴军所杀，根本听不进去赵云的劝告，把赵云留在江州（今重庆市），没有让他上战场，因为赵云不支持东征。在刘备的军事生涯当中，我们发现一个规律：什么时候他支持别人、鼓舞别人、懂得授权，他就会成功；什么时候他把持大权，自己冲到前边，他就会失败。

刘备的最佳成功路线，是做一个支持型的领导，而不是做一个控制型的领导。挑战性任务都交给英雄豪杰去完成，自己在后边做好后勤支撑、提供各种支持就足矣了。

现在，很多家长也面临着这样的考验，孩子们在互联网时代迅速成长，视野比家长宽阔、知识学习比家长快，玩电脑、手机比家长熟练，甚至小学四年级的题目家长都不会做了，在这样的情况下，家长就需要转变领导模式，从传统的控制型家长转变成新的支持型家长。具体要完成三个转变：一是变命令为商量，不说你必须如何如何，而说我建议你如何如何；二是变指责为鼓励，不说"你怎么做得这么差"，而说"加油，再努力一些你会更好"；三是变批评为提醒，不说"你怎么这么磨蹭"，而是说"请注意时间，再快一点我们会更有把握成功"。

刘备的优势就是他在大部分时间里都是支持型的领导，而且做得还不错。那么为什么这一次东征，他就和平时的自己判若两人呢？

根本的原因是他再一次情绪波动了，人在冲动的情况下会失去最基本的判断能力。这里我们分享一个研究实验。

有专家用两组学生做了一个实验，一组学生唱节奏平和舒缓的歌曲《春天在哪里》《让我们荡起双桨》，一组学生唱节奏快、令人激动的歌曲，比如《忐忑》。在双方都唱完歌曲之后，拿出两组报价有问题的产品让他们分析。结果唱舒缓的歌曲的那一组很快就发现了问题在哪里。而唱令人激动的歌曲的那一组看了半天也没发现问题。我们由此得出一个结论，激动容易让一个人丧失判断力，看不清事实，分不清好坏。所以我们建议大家：第一，激动的时候别乱说话，容易说不该说的话，既容易伤人又容易伤己；第二，激动的时候别乱发帖、乱跟帖，因为你容易把过头的不良情绪表达出来，事后后悔也来不及了；第三，激动的时候别下重大决定、做重大选择，因为你这时候根本就分不清好坏。

一个人的人生选择和日常生活中的选择，与他的情绪状态是有很大关系的。除了激动的情绪容易破坏判断力，人们还发现疲惫也容易让人没有主见。另外，伤心的时候，人们容易失去成本意识，容易对价格不敏感。所以心情不好的时候，别买东西，又激动、心情又不好的时候，更别买东西，买了基本上都会后悔。

正是因为一时的激愤，刘备做了错误的战略决策，非要自己带大部队去东征，而他又缺乏山地作战和丛林作战的经验，结果被陆逊杀得人仰马翻。

退到永安之后，刘备悔恨交加，一病不起，六十多岁的刘备开始着手安排后事。

适度分权，不把鸡蛋放在一个篮子里

刘备首先把青年将领李严[1]调到了自己身边。

李严字正方，南阳人也。少为郡职吏，以才干称。荆州牧刘表使历诸郡县。曹公入荆州时，严宰秭归，遂西诣蜀，刘璋以为成都令，复有能名。建安十八年，署严为护军，拒先主于绵竹。严率众降先主，先主拜严裨将军。成都既定，为犍为太守、兴业将军。二十三年，盗贼马秦、高胜等起事于郪。合聚部伍数万人，到资中县。时先主在汉中，严不更发兵，但率将郡士五千人讨之，斩秦、胜等首。枝党星散，悉复民籍。又越嶲夷率高定遣军围新道县，严驰往赴救，贼

---

[1] 李严（？—公元234年），后改名李平，字正方，三国时荆州南阳郡（今河南省南阳市）人，蜀汉的将领和重臣，与诸葛亮同为刘备临终前的托孤大臣；因为北伐延误粮草押运，推卸责任，被贬为庶民。后来诸葛亮病逝，得知没有人重新起用自己，气愤而病死。

皆破走。加辅汉将军，领郡如故。章武二年，先主徵严诣永安宫，拜尚书令。三年，先主疾病，严与诸葛亮并受遗诏辅少主；以严为中都护，统内外军事，留镇永安。(《三国志·李严传》)

李严是荆州出身，益州创业，半路出家投降刘备，属于能文能武的少壮派将领。当年刘备在汉中跟曹操对战的时候，后方有人造反，刘备没兵可调，没将可派，少年将军李严自己带手下本部人马四五千人，一战成功，把叛军给消灭了，因此被晋升为辅汉将军。这个封号透露了刘备对他的特殊关爱。后来在刘备从称王到称帝的过程当中，李严也是积极奔走，出谋划策，表现出了足够的忠诚。刘备重用李严的基本思路就是：诸葛亮管民政，李严管军事，一文一武，一老一少，一个资深，一个少壮，这样既可以起到互补的作用，也可以起到互相牵制的作用。

这样安排还不够，刘备的思路是"一文一武一根线"。什么叫"一根线"？就是保持控制手段。人才是千里马，再棒的千里马也要勒上一根缰绳；人才是风筝，飞得再高的风筝也要有根线拴着——要有强力的监控，没有这个可不行。很多人说要大胆授权，用人不疑，疑人不用，放手让人才干事，但所有这些内容背后，还有一条被很多人忽略的原则，就是要有一根监控的线。一旦出问题，有了这根线，我们还可以把它拽回来。刘备选择的监控者是谁呢？他安排了赵云赵子龙。

赵云武功很高，贡献很大，态度极其忠诚，但是一直并没有在重要位置上得到任用。"功高莫若救驾"，赵云救过刘备，还救过刘备的儿子。当年赵云指挥大队人马的时候，像魏延、黄忠这样的人，都还是基层干部。但是后来，连李严的位置都已经比赵云高很多了，赵云一直没能被刘备提拔到更高的位置上。虽然官衔不是很高，但是刘备给了赵云一个重担，就是让他保护自己家人的安全，给他一支部队，让他驻扎在成都附近。一旦天下有变，他就要负责保护刘备家人的安全。这就等于给了赵云一项特殊的权力，让他监控整个局面的运行。

为什么只给赵云这个权力？因为他忠勇，因为刘备对他有感情，因为他就像自己的亲兄弟一样。

这就叫"一文一武一根线",刘备做了这样的安排,可见他是仔细思量过的。

安排好他们以后,刘备才把远在成都的诸葛亮请到永安。见到诸葛亮,刘备特意谈到了一个年轻干部的安排使用问题,这个人就是马谡[1]。《三国志》(裴松之注)是这样记载马谡的:良弟谡,字幼常,以荆州从事随先主入蜀,除绵竹成都令、越巂太守。才器过人,好论军计,丞相诸葛亮深加器异。先主临薨谓亮曰:"马谡言过其实,不可大用,君其察之!"亮犹谓不然,以谡为参军,每引见谈论,自昼达夜。《襄阳记》曰:建兴三年,亮征南中,谡送之数十里。亮曰:"虽共谋之历年,今可更惠良规。"谡对曰:"南中恃其险远,不服久矣,虽今日破之,明日复反耳。今公方倾国北伐以事强贼。彼知官势内虚,其叛亦速。若殄尽遗类以除后患,既非仁者之情,且又不可仓卒也。夫用兵之道,攻心为上,攻城为下,心战为上,兵战为下,原公服其心而已。"亮纳其策,赦孟获以服南方。故终亮之世,南方不敢复反。

刘备为什么不先谈政治、经济、军事、外交、国计民生、天下大事、各部门首长、各部队司令这些看起来很重要的事情,却先忙着和孔明谈一个人微言轻的处级干部马谡的问题呢?原因是刘备发现,诸葛亮将来很有可能重点培养马谡,担心诸葛亮会让马谡做接班人,而马谡的特点是只能当顾问做理论研究,不适合独当一面搞战略执行。所以,刘备专门提醒诸葛亮:"马谡言过其实,不可大用,君其察之!"刘备看人的高明之处确实让人佩服。

刘备在永安停留了不到一年,把人员安排都布置得差不多了,到了章武三年的春天,身体不行了,健康状况急转直下,刘备才正式把

---

[1] 马谡(公元190—228年),字幼常,荆州襄阳宜城(今湖北宜城)人,蜀汉将领,侍中马良之弟。少时素有才名,和兄长们并称为"马氏五常"。马谡和马良曾同为荆州从事,刘备入川时,马谡跟随大军同行。蜀汉四英之一的蒋琬也称赞马谡为"智计之士"。因街亭失守事件而成为家喻户晓的人物。

国家大事托付给诸葛亮。

用承诺一致锁定核心骨干

《三国志》是这样记载刘备临终托孤的：

（刘备）谓亮曰："君才十倍曹丕，必能安国，终定大事。若嗣子可辅，辅之；如其不才，君可自取。"亮涕泣曰："臣敢竭股肱之力，效忠贞之节，继之以死！"先主又为诏敕后主曰："汝与丞相从事，事之如父。"

在这一次事关国家前途和命运的关键沟通中，刘备运用了一个有效的策略，叫作"承诺一致"。什么是"承诺一致"策略？

在管理学领域当中，有一个著名的例子。部队里招了一群新兵，这些人纪律涣散，不听指挥，自由散漫，偏偏又没有长时间训练的机会。现在，他们马上要上战场，如何尽快让这支队伍产生战斗力？指挥官愁得睡不着觉，把心理专家给请来了。专家提了一个建议，那就是安排这些新兵每人给家里写封信，写完了信，他们的状态就能改善了。指挥官不相信。专家说："信不要随便写，按我这个模板来写。"按照专家给出的模板，新兵要告诉家里人，自己在队伍里遵守纪律、表现很好，是大家信任的好伙伴。写完之后，信就都寄出去了。接下来的一段时间，奇迹发生了，在写完信之后的一段时间里，这些新兵真的变得守纪律了，表现也十分神勇。指挥官就问心理专家这是为什么。专家告诉指挥官，原理很简单，一个人可以不听别人的指挥，但他一定会按照自己说的来做，只要某些话他在亲人面前说过了，在熟人面前也说过了，或者在天下人面前都说过了，那么他一定不会违背自己的承诺。他如果违背了，即便别人不难受，他自己首先就会感到难受。这叫作"当众自我承诺"，它能规范一个人的行为。当众承诺威力无穷，一次承诺，终生兑现。刘备就是在用这种方式来引导自己的下属，尤其是引导诸葛亮，从他律变成自律，希望孔明先生能当众承诺。

一个人有强大的动机去遵守自己所说的话，甚至有的时候情况、形势都变了，也会遵守承诺。"承诺一致"策略的妙处就在于你只要让一个人当众答应了，即使后来不愿意，他也能坚持他所承诺的事。这个策略是我们做管理、销售乃至儿童教育当中非常有用的一个策略。

为了研究这个人类的早期行为，我曾经在幼儿园做过一段时间的观察，看到很多现象，其中有一个我印象特别深，就跟"承诺一致"有关。幼儿园每天中午午休之前老师要给小朋友讲故事，但有个小朋友在听故事的时候上蹿下跳、左顾右盼、抓耳挠腮，搅得大家都没法听故事，怎么办呢？老师就把他请过来，说："老师请教你一个问题，小朋友们听故事的时候应该保持什么呀？"他说："保持安静。"老师说："你大点声说。"小孩大声说："保持安静！"老师又回头问其他小朋友："他说得对吗？"小朋友们都说对。老师于是说："好，大家为他鼓掌。"大家热烈鼓掌。这个小朋友有点手足无措。老师接着说："那老师问你第二个问题，你愿不愿意像那个好孩子一样，在听故事的时候保持安静呢？你愿意做好孩子吗？"然后他说愿意，老师便说："好，同学们为他鼓掌，他愿意做好孩子，大家再热烈鼓掌。"老师接着问第三个问题："小朋友们，你们愿意向他学习，以他为榜样保持安静吗？"小朋友们说愿意。老师又说："好，大家为自己鼓掌。"三次掌声以后，老师让小朋友坐下，然后继续讲故事。在接下来的五分钟当中，你会发现这个小朋友很纠结，他一方面想抓耳挠腮、干扰别人，一方面咬着牙使劲约束自己。为什么会这样呢？因为刚才的当众承诺，大家给他鼓掌，并且以他为榜样，这个承诺约束了他。

刘备也在用类似的策略让诸葛亮当众承诺。一个人一旦当众做了承诺，他自己会主动地去约束自己按照承诺去做，而不需要外来的控制，外控是不稳定的，内控、自控发自内心，才是持久的。

刘备说完之后，果然威力无穷，孔明先生当场表态——亮涕泣曰："臣敢竭股肱之力，效忠贞之节，继之以死！"（《三国志·诸葛亮传》）

提前搭班子应对未来

把班子的问题处理好了，刘备接着处理儿子的问题。刘备有四个儿子，除了义子刘封，亲生儿子有三个：刘禅[1]、刘永、刘理。其中刘禅是甘夫人所生，甘夫人是刘备刚当上豫州牧的时候，在小沛（今江苏省沛县）娶的妾，在当阳（今湖北省当阳市）长坂坡被刘备所弃，靠着赵云的保护，母子得以脱险。赵云有救驾的大功。刘永、刘理则是刘备另外的妻妾所生，和刘禅同父异母。刘备称帝以后，封刘禅为太子，封刘永、刘理为鲁王和梁王。

如果我们把刘备这四个儿子名字的最后一个字连在一起，将组成一个词——封禅永理。大家想一想，中国古代帝王的最高级仪式是什么？答案是封禅。别人有资格封禅吗？没有，一定是帝王才有。刘备在荆州，就给儿子分别起名叫"封禅永理"，说明他早就想过当皇帝这个事情。有人说刘备没想过要当皇帝，那么请大家想一个问题：如果一个人给自己四个儿子起名叫"马上有钱"，别人说这个人对钱一点欲望都没有，谁会相信呢？所以，通过给儿子起名，我们能看到一个人的寄托，可见刘备其实动过称帝的念头。

打了天下还要守住天下，基业长青必须要后继有人。为了培养刘禅，刘备可以说是煞费苦心，他专门给刘禅搭配了一个非常过硬的班子。太子的从属官舍人、洗马，刘备先后任命了董允、费祎，这两位在诸葛亮的《出师表》当中都有提到，是非常忠诚而富于才干的人。同时刘备还特别选拔了来敏担任太子家令，尹默担任太子仆，这两位博古通今，是研究《春秋》《左传》方面的专家，刘备这样安排，确实是想给刘禅营造一个比较好的成长环境和学习环境。

不过从结果来看，刘备的努力效果并不理想。其中有一个重要原因，就是刘备动手得有点晚。子女教育宜早不宜迟！在我国民间流传

---

1 刘禅（公元207—271年），字公嗣，又字升之。蜀汉昭烈帝刘备之子，也是蜀汉最后一位皇帝，又称蜀汉后主，公元223—263年在位。

的话当中,有几句我很关注,记得以前老家门上贴的对联就有"忠厚传家久,诗书继世长""国清才子贵,家富小儿骄""养不教父之过,教不严师之惰""玉不琢,不成器,人不学,不知义"等。这些说的都是子女教育的问题。一直以来我相信一个观点,一个人一辈子干什么事都成功,只要有一件事干不成就死不瞑目,这件事就是子女教育;一个人这一辈子干什么事都失败,只要有一件事干成了,死时也能安心,这件事还是子女教育。所以在现代管理当中,我们认为健康管理、子女教育都是战略问题,不是战术问题,是不能忽略的,因为这件事和你的幸福有关系。

三国当中,我佩服三个人:第一个佩服的是乌程侯孙坚。孙坚是英雄,自己的儿子孙权、孙策个个都是英雄。第二个佩服的是司马懿,自己了不起,儿子司马师、司马昭也很厉害,他无论走到哪里都带着儿子,在实战中培养他们,让他们锻炼身体、锻炼战术、锻炼能力,最后人家孙子得了天下,这是很了不起的。第三个佩服的就是曹操曹孟德。曹操那么忙,工作压力那么大,整天四处出兵打仗,但是一时一刻也没有忘记子女教育,你看人家的儿子,能文的有曹植,才高八斗;能武的有曹彰,武功盖世;善管理的有曹丕,知人善任;做奥数的有曹冲,聪明过人。

跟这些人比起来,刘备比较遗憾,子女教育不是很成功。刘备四处征战,颠沛流离,曾经屡次在战败的情况下弃了家小,光是在徐州战役中就前后弃了三次。在当阳长坂坡,要是没有赵云的拼死保护,刘禅也直接被弃掉了。我们可以从侧面看出,刘备的家庭观念比较淡薄,对孩子的早期教育也没有抓到位。

父亲是孩子人生当中的第一个陌生人,和父亲的交往对于孩子的人格形成,特别是社交能力的形成是非常重要的。很多孩子腼腆、内向甚至畏缩,都是和父亲在成长中的教育不到位有很大关系的。大家看《士兵突击》里的许三多就是这个情况。后主的软弱性格和刘备在早期教育中的缺位有很大关系,后来蜀汉政权面对邓艾一旅偏师孤军深入，居然放弃抵抗，这个决断足见后主性格的软弱畏缩，而这种性格的形成在他童年就埋下了种子。

我们现在很多家长都非常重视孩子的早期教育，重视程度比刘备当年强多了。不过，中国家长最大的优点是付出一切、望子成龙；中国家长最大的缺点是不顾一切、望子成龙。早期教育功利性太强，过分强调个别技能和知识点的掌握，忽略了孩子个性的成长和认知能力的全面发展。

很多孩子从童年开始就没有娱乐和游戏，没有和小伙伴玩的空余时间，一天到晚忙于参加各种培训班、补习班。这种教育方式是本末倒置的。有的家长甚至强迫孩子发展某一方面的技能，而不考虑孩子的具体情况。有个孩子在作文里写道："我明明是一只蝴蝶，你非要拔了我的翅膀，然后让我和乌龟、兔子去赛跑，跑不过他们，你就骂我是毛毛虫。"大家想想，这是多么大的悲剧。

教育可以早，但不能急，每个孩子都有适合他自己的人生道路，每个孩子都有属于他自己的成功模式。在这个世界上，其实我们都是过客，早晚有一天，我们要把这个世界交还到孩子们的手中。

从家庭教育的角度来看，刘禅软弱无能，不能承担风险，关键时刻喜欢逃避，这都跟刘备这位父亲的影响是有关系的。员工跟领导的关系以及孩子跟家长的关系当中，有这样一个规律——员工是领导的影子，孩子是父母的镜子。有什么样的领导，就会有什么样的员工；有什么样的家长，就会有什么样的孩子。所以我们永远不要骂孩子是猪头，孩子要是猪头，家长就是猪圈；永远不能骂员工是垃圾，员工要是垃圾，领导就是垃圾筒。每当我们看到员工或者孩子身上有某些毛病的时候，就得反躬自省，想一想自己身上有哪些缺点需要改正，有哪些问题需要解决。

在生命的最后时刻，刘备最牵挂的就是自己的孩子们，他给自己的孩子们留下了遗诏。《三国志》记载其遗诏如下：

朕初疾但下痢耳，后转杂他病，殆不自济。人五十不称夭，年已六十有余，何所复恨，不复自伤，但以卿兄弟为念。射君到，说丞相叹卿智量，甚大增修，过于所望，审能如此，吾复何忧！勉之，勉之！勿以恶小而为之，勿以善小而不为。惟贤惟德，能服于人。汝父德薄，勿效之。可读汉书、礼记，间暇历观诸子及六韬、商君书，益人意智。闻丞相为写申、韩、管子、六韬一通已毕，未送，道亡，可自更求闻达。

在这份遗嘱当中，有一句名言"勿以恶小而为之，勿以善小而不为"。什么意思呢？这句话告诉我们，行善像埋种子，别看种子小，埋下去能长成参天大树；作恶像骑烈马，只要迈出一小步，以后就刹不住车。所以做大事就得从眼前的小事开始，千里之行始于足下。这是刘备的人生智慧。

刘备弥留之际，刘禅并不在他跟前，而是到成都主持工作了。刘备将鲁王刘永叫来，拉着他的手说："吾亡之后，汝兄弟父事丞相，令卿与丞相共事而已。'"（《三国志》裴松之注）刘备嘱咐自己的孩子，要向对待父亲那样去依赖、相信和尊重诸葛亮。这是刘备留在这个世界上最后的话。章武三年四月二十四，刘备病逝于永安，终年六十三岁。

《三国志》的作者陈寿对刘备有一个基本评价，评曰：

先主之弘毅宽厚，知人待士，盖有高祖之风，英雄之器焉。及其举国托孤于诸葛亮，而心神无贰，诚君臣之至公，古今之盛轨也。机权干略，不逮魏武，是以基宇亦狭。然折而不挠，终不为下者，抑揆彼之量必不容己，非唯竞利，且以避害云尔。

刘备一生跌宕起伏、坎坷不平，数次遭遇重大挫折又屡次重振雄风，真是百折而不挠。

刘备的成功史就是一个草根英雄的成长史。他出身寒微，文不如诸葛亮、庞统，武不如关张赵马黄，但是最终能三分天下，称雄一方。在刘备身上，我们确实看到了很多过人的领导才能。他有知人之明，礼贤下士，重用人才；有待人之义，重视仁义，关注人心；他善于借势，搭台唱戏，借力打力，用帮人的方式去求人，始终高举道义的旗帜。这些都是刘备的绝活，也是刘备成功的基础。

有人统计过，刘备一生经历的重大战役战斗有二十二次，其中失败的有十三次，成功的有九次。在那个血雨腥风的年代，在这样艰难的情况下，刘备能活下来、站起来，最终走向成功，这份不屈不挠的精神，值得我们每个人学习和借鉴。古之成大事者，不惟有超世之才，亦必有坚忍不拔之志。(《晁错论》)刘备就是一个有坚忍不拔志气的成功者。

时间过去了一千八百多年，一切曾经的辉煌灿烂、波澜壮阔都归于平淡，消失在时间的长河里。三国远去了，刘备、诸葛亮、关张赵马黄这些英雄也远去了，我们只能借助史书上的只言片语去感受他们、追寻他们、理解他们。不过今天我们做这些事情都是有意义的，我们这个时代是一个快速变化的时代，它给每个人都提供了更多的成功机会和更广的发展舞台，正所谓条条大路通罗马、行行出状元，但是无论走哪一条路、做什么事业，前人身上那些宝贵的精神财富永远都是我们前进的标杆和动力的源泉，我们要把这些精神财富发扬光大，传给子孙后代，让他们一直记得，我们从哪里来，到哪里去。

刘备的话题讲到这里就全部结束了，谢谢大家！